高速公路施工现场质量检查手册

江苏省交通工程建设局　等　组织编写

人民交通出版社股份有限公司

北　京

内 容 提 要

本手册针对高速公路施工现场，着眼于高频高发的质量隐患、质量通病，汇编了现行标准、规范、技术文件等相应条款及有关现场施工质量的技术要求，以加强现场施工质量管理，提高现场检查针对性，减少质量通病的发生。其质量检查主要内容包括：路基工程、路面工程、桥梁工程、隧道工程（矿山法）、交通安全设施、房建工程。

手册以表格方式汇总了高速公路施工现场检查要点，各条目后均列有其出处简称，条目出处全称均在每一表格后的规范性引用文件中列出。

本手册可供高速公路现场管理机构、施工单位、监理单位和咨询单位相关人员使用。

图书在版编目(CIP)数据

高速公路施工现场质量检查手册／江苏省交通工程建设局等组织编写. — 北京：人民交通出版社股份有限公司，2021.10（2024.9 重印）

ISBN 978-7-114-17650-0

Ⅰ.①高… Ⅱ.①江… Ⅲ.①高速公路—施工现场—质量检查—手册 Ⅳ.①U415.12-62

中国版本图书馆 CIP 数据核字（2021）第 189206 号

Gaosu Gonglu Shigong Xianchang Zhiliang Jiancha Shouce

书　　名：	高速公路施工现场质量检查手册
著 作 者：	江苏省交通工程建设局　等
责任编辑：	岑　瑜
责任校对：	赵媛媛
责任印制：	刘高彤
出版发行：	人民交通出版社股份有限公司
地　　址：	（100011）北京市朝阳区安定门外外馆斜街 3 号
网　　址：	http://www.ccpcl.com.cn
销售电话：	(010)59757973
总 经 销：	人民交通出版社股份有限公司发行部
经　　销：	各地新华书店
印　　刷：	北京虎彩文化传播有限公司
开　　本：	787×1092　1/16
印　　张：	19
字　　数：	445 千
版　　次：	2021 年 10 月　第 1 版
印　　次：	2024 年 9 月　第 4 次印刷
书　　号：	ISBN 978-7-114-17650-0
定　　价：	80.00 元

（有印刷、装订质量问题的图书，由本公司负责调换）

高速公路施工现场质量检查手册

编写委员会

主　　编：蒋振雄

副 主 编：赵　偑　刘世同

编　　委：潘卫育　刘朝晖　胡　虓　谢国春
　　　　　李井增　汪春桃　吴　洪　王　冠

编写人员：刘世同　刘朝晖　陆　宇　邵学富
　　　　　张孝胜　王祥波

路基工程：胡国喜　林学干　陈　冰　杭　鹰

路面工程：朱　优　谢国春　章　华　秦保华
　　　　　刘亚东

桥梁工程：吴　洪　高金萍　金　燕　谢久田
　　　　　赵　旸　彭启刚　韩荣金　张　飞
　　　　　杜延延

隧道工程(矿山法)：李井增　陈　东　江　新　杨　晶
　　　　　　　　　冀晓丽　张铁军　祁桥斌　朱　俊
　　　　　　　　　李　雪
交 通 安 全 设 施：王　冠　李会峰　孙海鹏　镇方宇
　　　　　　　　　许　琦　邵先贵
房　建　工　程：郑　鑫　刘亚楼　俞先江　卞　防
　　　　　　　　夏振兴　杨正强　徐　康

前　言

自 20 世纪 80 年代以来,我国高速公路发展迅速,到"十三五"期末,全国高速公路总里程达到 16 万公里,位居全球第一。"十四五"时期,我国交通基础设施建设进入新的发展阶段,从追求速度规模向更加注重质量效益转变。根据《国家综合立体交通网规划纲要》,到 2035 年,我国将基本建成便捷顺畅、经济高效、绿色集约、智能先进、安全可靠的现代化高质量国家综合立体交通网;到本世纪中叶,全面建成现代化高质量国家综合立体交通网,全面建成交通强国。

近年来,高速公路项目全面开展品质工程创建和质量攻关行动。如何运用现代工程管理手段,进一步规范项目质量管理,提高施工精细化、标准化水平,是新时代工程建设面临的重大课题。江苏省交通工程建设局作为拥有 30 年高速公路建设管理经验的交通重点工程建设单位,立足工程建设现场,以问题为导向,从规范质量检查、消除质量通病入手,组织编制了《高速公路施工现场质量检查手册》,为提高现场质量检查的针对性、全面性,强化质量精细化管控做出有益的探索。

《高速公路施工现场质量检查手册》共包含路基工程、路面工程、桥涵工程、隧道工程(矿山法)、交通安全设施、房建工程六章内容,全面汇总了现行规范和各类标准、技术文件中关于高速公路建设现场施工工艺及技术管理的要求,列出各分项工程相应的质量控制要点和质量检查要点。手册着眼于高频高发的质量隐患、质量通病,对各级单位检查发现的问题进行系统分析,有针对性地提出相关技术要求。检查要点主要立足于现场采用目测或简易检测器具(如钢尺、坍落度筒、泥浆比重测定仪等)即可检查,不涉及专业工具检测内容。本手册主要供高速公路施工、监理和建设单位等基层管理人员使用,在工程施工管理和质量控制过程中对照检查和评价,为现场管理人员提供技术支撑。

为方便一线人员携带和查阅,根据施工现场实际使用需求,同步编写了《高速公路施工现场质量检查口袋书》,便于随身携带和学习使用。考虑质量检查涉及面广、条款多,同步推出电子书方便查阅,并配套开发应用软件和手机 App,达到使用便捷、检查全面的目的。

手册编写及应用程序、App 开发过程中,得到各级领导和专家的悉心指导,在此深表感谢！由于篇幅限制,对于手册未涵盖的内容,应根据有关法律、法规和相关标准、规程执行。各有关单位和从业人员在使用过程中,如发现问题或提出改进意见,请函告江苏省交通工程建设局(地址:南京市石鼓路69号,邮编:210004)。

本手册编制单位:江苏省交通工程建设局
　　　　　　　　江苏省交通工程集团百润工程检测有限公司
　　　　　　　　扬州华建交通工程咨询监理有限公司
　　　　　　　　南京交通工程有限公司
　　　　　　　　江苏通望工程咨询有限公司
　　　　　　　　江苏森淼工程质量检测有限公司
　　　　　　　　华设计集团股份有限公司

App 下载请扫描:

编　者
2021 年 6 月

CONTENTS 目录

1 路基工程 ········· 001
   1.1 地表处理 ········· 003
   1.2 水泥加固土桩 ········· 005
   1.3 预制桩施工 ········· 009
   1.4 土工合成材料处置层 ········· 011
   1.5 砂砾、碎石垫层 ········· 013
   1.6 河塘清淤回填 ········· 015
   1.7 挖方路基 ········· 017
   1.8 填土路堤 ········· 019
   1.9 填石路堤 ········· 024
   1.10 土石路堤 ········· 026
   1.11 泡沫轻质土路堤 ········· 029
   1.12 路床(96区)填筑 ········· 032
   1.13 路基拓宽改建 ········· 035
   1.14 结构物回填 ········· 037
   1.15 预压 ········· 040
   1.16 沉降观测 ········· 042
   1.17 路基整修 ········· 044
   1.18 小型预制块 ········· 047
   1.19 路基地表排水 ········· 048
   1.20 路基地下排水 ········· 052

         1.21　植物坡面防护 ··· 055

         1.22　砌体坡面防护 ··· 058

         1.23　重力式挡土墙防护 ·· 063

         1.24　悬臂式和扶壁式挡土墙防护 ·· 067

         1.25　通道及涵洞 ·· 070

2　**路面工程** ··· **075**

　　　2.1　水泥稳定碎石底基层、基层 ··· 077

　　　2.2　桥面防水 ·· 083

　　　2.3　路面下封层 ·· 086

　　　2.4　沥青路面黏层 ··· 089

　　　2.5　沥青路面中、下面层 ··· 091

　　　2.6　沥青路面上面层 ·· 101

　　　2.7　桥面沥青铺装层 ·· 106

　　　2.8　水泥混凝土面层(收费广场) ·· 107

　　　2.9　中央分隔带及路面排水 ··· 114

　　　2.10　路肩 ·· 117

3　**桥梁工程** ··· **121**

　　　3.1　钢筋 ··· 123

　　　3.2　模板、支架 ·· 130

　　　3.3　混凝土 ·· 132

　　　3.4　预应力 ·· 140

　　　3.5　钻孔灌注桩 ·· 149

　　　3.6　沉井 ··· 153

　　　3.7　承台、系梁 ·· 157

　　　3.8　墩、台、盖梁 ··· 160

　　　3.9　就地浇筑梁、板 ·· 162

　　　3.10　梁(板)预制、安装 ·· 164

3.11	悬臂浇筑	169
3.12	节段预制拼装	173
3.13	顶推施工	180
3.14	钢梁	182
3.15	索塔	190
3.16	斜拉桥拉索	192
3.17	悬索桥锚碇	195
3.18	悬索桥索鞍	196
3.19	悬索桥主缆	197
3.20	悬索桥索夹与吊索	200
3.21	桥梁支座	201
3.22	桥梁伸缩装置	204
3.23	桥面调平层	206
3.24	桥头搭板	208
3.25	混凝土冬期施工	209
3.26	混凝土雨期施工	212
3.27	混凝土热期施工	213

4 隧道工程（矿山法） 215

4.1	洞口截排水设施	217
4.2	洞口开挖及防护	218
4.3	洞口超前支护	220
4.4	洞门工程	222
4.5	明洞工程	223
4.6	洞身开挖	225
4.7	锚杆加工与安装	230
4.8	钢架加工与安装	233
4.9	喷射混凝土	236

  4.10 仰拱与仰拱回填 238
  4.11 防水施工 240
  4.12 排水设施 244
  4.13 二次衬砌 247
  4.14 附属设施 251
  4.15 监控量测 253

5 交通安全设施 255
  5.1 混凝土护栏 257
  5.2 波形梁钢护栏 259
  5.3 隔离栅 261
  5.4 防落物网 263
  5.5 道路交通标志 264
  5.6 道路交通标线 266
  5.7 突起路标 268
  5.8 轮廓标 269
  5.9 防眩设施 271
  5.10 通信和电力管道预埋施工 272
  5.11 通信和电力管道人(手)孔施工 274

6 房建工程 277
  6.1 基础工程 279
  6.2 房建钢筋混凝土工程 281
  6.3 砌体工程 283
  6.4 钢结构工程 285
  6.5 屋面工程 287
  6.6 初装工程 289
  6.7 建筑防水 292

1 路基工程

1.1 地表处理

施工标段_____　　检查部位(工点)_____

检查项目	序号	质量检查要点	检查结果	问题描述
场地准备	1.1.1	应设置施工临时排水系统,避免冲刷边坡,路床顶面不得积水。地下水位较高时应按设计要求进行处理。(JTG F80/1:4.2.1-3;JTG/T 3610:3.4.6)	□符合 □不符合	
测量放样	1.1.2	应进行全段中线放样并应固定路线主要控制桩。放样发现路线中线与结构物中心、相邻施工段中线不闭合,实际放样与设计图纸不符时,应及时查明原因后进行处理。(JTG/T 3610:3.2.8)	□符合 □不符合	
测量放样	1.1.3	施工前应对原地面进行复测,核对补充横断面。(JTG/T 3610:3.2.9)	□符合 □不符合	
测量放样	1.1.4	应设置标识桩,将路基用地地界、路堤坡脚、路堑坡顶、取土坑、护坡道、弃土堆等具体位置标识清楚。(JTG/T 3610:3.2.9)	□符合 □不符合	
路基清表	1.1.5	路基用地范围内的树木、灌木丛等均应在施工前砍伐或移植。砍伐的树木应堆放在路基用地之外,并妥善处理。[招标文件:202.03-1-(1)]	□符合 □不符合	
路基清表	1.1.6	路基用地范围内的垃圾、有机物残渣及取土坑原地面表层(100~300mm)腐殖土、草皮、农作物的根系和表土应予以清除。[招标文件:202.03-1-(2)]	□符合 □不符合	
路基清表	1.1.7	应将路基基底范围内的树根全部挖除并将坑穴填平夯实;应将路基用地范围内的坑穴填平夯实;取土坑范围内的树根应全部挖除。[招标文件:202.03-1-(3)]	□符合 □不符合	
局部处理	1.1.8	路基用地范围内的旧桥梁、旧涵洞、旧路面和其他障碍物等应予以拆除;原有结构物的地下部分,其挖除深度和范围应符合设计图纸或监理人指示的要求。[招标文件:202.03-2-(1)(2)]	□符合 □不符合	
局部处理	1.1.9	原地面坑、洞、穴等,应在清除沉积物后用合格填料分层回填、分层压实。(JTG/T 3610:3.4.2)	□符合 □不符合	
局部处理	1.1.10	泉眼或露头地下水,应按设计要求采取有效导排措施,将地下水引离后方可填筑路堤。(JTG/T 3610:3.4.3)	□符合 □不符合	
局部处理	1.1.11	地基为耕地、松散土质、水稻田、湖塘、软土、过湿土等时,应按设计要求进行处理,局部软弹的部分应采取有效的处理措施。(JTG/T 3610:3.4.4)	□符合 □不符合	

续上表

检查项目	序号	质量检查要点	检查结果	问题描述
局部处理	1.1.12	地面自然横坡陡于1:5时或纵坡陡于12%时,应将原地面挖成台阶,台阶宽度应满足摊铺和压实设备操作的需要,且不得小于2m。台阶顶一般做成向内并大于4%的内倾斜坡。砂类土上则不挖台阶,但应将原地面以下200~300mm的表上翻松。[招标文件:204.04-3-(4)]	□符合 □不符合	
地表处理	1.1.13	路堤基底的压实度应不小于90%。路基填土高度小于路面和路床总厚度时,基底应按图纸要求进行处理。[招标文件:202.03-1-a]	□符合 □不符合	
	1.1.14	低路堤应对地基表层土进行超挖、分层回填压实,其处理深度应不小于路床厚度。(JTG/T 3610:3.4.1)	□符合 □不符合	
其他				

规范性引用文件如下:
《公路工程标准施工招标文件》(2018年版·第二册)(交通运输部公告2017年第51号)
《公路工程质量检验评定标准 第一册 土建工程》(JTG F80/1—2017)
《公路路基施工技术规范》(JTG/T 3610—2019)

总体评价:本次检查_____项,符合_____项,不符合_____项,符合率为_____%。

检查单位_____检查人_____检查日期_____

1.2 水泥加固土桩

施工标段＿＿＿＿＿＿＿＿＿＿　　　检查部位(工点)＿＿＿＿＿＿＿＿＿＿

检查项目	序号	质量检查要点	检查结果	问题描述
水泥管控	1.2.1	水泥搅拌桩施工现场每一工点设置两只散装水泥专用罐用于存储散装水泥,每只容积不低于50t。(汇编　苏交建质〔2018〕75号:一)	□符合 □不符合	
	1.2.2	散装水泥专用罐进场前应进行清理,确保无结块水泥粘挂罐壁内。(汇编　苏交建质〔2018〕75号:一)	□符合 □不符合	
	1.2.3	水泥罐须设置稳固底座,安装完成后应统一编号,编号按标段号+工点开工顺序号进行编号张贴,同一工点内的两只罐按A、B罐进行标识区分。(汇编　苏交建质〔2018〕75号:一)	□符合 □不符合	
	1.2.4	在未进行称重和未有水泥调度员押车情况下,水泥运输车辆不得进入施工区。(汇编　苏交建质〔2018〕75号:四)	□符合 □不符合	
	1.2.5	水泥运输车进入现场运至水泥罐处由水泥调度员和段落负责人、监理人员共同见证将水泥打入已用完清空的水泥罐。(汇编　苏交建质〔2018〕75号:五)	□符合 □不符合	
	1.2.6	现场水泥罐两只,交替使用,施工开始前同时注满。(汇编　苏交建质〔2018〕75号:七)	□符合 □不符合	
	1.2.7	制浆采用带流量计的自动拌浆机拌浆,拌浆机参数设定应由项目管理机构、监理单位、施工单位、中心试验室四方共同见证设定,并粘贴封条。(汇编　苏交建质〔2018〕75号:八)	□符合 □不符合	
	1.2.8	**每罐水泥用完后,应和流量计进行校核,如果发现水泥用量异常,必须立刻分析原因,确定处理措施。**(汇编　苏交建质〔2018〕75号:九)	□符合 □不符合	
	1.2.9	现场根据施工情况,施工人员、监理人员定时校核水泥浆密度。(汇编　苏交建质〔2018〕75号:九)	□符合 □不符合	
施工场地清理	1.2.10	搅拌桩施工的场地应事先平整,清除地上、地下一切障碍物(包括大块石、树根和生活垃圾)。〔汇编　苏交建总工〔2014〕6号:四1(4)〕	□符合 □不符合	
	1.2.11	场地低洼处、沟塘处应及时排水,清淤及回填(压实度达到80%),不得回填杂土。〔汇编　苏交建总工〔2014〕6号:四1(5)〕	□符合 □不符合	

续上表

检查项目	序号	质量检查要点	检查结果	问题描述
施工设备	1.2.12	**应选用定型产品,并配有全自动电脑记录仪的设备;严禁使用非定型产品、自行改装设备。**(汇编　苏交建总工〔2014〕6 号:一)	□符合 □不符合	
	1.2.13	**严禁使用没有管道压力表和计量装置的设备。**(汇编　苏交建总工〔2014〕6 号:一)	□符合 □不符合	
	1.2.14	钻头直径应与浆(粉)喷桩的处理直径相同,当直径磨耗量大于 10mm 时,必须更换钻头。[招标文件:205.03-3-(8)-f;汇编　苏交建总工〔2014〕6 号:一 1]	□符合 □不符合	
	1.2.15	**输浆(灰)管不得泄漏及堵塞**,浆喷桩管道长度不大于 60m,粉喷桩管道长度以 60~80m 为宜。[汇编　苏交建总工〔2014〕6 号:四 3 (1)⑦、(2)⑧]	□符合 □不符合	
成桩试验	1.2.16	施工前必须进行成桩试验,桩数不宜小于 5 根。[招标文件:205.03-3-(8)-a]	□符合 □不符合	
	1.2.17	试桩应取得满足设计喷入量的各种技术参数,如钻进速度、提升速度、搅拌速度、喷浆(灰)压力、单位时间喷入量等。[招标文件:205.03-3-(8)-a]	□符合 □不符合	
	1.2.18	应确定能保证胶结料与加固软土拌和均匀性的工艺。[招标文件:205.03-3-(8)-a]	□符合 □不符合	
	1.2.19	掌握下钻和提升的阻力情况,选择合理的技术措施。[招标文件:205.03-3-(8)-a]	□符合 □不符合	
	1.2.20	根据地层、地质情况确定复喷范围。[招标文件:205.03-3-(8)-a]	□符合 □不符合	
钻机定位	1.2.21	进行桩位放样,搅拌机定位应保证起吊设备的平整度和导向架的垂直度。(汇编　苏交建总工〔2014〕6 号:四 3 (1)①、(2)①]	□符合 □不符合	
	1.2.22	钻机的垂直度偏位不得大于 1%,桩孔的位置与图纸位置偏差不得大于 50mm。[招标文件:205.03-3-(8)-d]	□符合 □不符合	
钻进、喷浆(粉)、搅拌	1.2.23	浆喷桩单向搅采用"四搅两喷"施工工艺,双向搅采用"两搅一喷"施工工艺。[汇编　苏交建总工〔2014〕6 号:四 2 (1)③]	□符合 □不符合	
	1.2.24	浆喷桩钻进喷浆时,浆液从喷嘴喷出并具有一定压力后,开始**钻进搅拌**,根据试桩结果调整灰浆泵压力档次,保证喷浆量满足要求。在钻进过程中连续喷入水泥浆液,钻进至设计桩长或硬土层后,应原地喷浆搅拌 30s。[汇编　苏交建总工〔2014〕6 号:四 2 (1)③ A]	□符合 □不符合	

续上表

检查项目	序号	质量检查要点	检查结果	问题描述
钻进、喷浆（粉）、搅拌	1.2.25	浆喷桩提升喷浆时，钻进过程不喷浆，钻进至设计桩长或硬土层后开动灰浆泵，根据试桩结果调整灰浆泵压力档次，保证喷浆量满足要求。将搅拌头自桩端反转匀速提升搅拌，并连续喷入水泥浆液，直至地面。[汇编 苏交建总工〔2014〕6号：四2（1）③ B]	□符合 □不符合	
	1.2.26	浆喷桩施工严格控制钻机下钻深度、浆喷高程及停浆面，确保浆喷桩长度和水泥浆液喷入量达到设计要求。[汇编 苏交建总工〔2014〕6号：四3（1）②]	□符合 □不符合	
	1.2.27	浆喷桩浆液储量应不少于一根桩的用量，否则不得进行下一根桩的施工。[汇编 苏交建总工〔2014〕6号：四3（1）⑨]	□符合 □不符合	
	1.2.28	浆喷桩单向搅拌桩应在全桩长范围内重复搅拌一次，以增加水泥土的均匀性并且复搅一次完成。如一次复搅有困难，可在总监理工程师同意的前提下，分段喷浆，分段复搅，但二次喷浆至少应重叠0.3~0.5m，二次复搅至少应重叠1.0m以上。[汇编 苏交建总工〔2014〕6号：四3（1）⑤]	□符合 □不符合	
	1.2.29	粉喷桩单向搅不喷射水泥搅拌钻进直至加固深度过程中，为防喷口堵塞，需连续不断喷出压缩空气。[汇编 苏交建总工〔2014〕6号：四2（2）②]	□符合 □不符合	
	1.2.30	粉喷桩单向搅钻头钻进至设计高程或硬土层后，启动粉体发送器，并使搅拌钻头反向旋转提升，同时连续喷射水泥粉体。**提升前要有等待送粉到达桩底的时间，防止出现提升却未喷粉的情况**，严格控制提钻速度。[汇编 苏交建总工〔2014〕6号：四2（2）②、4 3（2）④]	□符合 □不符合	
	1.2.31	粉喷桩单向搅拌钻头提升距地面30~50cm时应关闭粉体发送器，防止水泥溢出地面污染环境。[汇编 苏交建总工〔2014〕6号：四2（2）②]	□符合 □不符合	
	1.2.32	粉喷桩单向搅拌桩应在全桩长范围内重复搅拌一次，以增加水泥土均匀性。复搅宜一次完成。[汇编 苏交建总工〔2014〕6号：四3（2）⑤]	□符合 □不符合	
	1.2.33	粉喷桩双向搅先启动内钻杆钻头（反向），后启动外钻杆钻头（正向），然后启动加压装置，内钻头先切土入土，外钻头后入土搅拌。[汇编 苏交建总工〔2014〕6号：四2（2）②]	□符合 □不符合	
	1.2.34	粉喷桩双向搅在内钻头入土后喷灰，直到设计深度，停止喷灰，然后先将外钻杆钻头换向（反向），后将内钻杆钻头换向（正向），同时对加压装置换向提升钻头至设计桩顶高程。[汇编 苏交建总工〔2014〕6号：四2（2）②]	□符合 □不符合	

续上表

检查项目	序号	质量检查要点	检查结果	问题描述
钻进、喷浆（粉）、搅拌	1.2.35	粉喷桩钻进提升时管道压力不宜过大（以不堵塞出粉孔为原则），以防孔壁四周的淤泥受挤压形成空洞，在高含水率（≥70%）区应特别注意。[汇编 苏交建总工[2014]6号：四 3（2）⑥]	□符合 □不符合	
	1.2.36	如喷浆（粉）量不足，应整桩复打，复打的喷浆（粉）量不小于设计用量。[招标文件：205.03-3-（8）-f；JTG/T 3610：7.6.13]	□符合 □不符合	
	1.2.37	**中断施工时，应及时记录深度，并在12h内进行复打，复打重叠长度应大于1m；超过12h，应采取补桩措施。**（JTG/T 3610：7.6.13）	□符合 □不符合	
	1.2.38	在一个区域内，应先打设路基两侧及该处理段两头的桩，以形成一个封闭的区域，再逐渐往中心打设，有利于整体的成桩质量和软基处理效果。[汇编 苏交建总工[2014]6号：四 3（1）⑧]	□符合 □不符合	
	1.2.39	严格控制下钻、上提速度，保证复搅深度和复搅遍数。（通病手册：1.1.2.3）	□符合 □不符合	
	1.2.40	**湿喷桩桩长不得短于设计桩长或经监理工程师现场确认的施工桩长。**全桩水泥用量不得小于试桩时确定的水泥用量，每米用浆量误差不得大于5%。[汇编 苏交建总工[2014]6号：四 3（1）②]	□符合 □不符合	
	1.2.41	**粉喷桩桩长不得小于设计桩长或经监理工程师现场确认的施工桩长。**单桩水泥用量不得少于设计水泥用量，粉喷桩每延米水泥用量误差不得超过5%，并应有专人记录每根桩的水泥用量。[汇编 苏交建总工[2014]6号：四 3（2）②]	□符合 □不符合	
	1.2.42	成桩后，在钻机移动前打印施工过程资料和成桩资料，**严禁移机后补打资料**。[汇编 苏交建总工[2014]6号：四 2（1）④、（2）③]	□符合 □不符合	
其他				

规范性引用文件如下：
《公路工程标准施工招标文件》（2018年版·第二册）（交通运输部公告2017年第51号）
《公路路基施工技术规范》（JTG/T 3610—2019）
《江苏省交通工程建设局技术文件汇编》（2019年版）
《高速公路建设质量通病防治手册》，人民交通出版社，2012

总体评价：本次检查＿＿＿＿项，符合＿＿＿＿项，不符合＿＿＿＿项，符合率为＿＿＿＿%。

检查单位＿＿＿＿＿＿＿ 检查人＿＿＿＿＿＿＿ 检查日期＿＿＿＿＿＿＿

1.3 预制桩施工

施工标段_____　　　检查部位(工点)_____

检查项目	序号	质量检查要点	检查结果	问题描述
桩堆放	1.3.1	桩堆放场地应平整、坚实、无积水,应有排水措施,不得产生不均匀沉陷。(JTG/T 3610:7.6.16)	□符合 □不符合	
	1.3.2	桩的叠层堆放应符合:外径为500~600mm的桩不宜大于5层,外径为300~400mm的桩不宜大于8层,堆叠的层数还应满足地基承载力的要求;最下层应设两支点,支点垫木应选用木枋;垫木与吊点应保持在同一横断面上。(GB 51004:5.5.7)	□符合 □不符合	
成品桩检查	1.3.3	**施工前应检查成品桩**,先张法薄壁预应力混凝土管桩应符合现行 GB 13476、JC 888、JC 934 等的规定。(JTG/T 3610:7.6.16)	□符合 □不符合	
	1.3.4	成品桩表面平整,颜色均匀,掉角深度小于10mm,蜂窝面积小于总面积的0.5%。(GB 50202:5.5.4)	□符合 □不符合	
施工设备	1.3.5	压桩机的型号和配重的选用应根据地质条件、桩型、桩的密集程度、单桩竖向承载力及现有施工条件等因素确定。(GB 51004:5.5.17)	□符合 □不符合	
沉桩	1.3.6	**预制桩在施工现场运输、吊装过程中,严禁采用拖拉取桩方法。**(GB 51004:5.5.8)	□符合 □不符合	
	1.3.7	单节桩采用两支点法起吊时,两吊点位置距离桩端宜为桩段长度的0.2倍,吊索与桩段水平夹角不应小于45°。(GB 51004:5.5.6)	□符合 □不符合	
	1.3.8	桩的打设次序宜由路基中心线向两侧打设,由结构物向路堤方向打设。(JTG/T 3610:7.6.16)	□符合 □不符合	
	1.3.9	第一节桩插入地面0.5~1.0m时,应调整桩的垂直度偏差不得大于1/300。(GB 51004:5.5.18)	□符合 □不符合	
	1.3.10	沉桩过程中应严格控制桩身垂直度,压桩过程中严禁浮机。(JTG/T 3610:7.6.16;GB 51004:5.5.18)	□符合 □不符合	
	1.3.11	**桩机上的吊机在进行吊桩、喂桩的过程中,压桩机严禁行走和调整。**(GB 51004:5.5.18)	□符合 □不符合	
	1.3.12	喂桩时,应避开夹具与空心桩桩身两侧合缝位置的接触。(GB 51004:5.5.18)	□符合 □不符合	

续上表

检查项目	序号	质量检查要点	检查结果	问题描述
焊接接桩	1.3.13	接桩时,接头宜高出地面 0.5~1.0m,不宜在桩端进入硬土层时停顿或接桩。单根桩沉桩宜连续进行。(GB 51004:5.5.9)	□符合 □不符合	
	1.3.14	上下节桩接头端板表面应清洁干净。(GB 51004:5.5.10)	□符合 □不符合	
	1.3.15	下节桩的桩头处宜设置导向箍,接桩时上下节桩身应对中,错位不宜大于2mm,上下节桩段应保持顺直。(GB 51004:5.5.10)	□符合 □不符合	
	1.3.16	预应力桩应在坡口内多层满焊,每层焊缝接头应错开,并应采取减少焊接变形的措施。(GB 51004:5.5.10)	□符合 □不符合	
	1.3.17	焊接宜沿桩四周对称进行,坡口、厚度应符合设计要求,不应有夹渣、气孔等缺陷。(GB 51004:5.5.10)	□符合 □不符合	
	1.3.18	桩接头焊好后应进行外观检查,检查合格后必须经自然冷却,方可继续沉桩,**自然冷却时间不少于6min**(采用CO_2气体保护焊不少于3min),严禁浇水冷却,或不冷却就开始沉桩。(GB 51004:5.5.10)	□符合 □不符合	
桩帽施工	1.3.19	在桩头位置开挖整平过的原地面,开挖的长度、宽度和深度应符合设计要求。	□符合 □不符合	
	1.3.20	桩帽钢筋笼应插入管桩内,连接混凝土应与桩帽混凝土一起灌注。(JTG/T 3610:7.6.16)	□符合 □不符合	
其他				

规范性引用文件如下:
《建筑地基基础工程施工质量验收标准》(GB 50202—2018)
《建筑地基基础工程施工规范》(GB 51004—2015)
《公路路基施工技术规范》(JTG/T 3610—2019)

总体评价:本次检查_____项,符合_____项,不符合_____项,符合率为_____%。

检查单位_____ 检查人_____ 检查日期_____

1.4 土工合成材料处置层

施工标段_____　　检查部位(工点)_____

检查项目	序号	质量检查要点	检查结果	问题描述
材料	1.4.1	土工合成材料应无老化,外观应无破损、污染。(JTG F80/1:4.5.1)	□符合 □不符合	
	1.4.2	**土工合成材料在存放及铺设过程中不得在阳光下长时间暴露。**(JTG/T 3610:7.6.8)	□符合 □不符合	
	1.4.3	与土工合成材料直接接触的填料严禁含强酸性、强碱性物质。[招标文件:205.03-3-(12)-f;JTG/T 3610:7.6.8]	□符合 □不符合	
	1.4.4	在距土工合成材料层80mm以内的路堤填料,其最大粒径不得大于60mm。[招标文件:205.03-3-(12)-e]	□符合 □不符合	
下承层处理	1.4.5	下承层应平整,拱度满足设计要求,**表面严禁有碎、块石等坚硬凸出物**。[招标文件:205.03-3-(12)-e]	□符合 □不符合	
土工合成材料铺设	1.4.6	铺设土工合成材料应按图纸施工,在平整的下承层上全断面铺设。[招标文件:205.03-3-(12)-b]	□符合 □不符合	
	1.4.7	铺设时,土工织物应拉直平顺,紧贴下承层,不得扭曲、折皱。[招标文件:205.03-3-(12)-b]	□符合 □不符合	
	1.4.8	在斜坡上摊铺时,应保持一定松紧度。[招标文件:205.03-3-(12)-b]	□符合 □不符合	
	1.4.9	土工合成材料在铺设时,应将强度高的方向垂直置于路堤轴线方向。[招标文件:205.03-3-(12)-b]	□符合 □不符合	
	1.4.10	**应保证土工合成材料的整体性。**当采用搭接法连接时,搭接长度宜为300~600mm;采用缝接法时,缝接宽度应不小于50mm;采用黏结法时,黏结宽度不应小于50mm,黏结强度应不低于土工合成材料的抗拉强度。[招标文件:205.03-3-(12)-d]	□符合 □不符合	
	1.4.11	双层土工合成材料上、下层接缝应交替错开,错开长度不应小于500mm。[招标文件:205.03-3-(12)-j]	□符合 □不符合	
	1.4.12	**施工中应采取措施防止土工合成材料受损,出现破损时应及时修补或更换。**(JTG/T 3610:7.6.8)	□符合 □不符合	

续上表

检查项目	序号	质量检查要点	检查结果	问题描述
填筑	1.4.13	土工合成材料摊铺后应及时填筑填料,以避免其受到阳光过长时间的直接暴晒。一般情况下,间隔时间不应超过48h。[招标文件:205.03-3-(12)-f]	□符合 □不符合	
	1.4.14	在土工布铺设好以后,采用倒退法进行填筑,禁止施工车辆直接碾压到土工布上。(通病手册:1.1.1.4)	□符合 □不符合	
	1.4.15	土工合成材料上一切车辆、施工机械只容许沿路堤的轴线方向行驶。**严禁在土工合成材料上对第一层填土进行翻拌、粉碎。**[招标文件:205.03-3-(12)-g;通病手册:1.1.1.4]	□符合 □不符合	
	1.4.16	对于软土地基,应采用后卸式货车沿加筋材料两侧边缘倾卸填料,以形成运土的交通便道,并将土工合成材料张紧。[招标文件:205.03-3-(12)-h]	□符合 □不符合	
	1.4.17	**填料不允许直接卸在土工合成材料上面**,必须卸在已摊铺完毕的土面上;卸土高度以不大于1m为宜,以免造成局部承载能力不足。[招标文件:205.03-3-(12)-h]	□符合 □不符合	
	1.4.18	卸土后应立即摊铺,以免出现局部下陷。[招标文件:205.03-3-(12)-h]	□符合 □不符合	
	1.4.19	填成施工便道后,再由两侧向中心平行于路堤中线对称填筑,第一层填料宜采用推土机或其他轻型压实机具进行压实;只有当已填筑压实的垫层厚度大于600mm后,才能采用重型压实机械压实。[招标文件:205.03-3-(12)-i]	□符合 □不符合	
外观质量	1.4.20	土工合成材料无重叠、皱折。(JTG F80/1:4.5.3)	□符合 □不符合	
	1.4.21	土工合成材料固定处不应松动。(JTG F80/1:4.5.3)	□符合 □不符合	
其他				

规范性引用文件如下:
《公路工程标准施工招标文件》(2018年版·第二册)(交通运输部公告2017年第51号)
《公路工程质量检验评定标准 第一册 土建工程》(JTG F80/1—2017)
《公路路基施工技术规范》(JTG/T 3610—2019)
《高速公路建设质量通病防治手册》,人民交通出版社,2012

总体评价:本次检查_____项,符合_____项,不符合_____项,符合率为_____%。

检查单位_____检查人_____检查日期_____

1.5 砂砾、碎石垫层

施工标段_____ 检查部位(工点)_____

检查项目	序号	质量检查要点	检查结果	问题描述
材料	1.5.1	砂砾、碎石垫层宜采用级配好的中、粗砂、砂砾或碎石,含泥量应不大于5%,最大粒径宜小于50mm。(JTG/T 3610:7.6.7)	□符合 □不符合	
	1.5.2	**用作垫层的砂砾料,应具有良好的透水性,不得含有机质、黏土块或其他有害物质。**[招标文件:205.03-2-(1)]	□符合 □不符合	
	1.5.3	碎石由岩石或砾石轧制而成,应洁净、干燥,并具有足够的强度和耐磨耗性,其颗粒形状应具有棱角,不得掺有软质或其他杂质。[招标文件:205.03-2-(3)]	□符合 □不符合	
铺筑	1.5.4	填筑前应认真放样,确保填筑时达到设计宽度;原地面应整平,并充分压实。(通病手册:1.1.1.1、1.1.1.2)	□符合 □不符合	
	1.5.5	垫层应水平铺筑,当地形有起伏时,应开挖台阶。(JTG/T 3610:7.6.7-2)	□符合 □不符合	
	1.5.6	按图纸或监理人的要求,在清理的基底上分层铺筑符合要求的砂或砂砾垫层。分层松铺厚度按计算方量填筑,不得超过200mm。[招标文件:205.03-3-(2)-a;通病手册:1.1.1.1]	□符合 □不符合	
	1.5.7	逐层压实至规定的压实度。压实后应随机布点挖坑检查厚度。[招标文件:205.03-3-(2)-a;通病手册:1.1.1.1]	□符合 □不符合	
	1.5.8	**填筑垫层的基面和层面铺有土工布时,在垫层上下各厚100mm层次中不得使用轧制的粒料,以免含有裂口的碎砾石损伤土工布。**[招标文件:205.03-3-(2)-b]	□符合 □不符合	
	1.5.9	**垫层应宽出路基边脚0.5~1.0m,且无明显的粗细料分离现象。**两侧端以片石护砌,以免砂料流失。[招标文件:205.03-3-(2)-a;JTG F80/1:4.4.1;JTG/T 3610:7.6.7]	□符合 □不符合	
	1.5.10	施工中应避免砂或砂砾受到污染。[招标文件:205.03-3-(2)-c]	□符合 □不符合	
	1.5.11	施工完成后,应及时覆盖土工布;禁止车辆在土工布上行驶;填筑上层路基时,应采用倒退法施工。(通病手册:1.1.1.3)	□符合 □不符合	

续上表

检查项目	序号	质量检查要点	检查结果	问题描述
其他				

规范性引用文件如下：
《公路工程标准施工招标文件》(2018年版·第二册)(交通运输部公告2017年第51号)
《公路工程质量检验评定标准 第一册 土建工程》(JTG F80/1—2017)
《公路路基施工技术规范》(JTG/T 3610—2019)
《高速公路建设质量通病防治手册》，人民交通出版社，2012

总体评价：本次检查_____项，符合_____项，不符合_____项，符合率为_____%。

检查单位_____ 检查人_____ 检查日期_____

1.6 河塘清淤回填

施工标段_____　　检查部位(工点)_____

检查项目	序号	质量检查要点	检查结果	问题描述
清淤	1.6.1	河塘围堰应确保排水、清淤、回填期间不渗水。[路基指南：4.3.1.4-(1)]	□符合 □不符合	
	1.6.2	围堰应设置在路基施工范围外。[路基指南：4.3.1.4-(1)]	□符合 □不符合	
	1.6.3	应配备足量的水泵排除河塘积水，并采取措施阻断四周地下水的回渗。[路基指南：4.3.1.4-(2)；通病手册：1.2.1.2]	□符合 □不符合	
	1.6.4	按图纸或监理人的要求，将原路基一定深度和范围内的淤泥挖除。**在机械清淤结束后，认真检查沟塘内是否留有淤泥**，如机械无法作业时，应采用人工挖除。[招标文件：205.03-3-(1)；通病手册：1.2.1.1]	□符合 □不符合	
	1.6.5	清淤排水后及时组织回填施工。(通病手册：1.2.1.2)	□符合 □不符合	
回填	1.6.6	**回填前应完善排水设施，施工期间不得积水。**(JTG/T 3610：7.6.4)	□符合 □不符合	
	1.6.7	在回填前，应在河塘的周围开挖台阶，台阶宽度应满足摊铺和压实设备操作的需要，且不得小于 2m。台阶顶一般做成向内并大于 4% 的内倾斜坡。[通病手册：1.2.1.4；招标文件：204.04-3-(4)]	□符合 □不符合	
	1.6.8	换填料应选用水稳性或透水性好的材料，严禁将淤泥混入填料。[招标文件：205.03-3-(1)-a；路基指南：4.3.1.5-(1)]	□符合 □不符合	
	1.6.9	**应分层铺筑，严格控制每层填土厚度，逐层压实，使之达到规定的压实度，严禁倾填。**[招标文件：205.03-3-(1)-a；标准化指南：4.3.1.4-(5)；通病手册：1.2.1.3]	□符合 □不符合	
	1.6.10	边角处土颗粒应充分粉碎，采用小型压实机具或人工夯实。(通病手册：1.2.1.5)	□符合 □不符合	
外观质量	1.6.11	表面应平整，无弹簧、起皮现象，不得有明显碾压轮迹，表面不得积水。(路基指南：4.3.2.6；JTG F80/1：4.2.1)	□符合 □不符合	
	1.6.12	填石表面应无明显孔洞，大粒径石料应不松动。(JTG/T 3610：4.5.8)	□符合 □不符合	

续上表

检查项目	序号	质量检查要点	检查结果	问题描述
其他				

规范性引用文件如下：
《公路工程标准施工招标文件》(2018年版·第二册)(交通运输部公告2017年第51号)
《公路工程质量检验评定标准 第一册 土建工程》(JTG F80/1—2017)
《公路路基施工技术规范》(JTG/T 3610—2019)
《高速公路建设质量通病防治手册》,人民交通出版社,2012
《江苏省高速公路施工标准化指南 第三分册 路基工程》(苏交建〔2011〕40号)

总体评价:本次检查_____项,符合_____项,不符合_____项,符合率为_____%。

检查单位_____ 检查人_____ 检查日期_____

1.7 挖方路基

施工标段＿＿＿＿＿＿＿＿＿＿　　检查部位(工点)＿＿＿＿＿＿＿＿＿＿

检查项目	序号	质量检查要点	检查结果	问题描述
土方开挖	1.7.1	应自上而下逐级进行,严禁掏底开挖。(JTG/T 3610:4.3.1-1)	□符合 □不符合	
	1.7.2	开挖至边坡线前,应预留一定宽度,预留的宽度应保证刷坡过程中设计边坡线外的土层不受到扰动。(JTG/T 3610:4.3.1-2)	□符合 □不符合	
	1.7.3	拟用作路基填料的土方,应分类开挖、分类使用。(JTG/T 3610:4.3.1-3)	□符合 □不符合	
	1.7.4	开挖至零填、路堑路床部分后,应及时进行路床施工。(JTG/T 3610:4.3.1-4)	□符合 □不符合	
	1.7.5	应采取临时排水措施,施工作业面不得积水;施工期间应经常维护临时排水设施。(JTG/T 3610:4.3.1-5;JTG/T 3610:5.1.2)	□符合 □不符合	
	1.7.6	地下水应采取排导措施,将水引入路基排水系统,不得随意堵塞泉眼。(JTG/T 3610:4.3.2-1)	□符合 □不符合	
	1.7.7	路床土含水率高或为含水层时,应采取设置渗沟、换填、改良土质等处理措施。(JTG/T 3610:4.3.2-2)	□符合 □不符合	
石方开挖	1.7.8	应逐级开挖,逐级按设计要求进行防护。(JTG/T 3610:4.3.3-2)	□符合 □不符合	
	1.7.9	严禁采用峒室爆破,靠近边坡部位的硬质岩应采用光面爆破或预裂爆破。(JTG/T 3610:4.3.3-5)	□符合 □不符合	
	1.7.10	边坡应逐级进行整修,同时清除危石及松动石块。(JTG/T 3610:4.3.3-7)	□符合 □不符合	
	1.7.11	石质路床欠挖部分应予凿除,超挖部分应采用强度高的砂砾、碎石进行找平处理,不得采用细粒土找平。(JTG/T 3610:4.3.4-1)	□符合 □不符合	
	1.7.12	路床底面有地下水时,可设置渗沟进行排导,渗沟应采用硬质碎石回填。(JTG/T 3610:4.3.4-2)	□符合 □不符合	
	1.7.13	路床的边沟应与路床同步施工。(JTG/T 3610:4.3.4-3)	□符合 □不符合	

续上表

检查项目	序号	质量检查要点	检查结果	问题描述
石方开挖	1.7.14	深挖路堑施工过程中应对边坡的稳定性进行监测。(JTG/T 3610：4.3.5-1)	□符合 □不符合	
半填半挖	1.7.15	**应从填方坡脚起向上设置向内侧倾斜的台阶,台阶宽度不小于2m,**在挖方一侧,台阶应与每个行车道宽度一致、位置重合。[招标文件:204.04-7-(1)]	□符合 □不符合	
	1.7.16	石质山坡,应清除原地面松散风化层,按图纸要求开凿台阶,孤石、石笋应予以清除。[招标文件:204.04-7-(2)]	□符合 □不符合	
	1.7.17	纵向填挖结合段,应按图纸要求合理设置台阶。[招标文件:204.04-7-(3)]	□符合 □不符合	
	1.7.18	有地下水或地面水汇流的路段,应按图纸要求采用合理措施导排水流。[招标文件:204.04-7-(4)]	□符合 □不符合	
	1.7.19	纵(横)向半填半挖路堤与路基,应从最低高程处的台阶开始分层填筑,分层压实。[招标文件:204.04-7-(5)]	□符合 □不符合	
	1.7.20	填筑时,应严格处理横向、纵向、原地面等结合界面,以确保路基的整体性。[招标文件:204.04-7-(6)]	□符合 □不符合	
	1.7.21	高度小于800mm的路堤、零填及挖方路床的换填,宜选用水稳性较好的材料。[招标文件:204.04-7-(7)]	□符合 □不符合	
	1.7.22	若纵(横)向半填半挖路基采用土工合成材料加筋时,则土工合成材料的设置部位、层数和材料规格、质量应符合图纸要求。[招标文件:204.04-7-(8)]	□符合 □不符合	
	1.7.23	纵(横)向填、挖交界处的开挖,必须待填方处原地面处理好并经监理人检验合格后,方可开挖挖方断面。**挖方中非适用材料严禁用于填筑。**[招标文件:204.04-7-(9)]	□符合 □不符合	
其他				

规范性引用文件如下:
《公路工程标准施工招标文件》(2018年版·第二册)(交通运输部公告2017年第51号)
《公路路基施工技术规范》(JTG/T 3610—2019)

总体评价:本次检查_____项,符合_____项,不符合_____项,符合率为_____%。

检查单位_____检查人_____检查日期_____

1.8 填土路堤

施工标段_____ 检查部位(工点)_____

检查项目	序号	质量检查要点	检查结果	问题描述
填料选择	1.8.1	凡具有规定强度且能被压实到规定密实度和能形成稳定填方,且石料含量小于30%的材料均为适用填料。[招标文件:204.02-1、204.04-1-(5)]	□符合 □不符合	
	1.8.2	**泥炭土、淤泥、冻土、强膨胀土、有机质土及易溶盐超过允许含量的土等,不得直接作为路基填料**,在采取技术措施进行处理,经检验满足要求后方可使用。[招标文件:204.02-2;JTG/T 3610:4.1.1-3]	□符合 □不符合	
	1.8.3	路基上部宜采用水稳性好或冻胀敏感性小的填料,有地下水的路段或浸水路堤,应选用水稳性好的填料。(JTG/T 3610:4.4.1-1)	□符合 □不符合	
	1.8.4	粉质土不得直接用于浸水部分的路堤。(JTG/T 3610:4.1.1-4)	□符合 □不符合	
	1.8.5	严格控制石灰质量,消石灰应在使用前7~10d进行充分消解,并过10mm筛。(通病手册:1.2.3.8)	□符合 □不符合	
布料	1.8.6	路堤填筑前,施工段落地表水、地下水的临时和永久排水设施应及时完成。(JTG/T 3610:5.1.3)	□符合 □不符合	
	1.8.7	整个施工期间,承包人必须保证排水畅通。如因排水不当而造成工程损坏,应立即进行修补。[招标文件:204.04-1-(4)]	□符合 □不符合	
	1.8.8	**路堤填筑时,应从最低处分层填筑,逐层压实,每种填料的松铺厚度应试验确定,分层最大压实厚度不应超过200mm。**[招标文件:204.04-3-(4);路基指南:4.3.2.5-(1)]	□符合 □不符合	
	1.8.9	填方路基必须按路面平行线分层控制填土高程;填方作业应分层平行摊铺,以保证路基压实度。[招标文件:204.04-3-(1)]	□符合 □不符合	
	1.8.10	**每一填筑层铺设宽度每侧应超出路堤设计宽度300mm**,以保证修整路基边坡后的路堤边缘有足够的压实度。[招标文件:204.04-3-(1)]	□符合 □不符合	
	1.8.11	分层填筑的各层应平整,符合横纵坡要求,**作业面应设2%~4%的排水横坡**,表面不得积水。[JTG/T 3610:5.1.4;路基指南:4.3.2.5-(5)]	□符合 □不符合	

续上表

检查项目	序号	质量检查要点	检查结果	问题描述
布料	1.8.12	地面自然横坡陡于1:5时或纵坡陡于12%时,应将原地面挖成台阶,台阶宽度应满足摊铺和压实设备操作的需要,且不得小于2m;台阶顶一般做成向内并大于4%的内倾斜坡;砂类土上则不挖台阶,但应将原地面以下200～300mm的表土翻松。[招标文件:204.04-3-(4)]	□符合 □不符合	
	1.8.13	性质不同的填料,应水平分层、分段填筑,分层压实;同一层路基的全宽应采用同一种填料,不得混合填筑。[招标文件:204.04-3-(1);JTG/T 3610:4.4.1]	□符合 □不符合	
	1.8.14	含水率适宜或冻融敏感性小的填料应填筑在路基上层,强度较小的填料应填筑在下层。[招标文件:204.04-3-(3)]	□符合 □不符合	
	1.8.15	在有地下水的路段或临水路基范围内,宜填筑透水性好的填料。[招标文件:204.04-3-(3)]	□符合 □不符合	
	1.8.16	土质变化时应及时重新进行标准击实试验,确定准确的最大干密度。(通病手册:1.2.3.12)	□符合 □不符合	
	1.8.17	在透水性差的压实层上填筑透水性好的填料前,应在其表面设2%～4%的双向横坡,并采取相应的防水措施。(JTG/T 3610:4.4.1-2)	□符合 □不符合	
	1.8.18	不得在透水性好的填料所填筑的路堤边坡上覆盖透水性差的填料。(JTG/T 3610:4.4.1-2)	□符合 □不符合	
	1.8.19	填料应充分粉碎到规定的要求,填筑厚度应严格根据松铺系数确定。(通病手册:1.2.3.12)	□符合 □不符合	
	1.8.20	填方分作业段施工时,接头部位如不能交替填筑,先填路段应按1:2～1:1坡度分层留台阶;如能分层相互交替搭接,搭接长度应不小于2m。[JTG/T 3610:4.4.1-6;招标文件:204.04-3-(9)]	□符合 □不符合	
	1.8.21	湿黏土填料宜采用石灰改良。石灰宜用消石灰或磨细生石粉。(JTG/T 3610:4.4.2-2)	□符合 □不符合	
	1.8.22	取土坑焖灰时,加大翻拌次数,运到现场应拣出未消解的石灰块。(通病手册:1.2.3.8)	□符合 □不符合	
	1.8.23	灰土拌和可采用路拌法,翻拌后填料的块状粒径超过150mm的含量宜小于15%,填筑层厚不超过200mm。(JTG/T 3610:4.4.2-4)	□符合 □不符合	
	1.8.24	应严格实行划格上土布灰,平地机整平。用白灰在下承层上打好网格,运输土卸土后用推土机粗平。[路基指南:4.3.2.5-(3)]	□符合 □不符合	

续上表

检查项目	序号	质量检查要点	检查结果	问题描述
布料	1.8.25	严禁在路基上堆放、消解石灰。(通病手册:1.2.3.14)	□符合 □不符合	
	1.8.26	含水率偏高应翻松晾晒,含水率偏低应洒水翻拌,宜在含水率高于最大含水率2%~3%时用平地机整平形成路拱。[路基指南:4.3.2.5-(3)]	□符合 □不符合	
	1.8.27	**严禁采用薄层贴补施工方式。**(通病手册:1.2.3.5)	□符合 □不符合	
	1.8.28	路基填筑过程中,路基顶面边缘应设置临时拦水埂,边坡应设置临时流水槽,并加强日常维护。(通病手册:1.2.3.21)	□符合 □不符合	
	1.8.29	如在路堤范围内修筑便道或引道时,该便道或引道不得作为路堤填筑的部分,应重新填筑成符合规定要求的新路堤。[招标文件:204.04-3-(7)]	□符合 □不符合	
碾压	1.8.30	超宽碾压至少150mm,用灰线打出碾压边线。[路基指南:4.3.2.5-(4)]	□符合 □不符合	
	1.8.31	碾压施工先静压,后振动碾压,碾压时直线段路基应采用从两边向中间碾压的方法。[路基指南:4.3.2.5-(4)]	□符合 □不符合	
	1.8.32	压路机碾压行驶速度不得超过4km/h,碾压应达到无漏压、无死角,确保碾压均匀。[路基指南:4.3.2.5-(4)]	□符合 □不符合	
	1.8.33	任何靠压实设备无法压碎的大块硬质材料,应予以清除或破碎。破碎后的硬质材料最大尺寸不超过压实层厚度的2/3,并应均匀分布。[招标文件:204.04-3-(8)]	□符合 □不符合	
	1.8.34	及时清除黏附在压路机钢轮表面的土,碾压前及碾压后应进行整平,各层严格控制平整度和高程。(通病手册:1.2.3.11)	□符合 □不符合	
	1.8.35	**每一填筑层压实后的宽度不得小于设计宽度。**(JTG/T 3610:4.4.1-4)	□符合 □不符合	
	1.8.36	改良后的湿黏土路堤质量应采用灰剂量与压实度两个指标控制,灰剂量应不低于设计掺量,应采用设计灰剂量的击实试验确定最大干密度。(JTG/T 3610:4.4.2-5)	□符合 □不符合	
	1.8.37	施工过程中,每一压实层均应进行压实度检测。(JTG/T 3610:4.4.4-1)	□符合 □不符合	
	1.8.38	对局部的"弹簧""起皮"带进行处理,翻挖掺灰后重新碾压或换填其他材料。(通病手册:1.2.3.9)	□符合 □不符合	

续上表

检查项目	序号	质量检查要点	检查结果	问题描述
碾压	1.8.39	压实后应加强养护,及时上土覆盖,避免表面水分过分损失。(通病手册:1.2.3.6)	□符合 □不符合	
	1.8.40	软土地区路堤施工应尽早安排,施工计划中应考虑地基所需固结时间。(JTG/T 3610:7.6.18)	□符合 □不符合	
软土路堤施工要求	1.8.41	路堤施工期间,路堤中心线地面沉降速率24h应不大于10~15mm,坡脚水平位移速率24h应不大于5mm。应结合沉降和位移观测结果综合分析地基稳定性。填筑速率应以水平位移控制为主,超过标准应立即停止填筑。(JTG/T 3610:7.6.18-3)	□符合 □不符合	
	1.8.42	桥台、涵洞、通道及加固工程应在预压沉降完成后再进行施工。(JTG/T 3610:7.6.18-4)	□符合 □不符合	
	1.8.43	应按设计要求的预压荷载、预压时间进行预压。堆载预压的填料宜采用上路床填料,并分层填筑压实。(JTG/T 3610:7.6.18-5)	□符合 □不符合	
	1.8.44	在软土地基上直接填筑路堤时,水面以下部分应选择透水性好的填料,水面以上可用一般土或轻质材料填筑。(JTG/T 3610:7.6.18-6)	□符合 □不符合	
	1.8.45	在两侧取土时,取土坑距路堤坡脚的距离应满足路堤稳定的要求。(JTG/T 3610:7.6.18-6)	□符合 □不符合	
	1.8.46	反压护道宜与路堤同时填筑,分开填筑时,应在路堤达到临界高度前完成反压护道施工。(JTG/T 3610:7.6.18-6)	□符合 □不符合	
外观质量	1.8.47	路基表面应平整,无弹簧、起皮现象,不得有明显碾压轮迹,表面不得积水。(路基指南:4.3.2.6;JTG F80/1:4.2.1)	□符合 □不符合	
	1.8.48	路拱合适、排水良好。(JTG F80/1:4.2.1)	□符合 □不符合	
	1.8.49	路基边线与边坡不应出现单向累计长度超过50m的弯折。(JTG F80/1:4.2.3-1)	□符合 □不符合	
	1.8.50	边坡、护坡道、碎落台不得有滑坡、塌方或深度超过100mm的冲沟。(JTG F80/1:4.2.3-2)	□符合 □不符合	

续上表

检查项目	序号	质量检查要点	检查结果	问题描述
其他				

规范性引用文件如下：
《公路工程标准施工招标文件》(2018年版·第二册)(交通运输部公告2017年第51号)
《公路工程质量检验评定标准 第一册 土建工程》(JTG F80/1—2017)
《公路路基施工技术规范》(JTG/T 3610—2019)
《高速公路建设质量通病防治手册》,人民交通出版社,2012
《江苏省高速公路施工标准化指南 第三分册 路基工程》(苏交建〔2011〕40号)

总体评价:本次检查_____项,符合_____项,不符合_____项,符合率为_____%。

检查单位_____ 检查人_____ 检查日期_____

1.9 填石路堤

施工标段＿＿＿＿＿＿＿＿＿＿　　检查部位(工点)＿＿＿＿＿＿＿＿＿＿

检查项目	序号	质量检查要点	检查结果	问题描述
填料选择	1.9.1	硬质岩石、中硬岩石可用于路堤和路床填筑。(JTG/T 3610:4.5.1-1)	□符合 □不符合	
	1.9.2	软质岩石可用于路堤填筑,不得用于路床填筑。(JTG/T 3610:4.5.1-1)	□符合 □不符合	
	1.9.3	**膨胀岩石、易溶性岩石和盐化岩石不得用于路基填筑。**(JTG/T 3610:4.5.1-1)	□符合 □不符合	
	1.9.4	填料粒径应不大于500mm,并宜不超过层厚的2/3。[招标文件:204.04-4;JTG/T 3610:4.5.1-3]	□符合 □不符合	
	1.9.5	路床底面以下400mm范围内,填料最大粒径不得大于150mm,其中小于5mm的细料含量应不小于30%。[招标文件:204.04-4;JTG/T 3610:4.5.1-3]	□符合 □不符合	
试验路段	1.9.6	应进行试验路段施工确定工艺流程、工艺参数控制。(JTG/T 3610:4.5.6)	□符合 □不符合	
布料	1.9.7	剔除或破碎粒径大的块石,如发现料源中大的块石集中较多时,应掺拌细料并充分翻拌,填筑后发现有大的块石集中较多的地方,挖除集中的块石并用级配好的填料换填。(通病手册:1.2.3.18)	□符合 □不符合	
	1.9.8	石方路堤应分层填筑压实,轻质石料与硬质石料不得混合使用。[招标文件:204.04-4-(4)(5);JTG/T 3610:4.5.2]	□符合 □不符合	
	1.9.9	填石路堤顶面与细粒土土层之间应填筑过渡层或铺设无纺土工布隔离层。[招标文件:204.04-4-(8);JTG/T 3610:4.5.2-3]	□符合 □不符合	
	1.9.10	填筑前应测量高程,计算控制填石方量;填筑层厚度应符合规范规定并满足设计要求,填石空隙用石渣、石屑嵌压稳定。(通病手册:1.2.3.20;JTG F80/1:4.3.1-2)	□符合 □不符合	
	1.9.11	中硬、硬质石料填筑路堤时,应进行边坡码砌,应与路基填筑基本同步进行。[招标文件:204.04-4-(6);JTG/T 3610:4.5.3]	□符合 □不符合	
	1.9.12	采用易风化岩或软质岩石料填筑时,应按设计要求采取边坡封闭和底部设置排水垫层、顶部设置防渗层等措施。(JTG/T 3610:4.5.4)	□符合 □不符合	

续上表

检查项目	序号	质量检查要点	检查结果	问题描述
碾压	1.9.13	**严格控制碾压遍数,使碾压遍数符合试验路段施工取得的结果,目测应无明显的轮迹。**(通病手册:1.2.3.19)	□符合 □不符合	
	1.9.14	采用强夯、冲击压路机进行补压时,应避免对附近构造物造成影响。(JTG/T 3610:4.5.2-5)	□符合 □不符合	
	1.9.15	压实质量应通过试验路确定的沉降差进行控制。(JTG F80/1:4.3.1-3)	□符合 □不符合	
外观质量	1.9.16	表面平整,路拱合适,排水良好,路堤表面应无明显孔洞。(JTG/T 3610:4.5.8-1;JTG F80/1:4.3.1-1)	□符合 □不符合	
	1.9.17	大粒径石料应不松动。(JTG/T 3610:4.5.8-2)	□符合 □不符合	
	1.9.18	边坡码砌紧贴、密实无松动,砌块间承接面向内倾斜,坡面平顺。(JTG/T 3610:4.5.8-3)	□符合 □不符合	
	1.9.19	路基边线与边坡不应出现单向累计长度超过50m的弯折。(JTG/T 3610:4.5.8-4;JTG F80/1:4.3.3)	□符合 □不符合	
	1.9.20	**上边坡不得有危石。**(JTG/T 3610:4.5.8;JTG F80/1:4.3.3)	□符合 □不符合	
其他				

规范性引用文件如下:
《公路工程标准施工招标文件》(2018年版·第二册)(交通运输部公告2017年第51号)
《公路工程质量检验评定标准 第一册 土建工程》(JTG F80/1—2017)
《公路路基施工技术规范》(JTG/T 3610—2019)
《高速公路建设质量通病防治手册》,人民交通出版社,2012

总体评价:本次检查_____项,符合_____项,不符合_____项,符合率为_____%。

检查单位_____检查人_____检查日期_____

1.10 土石路堤

施工标段_____ 检查部位(工点)_____

检查项目	序号	质量检查要点	检查结果	问题描述
填料选择	1.10.1	膨胀性岩石、易溶性岩石和盐化岩石不应用于路堤填筑,强风化石料、崩解性岩石不应直接用于路堤填筑。(T/JSTERA 14:4.2.1)	□符合 □不符合	
	1.10.2	天然土石混合填料中,中硬、硬质石料的最大粒径不得大于压实层厚的2/3。[招标文件:204.04-5-(1);JTG/T 3610:4.6.1]	□符合 □不符合	
	1.10.3	石料为强风化石料或软质石料时,石料最大粒径不得大于压实层厚。[招标文件:204.04-5-(1);JTG/T 3610:4.6.1]	□符合 □不符合	
	1.10.4	含有草皮、生活垃圾、树根、腐殖质的土不应作为路基填料。(T/JSTERA 14:4.2.2)	□符合 □不符合	
	1.10.5	泥炭、淤泥、冻土、强膨胀土、有机质土及易溶盐超过允许含量的土,不应直接用于填筑路基;确需使用时,应采取技术措施处理,确保满足设计要求。(T/JSTERA 14:4.2.2)	□符合 □不符合	
工艺试验	1.10.6	施工前应进行工艺试验,试验路段应选择在地质条件、路基断面形式等具有显著工程特点的地段,试验路段长度应大于100m。(T/JSTERA 14:5.1)	□符合 □不符合	
	1.10.7	土石混合料比例变化超过20%时应重新进行工艺试验。(T/JSTERA 14:5.2)	□符合 □不符合	
	1.10.8	应根据混合填料中石料的不同单轴饱和抗压强度,采用不同的填筑层厚和压实控制标准,施工压实质量可采用孔隙率与压实沉降差或施工参数联合控制。(T/JSTERA 14:5.3)	□符合 □不符合	
	1.10.9	**应通过工艺试验确定机械设备、工艺参数、压实沉降差,总结分析各项施工参数形成作业指导书。**(T/JSTERA 14:5.4、5.5)	□符合 □不符合	
布料	1.10.10	在陡、斜坡地段,土石路堤靠山一侧应按图纸要求,做好排水和防渗处理。[招标文件:204.04-5-(2)]	□符合 □不符合	
	1.10.11	**应在路堤两侧按设计坡比填筑包边土,宽度应不小于2.5m,**宜高出土石混填筑层1~2层。(T/JSTERA 14:6.4.1)	□符合 □不符合	
	1.10.12	包边土应按照设计要求设置横向排水管。(T/JSTERA 14:6.4.2)	□符合 □不符合	

续上表

检查项目	序号	质量检查要点	检查结果	问题描述
布料	1.10.13	根据自卸车装卸量、土石密度、松铺系数计算每车土石的摊铺面积,用白灰在下承面上标记卸料方格。(T/JSTERA 14;6.5.1)	□符合 □不符合	
	1.10.14	土石混合填料应采用自卸车运至施工断面,卸料时按每车一格后退法卸料。(T/JSTERA 14;6.5.2)	□符合 □不符合	
	1.10.15	用推土机对格内料堆进行推平,路基边、角机械处置不到处采用人工摊平。(T/JSTERA 14;6.5.3)	□符合 □不符合	
	1.10.16	对大粒径石块进行破碎,并剔除粒径大于 15cm 的石块。(T/JSTERA 14;6.5.4)	□符合 □不符合	
	1.10.17	土石混合填料来自不同料场,其岩性或土石比例相差较大时,应分层或分段填筑。(T/JSTERA 14;6.5.5)	□符合 □不符合	
	1.10.18	**土石路堤不得倾填,应分层填筑压实**,碾压前应使大粒径石料均匀分散在填料中,石料间孔隙应填充小粒径石料、土或石渣。[招标文件:204.04-5-(4)]	□符合 □不符合	
	1.10.19	土石混合填料中细粒土含水率较高且不易翻晒或沥水时,宜采用掺拌石灰等对混合填料进行改良处治。(T/JSTERA 14:6.3.4)	□符合 □不符合	
	1.10.20	压实后透水性差异大的土石混合材料,应分层或分段填筑,不宜纵向分幅填筑;如确需纵向分幅填筑,应将压实后渗水良好的土石混合材料填筑于路堤两侧。[招标文件:204.04-5-(5)]	□符合 □不符合	
	1.10.21	**填料由土石混合材料变化为其他填料时,土石混合材料最后一层的压实厚度应小于 300mm**,该层填料最大粒径应小于100mm,压实后该层表面应无孔洞。[招标文件:204.04-5-(7);JTG/T 3610:4.6.2;T/JSTERA 14:6.3.2]	□符合 □不符合	
	1.10.22	中硬、硬质石料的土石路堤,应进行边坡码砌;码砌边坡的石料强度、尺寸及码砌厚度应符合图纸要求;边坡码砌与路堤填筑宜基本同步进行。[招标文件:204.04-5-(8)]	□符合 □不符合	
	1.10.23	软质石料土石路堤的边坡按土质路堤边坡处理。[招标文件:204.04-5-(8)]	□符合 □不符合	
碾压	1.10.24	土石路基应分层水平填筑压实。(T/JSTERA 14;7.1.1)	□符合 □不符合	
	1.10.25	应遵循先静压、后弱振、再强振、最后光面的步骤,按照工艺试验段确定的工艺进行碾压。(T/JSTERA 14;6.8.1)	□符合 □不符合	

1 路基工程

续上表

检查项目	序号	质量检查要点	检查结果	问题描述
碾压	1.10.26	碾压顺序应为先两侧,后中间,纵向进退式进行,横向重叠40~50cm,纵向重叠100~150cm,确保无漏压、表面平整无孔洞。(T/JSTERA 14:6.8.2)	□符合 □不符合	
	1.10.27	压路机的行驶速度应由慢到快,宜为2~3km/h,最大时速应不大于4km/h。(T/JSTERA 14:6.8.3)	□符合 □不符合	
	1.10.28	碾压过程中,压路机不应在已完成的或正在碾压的路段上掉头和紧急制动。(T/JSTERA 14:6.8.4)	□符合 □不符合	
	1.10.29	采用强夯、冲击压路机进行补压时,应避免对附近构造物造成影响。(JTG/T 3610:4.6.2-7)	□符合 □不符合	
	1.10.30	对中硬及硬质岩石的土石路堤填筑施工过程中的每一压实层,应采用试验路段确定的工艺流程、工艺参数,压实质量可采用沉降差指标进行检测。(JTG/T 3610:4.6.3-1)	□符合 □不符合	
	1.10.31	软质石料的土石路堤压实质量以压实度控制。(JTG/T 3610:4.6.3)	□符合 □不符合	
外观质量	1.10.32	表面平整,横坡合适,排水良好,上路床不得有碾压轮迹,不得亏坡。(T/JSTERA 14:7.1.1)	□符合 □不符合	
	1.10.33	**路堤表面应无明显孔洞,大粒径填石应不松动。**(JTG/T 3610:4.6.5)	□符合 □不符合	
	1.10.34	中硬、硬质石料土石路基边坡应码砌紧贴、密实无松动,砌块间承接面应向内倾斜,坡面平顺。(JTG/T 3610:4.6.5)	□符合 □不符合	
其他				

规范性引用文件如下:
《公路工程标准施工招标文件》(2018年版·第二册)(交通运输部公告2017年第51号)
《公路路基施工技术规范》(JTG/T 3610—2019)
《高速公路路基工程土石混填施工技术规程》(T/JSTERA 14—2020)

总体评价:本次检查_____项,符合_____项,不符合_____项,符合率为_____%。

检查单位_____ 检查人_____ 检查日期_____

1.11 泡沫轻质土路堤

施工标段_____　　检查部位(工点)_____

检查项目	序号	质量检查要点	检查结果	问题描述
基底处理	1.11.1	泡沫轻质土路堤地基应按设计高程和尺寸进行开挖、清理、整平、压实,设置排水沟或其他排水设施;当在地下水位以下浇筑时,应有降水措施,**不得在基底有水的状态下浇筑**。(JTG/T 3610:4.11.7)	□符合 □不符合	
保护壁施工	1.11.2	砌块类保护壁预制挂板施工,砌筑砂浆应满足设计要求,砌缝宜采用勾缝,缝宽不应超过1cm;施工过程中,砌筑高度宜不超过当前泡沫轻质土浇筑面3层砌块高度,按照随浇随砌的原则施工。	□符合 □不符合	
保护壁施工	1.11.3	钢筋混凝土保护壁施工,现场按设计图示位置进行放样,开挖至基础以下垫层底面高程,混凝土保护壁的基础高程必须与设计一致;混凝土保护壁施工前应做好截、排水及防渗设施。	□符合 □不符合	
泡沫轻质土生产	1.11.4	水泥浆拌和设备应具有配合比自动配置及记录功能,且单台套产能宜不低于35m³/h。(JTG/T 3610:4.11.5-1)	□符合 □不符合	
泡沫轻质土生产	1.11.5	泡沫轻质土拌和设备应具有配合比自动配置及记录功能,且单台套产能宜不低于90m³/h。(JTG/T 3610:4.11.5-2)	□符合 □不符合	
泡沫轻质土生产	1.11.6	原材料配合比计量应采用电子计量,计量精度:泡沫剂、水泥、水、外加剂和外掺料均为±2%。(JTG/T 3610:4.11.8-3)	□符合 □不符合	
泡沫轻质土生产	1.11.7	根据确定的施工配合比和工艺参数进行胶凝料浆料拌和,应确保各组分混合均匀。	□符合 □不符合	
泡沫轻质土生产	1.11.8	将搅拌好的胶凝料浆料存储在具备搅拌功能的储罐内,避免胶凝料浆沉淀。**胶凝料浆料在储料罐中的储存时间不应超过1.5h**。	□符合 □不符合	
泡沫轻质土生产	1.11.9	根据发泡剂生产厂家提供的稀释倍数稀释发泡剂;泡沫的产生采用压缩空气物理发泡,发泡倍数可调且稳定。	□符合 □不符合	
泡沫轻质土生产	1.11.10	不得采用搅拌发泡法生产泡沫。(JTG/T 3610:4.11.8-2)	□符合 □不符合	
泡沫轻质土生产	1.11.11	泡沫与胶凝料浆料按施工配合比,均匀混合后形成符合设计要求的现浇泡沫轻质土。	□符合 □不符合	

续上表

检查项目	序号	质量检查要点	检查结果	问题描述
泡沫轻质土浇筑	1.11.12	施工前,应将施工段落划分为若干个浇筑区,每个浇筑区应划分为若干个浇筑层。	□符合 □不符合	
	1.11.13	浇筑区的划分应结合设备生产能力和水泥初凝时间等技术指标,现场单个浇筑层以浇筑方量不超过200m³为控制标准,最大浇筑面积不应超过400m²。	□符合 □不符合	
	1.11.14	沿路基纵向方向**每隔10~15m设置一道横向变形缝**,缝宽2cm,缝间用泡沫塑料板填充,变形缝应结合浇筑区施工缝的位置转区错开。(JTG/T 3610:4.11.8-1)	□符合 □不符合	
	1.11.15	当路基纵坡较大时,浇筑区纵向应分段做成台阶状,台阶高差根据路基纵坡而定,顶层分台阶高差应小于0.2m。	□符合 □不符合	
	1.11.16	旧路加宽老路堤与泡沫轻质土交界的坡面,从老路堤坡脚向上按设计要求挖台阶。土体台阶必须密实、无松散物。(JTG/T 3610:4.11.9)	□符合 □不符合	
	1.11.17	泡沫轻质土单层浇筑厚度,应控制在0.3~1.0m。施工过程中要避免过度扰动,尽量减少气泡的消解及材料分离。	□符合 □不符合	
	1.11.18	浇筑施工应采用管路泵送方式。泵送前,应检查管接头是否紧固,确保接头密封牢固,不泄漏。泡沫轻质土水平泵送距离不应大于500m,垂直泵送距离不应大于30m,超过此距离时应增加中间泵送设备。	□符合 □不符合	
	1.11.19	现浇泡沫轻质土浇筑时,浇筑管距浇筑面垂直距离应小于1.0m,以减小冲击扰动。	□符合 □不符合	
	1.11.20	浇筑过程若停滞时间超过30min,应及时清洗管道,清洗输送管时以管道流出干净清水为准。	□符合 □不符合	
	1.11.21	浇筑将至顶层时,采用后退方式拖移浇筑管进行人工扫平,下浇筑层终凝后方可进行上层的浇筑施工。	□符合 □不符合	
	1.11.22	浇筑过程中应减少对现浇泡沫轻质土的扰动,不应在现浇泡沫轻质土里面随意走动。	□符合 □不符合	
	1.11.23	**单个浇筑区浇筑层的浇筑时间不得超过水泥浆的初凝时间,上下相邻两层浇筑间隔时间宜不少于8h。**(JTG/T 3610:4.11.8-6)	□符合 □不符合	
	1.11.24	**泡沫轻质土不得在雨天施工;已施工尚未硬化的轻质土,在雨天应采取遮雨措施。**(JTG/T 3610:4.11.8-7)	□符合 □不符合	
	1.11.25	热期施工,每班完工后应及时清洗拌和设备、储浆设备、泵送管路中的浆体,避免因浆体凝固损坏设备。	□符合 □不符合	

续上表

检查项目	序号	质量检查要点	检查结果	问题描述
泡沫轻质土浇筑	1.11.26	泡沫轻质土分区施工时,分区模板应安装拼接紧密,不漏浆。(JTG/T 3610:4.11.10)	□符合 □不符合	
	1.11.27	泡沫轻质土在浇筑过程中应做湿重度现场检测,检测方法应采用容量筒法,每一浇筑区浇筑层检测次数应不低于6次。(JTG/T 3610:4.11.12)	□符合 □不符合	
泡沫轻质土养护	1.11.28	现浇泡沫轻质土每层浇筑完毕后,在上层浇筑前应保湿养护。	□符合 □不符合	
	1.11.29	**顶层泡沫轻质土浇筑完毕后,养护龄期不低于7d。**	□符合 □不符合	
	1.11.30	泡沫轻质土顶层铺筑过渡层之前,不得直接在填筑表面进行机械或车辆作业。(JTG/T 3610:4.11.8-10)	□符合 □不符合	
	1.11.31	泡沫轻质土路基施工完毕后,当表面浇筑层强度 $q \geq 1.2\text{MPa}$,且弯沉满足设计要求,方可进行其上路床施工。	□符合 □不符合	
	1.11.32	路床施工应避免大型机械直接在泡沫轻质土顶部行走,卸料车、压路机应在推平机械后端行驶,采取边推平、边卸料、边碾压的前进方式施工。靠下几层施工不宜采用振动压实机械。	□符合 □不符合	
外观质量	1.11.33	面板应光洁平顺,线形平顺,沉降缝上下贯通顺直。(JTG/T 3610:4.11.15)	□符合 □不符合	
	1.11.34	**表面不得出现宽度大于2mm的非受力贯穿缝。**(JTG/T 3610:4.11.15)	□符合 □不符合	
其他				

规范性引用文件如下:
《公路路基施工技术规范》(JTG/T 3610—2019)

总体评价:本次检查_____项,符合_____项,不符合_____项,符合率为_____%。

注:凡质量检查要点中未注引用文件的条文,均参照由江苏省交通经济研究会与江苏省交通工程建设局即将发布的企业标准:《高速公路泡沫轻质土施工技术指南》。

检查单位_____ 检查人_____ 检查日期_____

1.12　路床(96区)填筑

施工标段＿＿＿＿＿＿＿＿＿＿　　检查部位(工点)＿＿＿＿＿＿＿＿＿＿

检查项目	序号	质量检查要点	检查结果	问题描述
填料选择	1.12.1	填料最大粒径不大于100mm。(JTG/T 3610:4.1.2)	□符合 □不符合	
	1.12.2	**含草皮、生活垃圾、树根、腐殖质的土严禁作为填料。**(JTG/T 3610:4.1.1)	□符合 □不符合	
	1.12.3	泥炭土、淤泥、冻土、强膨胀土、有机质土及易溶盐超过允许含量的土等,不得直接作为路基填料,在采取技术措施进行处理、经检验满足要求后方可使用。(JTG/T 3610:4.1.1)	□符合 □不符合	
	1.12.4	粉质土不宜直接用于路床填筑,不得直接用于填筑冰冻地区的路床。(JTG/T 3610:4.1.1)	□符合 □不符合	
	1.12.5	石灰土中大于5cm的颗粒含量应低于5%,大于2cm的颗粒含量应低于20%,对于含有较多结核的土料,大于2cm的颗粒含量要求低于30%。[路基指南:4.3.4.5-(4)]	□符合 □不符合	
	1.12.6	严格控制石灰质量,消石灰应在使用前7~10d进行充分消解,并过10mm筛。(通病手册:1.2.3.8)	□符合 □不符合	
布料	1.12.7	零填、挖方路段的路床范围为过湿土时应进行换填处理,设计有规定时按设计厚度换填,设计未规定时,换填厚度宜为0.8~1.2m,若过湿土的总厚度小于1.5m则宜全部换填。(JTG/T 3610:4.2.2)	□符合 □不符合	
	1.12.8	零填、挖方路段的路床范围为崩解性岩石或强风化软岩时应进行换填处理,设计有规定时按设计厚度换填,设计未规定时换填厚度宜为0.3~0.5m。(JTG/T 3610:4.2.2)	□符合 □不符合	
	1.12.9	土方应根据设计断面分层填筑、分层压实,**分层最大压实厚度不应超过200mm**,顶面最后一层压实厚度应不小于100mm。[路基指南:4.3.2.5-(1)]	□符合 □不符合	
	1.12.10	**每一填筑层铺设宽度每侧应超出路堤设计宽度300mm**。[招标文件:204.04-3-(1)]	□符合 □不符合	
	1.12.11	分层填筑的各层应平整,符合横纵坡要求,不得出现积水。[路基指南:4.3.2.5-(2)]	□符合 □不符合	
	1.12.12	同一层路基应采用同一种填料,不得混合填筑。(JTG/T 3610:4.4.1-1)	□符合 □不符合	

续上表

检查项目	序号	质量检查要点	检查结果	问题描述
布料	1.12.13	填方分作业段施工时,接头部位如不能交替填筑,先填路段应按1:1~1:2坡度分层留台阶;如能分层相互交替搭接,搭接长度应不小于2m。(JTG/T 3610:4.4.1-6)	□符合 □不符合	
	1.12.14	石灰粒径应不大于20mm。(JTG/T 3610:4.4.2-2)	□符合 □不符合	
	1.12.15	应严格实行划格上土,平地机整平。用白灰在下承层上打好网格,运输土卸土后用推土机粗平,平地机整平形成路拱。[路基指南:4.3.2.5-(3)]	□符合 □不符合	
	1.12.16	含水率偏高应翻松晾晒,含水率偏低应洒水翻拌。(路基指南:4.3.2.5)	□符合 □不符合	
碾压	1.12.17	超宽碾压至少150mm,用灰线打出碾压边线。(路基指南:4.3.2.5)	□符合 □不符合	
	1.12.18	碾压施工先静压,后振动碾压,**碾压时直线段路基应采用从两边向中间碾压的方法**。[路基指南:4.3.2.5-(4)]	□符合 □不符合	
	1.12.19	压路机碾压行驶速度不得超过4km/h,**碾压应达到无漏压、无死角**,确保碾压均匀。[路基指南:4.3.2.5-(4)]	□符合 □不符合	
	1.12.20	每一填筑层压实后的宽度不得小于设计宽度。(JTG/T 3610:4.4.1-4)	□符合 □不符合	
	1.12.21	改良后的湿黏土路床质量应采用灰剂量与压实度两个指标控制,灰剂量应不低于设计掺量,应采用设计灰剂量的击实试验确定最大干密度。(JTG/T 3610:4.4.2-5)	□符合 □不符合	
	1.12.22	施工过程中,每一压实层均应进行压实度检测。(JTG/T 3610:4.4.1-4)	□符合 □不符合	
路基整修	1.12.23	填土路基两侧超填的宽度按图纸要求和监理人的指示进行切除。**如遇边坡缺土时,必须挖成台阶,分层填补夯实**。(招标文件:206.03-7)	□符合 □不符合	
	1.12.24	土质路基应采用人工或机械刮土或补土的方法整修成形,自上而下进行刷坡,**不得在边坡上以土贴补**。(招标文件:206.03-2)	□符合 □不符合	
	1.12.25	**路基顶面表层的整修,补填的土层压实厚度应不小于100mm**,压实后表面应平整,不得松散、起皮。石质路基表面应用石屑嵌缝紧密、平整,不得有坑槽和松石。(招标文件:206.03-4)	□符合 □不符合	

续上表

检查项目	序号	质量检查要点	检查结果	问题描述
路基整修	1.12.26	修整的路基表层厚150mm以内,松散的或半埋的尺寸大于100mm的石块,应从路基表面层移走,并按规定填平压实。(招标文件:206.03-5)	□符合 □不符合	
	1.12.27	对中途停工较长时间和暂时不做路面的路基,也应做好排水设施,复工前应对路基各分项工程予以修整。(招标文件:206.03-11)	□符合 □不符合	
	1.12.28	路基工程完成后,每当大雨、连日暴雨或积雪融化后,应控制施工机械和车辆在土质路基上通行。(招标文件:206.03-12)	□符合 □不符合	
	1.12.29	应将碾压的坑槽中的积水及时排干,整平坑槽,对修复部分重新压实。(招标文件:206.03-12)	□符合 □不符合	
外观质量	1.12.30	路床表面应平整,无弹簧、起皮现象,不得有明显碾压轮迹,表面不得积水。(路基指南:4.3.2.6;JTG F80/1:4.2.1)	□符合 □不符合	
	1.12.31	路拱合适、排水良好。(JTG F80/1:4.2.1)	□符合 □不符合	
	1.12.32	路基边线与边坡不应出现单向累计长度超过50m的弯折。(JTG F80/1:4.2.3-1)	□符合 □不符合	
	1.12.33	边坡、护坡道、碎落台不得有滑坡、塌方或深度超过100mm的冲沟。(JTG F80/1:4.2.3-2)	□符合 □不符合	
其他				

规范性引用文件如下:
《公路工程标准施工招标文件》(2018年版·第二册)(交通运输部公告2017年第51号)
《公路工程质量检验评定标准 第一册 土建工程》(JTG F80/1—2017)
《公路路基施工技术规范》(JTG/T 3610—2019)
《高速公路建设质量通病防治手册》,人民交通出版社,2012
《江苏省高速公路施工标准化指南 第三分册 路基工程》(苏交建〔2011〕40号)

总体评价:本次检查_____项,符合_____项,不符合_____项,符合率为_____%。

检查单位_____ 检查人_____ 检查日期_____

1.13 路基拓宽改建

施工标段_____　　检查部位(工点)_____

检查项目	序号	质量检查要点	检查结果	问题描述
场地处理	1.13.1	应按图纸要求拆除老路路缘石、旧路肩、边坡防护、边沟及原有构造物的翼墙或护墙等。[招标文件:204.04-10-(1)]	□符合 □不符合	
	1.13.2	拓宽部分的基底清除原地表土应不小于0.3m,清理后的场地应进行平整压实。(JTG/T 3610:4.16.4-1)	□符合 □不符合	
	1.13.3	老路堤坡面清除的法向厚度应不小于0.3m,边坡杂质应清除干净,然后从老路堤坡脚向上按图纸要求挖设台阶。[招标文件:204.04-10-(4);JTG/T 3610:4.16.4-1;通病手册:1.2.3.16]	□符合 □不符合	
	1.13.4	当老路堤高度小于2m时,对其进行坡面处理后,可直接填筑新路堤。[招标文件:204.04-10-(4)]	□符合 □不符合	
	1.13.5	施工前应截断流向拓宽作业区的水源,开挖临时排水沟,保证施工期间排水通畅。[招标文件:204.04-10-(2);JTG/T 3610:4.16.2]	□符合 □不符合	
	1.13.6	老路底部设置有渗沟或盲沟时,应做好排水通道的衔接施工。(JTG/T 3610:4.16.5-2)	□符合 □不符合	
	1.13.7	施工期间应在水流汇集的路肩外侧设置拦水带,根据水流情况在拓宽路基中合理设置临时急流槽与泄水口。(JTG/T 3610:4.16.2)	□符合 □不符合	
	1.13.8	上边坡的既有防护工程宜与路基开挖同步拆除,下边坡的防护工程拆除时应采取措施保证既有路堤的稳定。(JTG/T 3610:4.16.4-3)	□符合 □不符合	
	1.13.9	路肩式挡土墙路基拼接时,上部支挡结构物应予拆除,宜拆除至路床底面以下。(JTG/T 3610:4.16.4-4)	□符合 □不符合	
填料选择	1.13.10	拓宽部分的路堤采用非透水性填料时,应在地基表面按图纸铺设垫层,垫层材料一般为砂砾或碎石,含泥量不大于5%。(招标文件:204.04-10)	□符合 □不符合	
	1.13.11	路床应采用水稳性好的粗粒土或无机结合料稳定材料。(JTG/T 3610:4.16.3)	□符合 □不符合	
	1.13.12	**严禁将边坡清挖物作为新路堤填料。**[招标文件:204.04-10-(4)]	□符合 □不符合	

续上表

检查项目	序号	质量检查要点	检查结果	问题描述
拓宽填筑	1.13.13	从老路堤坡脚向上开挖台阶时,应随挖随填,台阶高度应不大于1.0m,宽度应不小于1.0m。(JTG/T 3610:4.16.4-6)	□符合 □不符合	
	1.13.14	**软基路段路基加宽台阶应开挖一层、填筑一层,上层台阶应在下层填筑完成后再开挖**,台阶开挖应满足台阶宽度和新老路基处理设计要求。(JTG/T 3610:7.6.19-1)	□符合 □不符合	
	1.13.15	软基路段路基应同步进行拼宽路基和老路基的沉降观测,观测点宜布置在同一断面上。(JTG/T 3610:7.6.19-4)	□符合 □不符合	
	1.13.16	拼接宽度小于0.75m时,可采取超宽填筑再削坡或翻挖既有路堤等措施。(JTG/T 3610:4.16.4-7)	□符合 □不符合	
外观质量	1.13.17	路床表面应平整,无弹簧、起皮现象,不得有明显碾压轮迹,表面不得积水。(路基指南:4.3.2.6;JTG F80/1:4.2.1)	□符合 □不符合	
	1.13.18	路拱合适、排水良好。(JTG F80/1:4.2.1)	□符合 □不符合	
	1.13.19	路基边线与边坡不应出现单向累计长度超过50m的弯折。(JTG F80/1:4.2.3-1)	□符合 □不符合	
	1.13.20	边坡、护坡道、碎落台不得有滑坡、塌方或深度超过100mm的冲沟。(JTG F80/1:4.2.3-2)	□符合 □不符合	
其他				

规范性引用文件如下:
《公路工程标准施工招标文件》(2018年版·第二册)(交通运输部公告2017年第51号)
《公路工程质量检验评定标准 第一册 土建工程》(JTG F80/1—2017)
《公路路基施工技术规范》(JTG/T 3610—2019)
《高速公路建设质量通病防治手册》,人民交通出版社,2012
《江苏省高速公路施工标准化指南 第三分册 路基工程》(苏交建〔2011〕40号)

总体评价:本次检查_____项,符合_____项,不符合_____项,符合率为_____%。

检查单位_____检查人_____检查日期_____

1.14 结构物回填

施工标段＿＿＿＿＿＿＿＿＿＿　　检查部位(工点)＿＿＿＿＿＿＿＿＿＿

检查项目	序号	质量检查要点	检查结果	问题描述
填料选择	1.14.1	非透水性材料不得直接用于回填,崩解性岩石、膨胀土不得用于台背与墙背填筑。[招标文件:204.04-9-(2);JTG/T 3610:4.8.1;JTG/T 3650:16.5.1]	□符合 □不符合	
	1.14.2	不应含有有机物、冰块、草皮、树根等杂物或生活垃圾。(JTG/T F80/1:6.5.1;JTG/T 3650:16.5.1)	□符合 □不符合	
	1.14.3	严禁采用膨胀土、高液限黏土、腐殖土、盐渍土、淤泥和冻土块等不良填料。(JTG/T F80/1:6.5.1)	□符合 □不符合	
摊铺土方	1.14.4	基坑回填必须在隐蔽工程验收合格后方可进行。[招标文件:204.04-9-(3)]	□符合 □不符合	
	1.14.5	回填时结构物混凝土强度桥梁应达到设计强度的75%以上,涵洞、通道应达到设计强度的85%以上。(JTG/T 3610:4.8.2;JTG F80/1:6.5.1;JTG/T 3650:24.1.3)	□符合 □不符合	
	1.14.6	台背回填范围应符合图纸要求。图纸无规定时应按如下要求执行:台背填土顺路线方向长度,顶部为距翼墙尾端不小于台高加2m;底部距基础内缘不小于2m;拱桥台背填土长度不应小于台高的3～4倍;涵洞填土长度每侧不应小于2倍孔径长度。[招标文件:204.04-9-(8)]	□符合 □不符合	
	1.14.7	台背回填的顺序应符合设计规定。设计未规定时,台背填土梁式桥轻型桥台宜在梁体安装完成后,在两端桥台平衡进行,埋置式桥台宜在柱侧对称、平衡进行。(JTG/T 3650:16.5.4)	□符合 □不符合	
	1.14.8	如果回填滞后,必须和挖方路基或填方路基有效搭接,纵向接缝必须设置台阶。[招标文件:204.04-9-(5)]	□符合 □不符合	
	1.14.9	涵洞、通道应在两侧同时对称、均衡地分层回填压实。(招标文件:204.04-9;JTG/T 3650:24.1.3;JTG/T 3610:4.8.2)	□符合 □不符合	
	1.14.10	锥坡填筑应与台背填土同时进行,应按设计宽度一次填足,并保证压实整修后能达到设计宽度要求。[招标文件:204.04-9-(7);JTG/T 3650:16.5.2]	□符合 □不符合	
	1.14.11	台背与墙背填筑应按设计做好过渡段,分层压实厚度应不大于150mm,与路基交界处应挖台阶,台阶宽度应不小于1m。(路基指南:4.3.6.3)	□符合 □不符合	

续上表

检查项目	序号	质量检查要点	检查结果	问题描述
摊铺土方	1.14.12	底面纵向回填长度应不小于2m,向上沿路基纵向1:1.5坡度逐步加宽。(JTG/T 3650:16.5.2)	□符合 □不符合	
	1.14.13	每种填料的松铺厚度应严格根据试验确定的松铺系数确定。(JTG/T 3610:4.4.1;通病手册:1.2.4.3)	□符合 □不符合	
	1.14.14	路床下的回填部分与相邻路基不得作为一个整体段落同步填筑。(通病手册:1.2.4.1)	□符合 □不符合	
桥台桩基施工区填土	1.14.15	软土地基应先填土后钻孔,填土要求同路基填土。然后开挖修建台帽和胸墙,回填时按反开槽修建结构物和涵洞的技术规定办理。[汇编 苏交建质〔2010〕41号:6.(1)]	□符合 □不符合	
	1.14.16	软土地基采用粉喷桩等处理后,根据施工进度要求并经总监理工程师批准后可以先钻桩。[汇编 苏交建质〔2010〕41号:6.(2)]	□符合 □不符合	
	1.14.17	非软土地基可先钻孔和接柱,在回填达到台帽底高程时再进行台帽施工,台帽底以下的填土和路基同步进行,采用同一技术标准。[汇编 苏交建质〔2010〕41号:6.(3)]	□符合 □不符合	
	1.14.18	台帽和胸墙的回填按反开槽结构物回填的技术要求办理。[汇编 苏交建质〔2010〕41号:6.(5)]	□符合 □不符合	
碾压	1.14.19	桥台路基填筑碾压顺序为自台前至台后。[招标文件:204.04-9-(5)]	□符合 □不符合	
	1.14.20	涵洞、通道两侧及顶面填土时,应采取措施,防止压实过程对涵洞、通道产生不利后果。[招标文件:204.04-9-(10)]	□符合 □不符合	
	1.14.21	涵洞、通道顶部的填土厚度必须大于0.5m后方可通行车辆和筑路机械。(JTG/T 3650:24.1.3)	□符合 □不符合	
	1.14.22	紧靠台柱、肋板、耳墙或墙身部位填土应采用小型压实设备分薄层碾压密实。[招标文件:204.04-9-(7)]	□符合 □不符合	
外观质量	1.14.23	路床表面应平整,无弹簧、起皮现象,不得有明显碾压轮迹,表面不得积水。(路基指南:4.3.2.6;JTG F80/1:4.2.1)	□符合 □不符合	
	1.14.24	路拱合适、排水良好。(JTG F80/1:4.2.1)	□符合 □不符合	
	1.14.25	路基边线与边坡不应出现单向累计长度超过50m的弯折。(JTG F80/1:4.2.3-1)	□符合 □不符合	
	1.14.26	边坡、护坡道、碎落台不得有滑坡、塌方或深度超过100mm的冲沟。(JTG F80/1:4.2.3-2)	□符合 □不符合	

续上表

检查项目	序号	质量检查要点	检查结果	问题描述
其他				

规范性引用文件如下：
《公路工程标准施工招标文件》(2018年版·第二册)(交通运输部公告2017年第51号)
《公路工程质量检验评定标准 第一册 土建工程》(JTG F80/1—2017)
《公路路基施工技术规范》(JTG/T 3610—2019)
《公路桥涵施工技术规范》(JTG/T 3650—2020)
《江苏省交通工程建设局技术文件汇编》(2019版)
《高速公路建设质量通病防治手册》,人民交通出版社,2012
《江苏省高速公路施工标准化指南 第三分册 路基工程》(苏交建〔2011〕40号)

总体评价:本次检查_____项,符合_____项,不符合_____项,符合率为_____%。

检查单位_____检查人_____检查日期_____

1.15 预 压

施工标段_____   检查部位(工点)_____

检查项目	序号	质量检查要点	检查结果	问题描述
加载	1.15.1	**预压和超载预压的填土高度应符合图纸的要求。**[招标文件:205.03-3-(4)]	□符合 □不符合	
	1.15.2	**用于预压和超载预压的土方应分层填筑并压实。**[招标文件:205.03-3-(4)]	□符合 □不符合	
	1.15.3	预压路堤顶面应设一定的横坡,使排水顺畅。[招标文件:205.03-3-(4)]	□符合 □不符合	
	1.15.4	承包人对有要求预压的路段,尤其是桥头路段和箱涵相接路段,在施工安排上应尽可能早地堆载预压。[招标文件:205.03-3-(4)]	□符合 □不符合	
	1.15.5	堆载顶面要平整、密实、有横坡。[招标文件:205.03-3-(4)]	□符合 □不符合	
预压	1.15.6	**预压或超预压沉降后应及时补方,一次补方厚度不应超过一层填筑厚度,并适当压实。**[招标文件:205.03-3-(4)]	□符合 □不符合	
	1.15.7	对地基稳定性较好的路段,也可按预测沉降量随路堤填筑一次完成到位。[招标文件:205.03-3-(4)]	□符合 □不符合	
	1.15.8	对于在预压期间高程低于图纸规定预压高程以下的均需及时补填。[招标文件:205.03-3-(4)]	□符合 □不符合	
	1.15.9	**严禁采取在预压期不补填,而在预压后期或在路面施工时一次补填的做法,以避免引起过大的沉降。**[招标文件:205.03-3-(4)]	□符合 □不符合	
	1.15.10	堆载预压期间的定期观测应视地基稳定情况而定,每半月或每月观测一次,直至预压期结束。[招标文件:205.03-3-(14)]	□符合 □不符合	
卸载	1.15.11	路堤沉降变形达到设计预期值后,经监理人批准,方可铺筑路面。[招标文件:205.03-3-(14)]	□符合 □不符合	
	1.15.12	有超出路床以上多余填料时,承包人应在路面即将铺筑之前,将路堤超出的多余填料卸除。[招标文件:205.03-3-(14)]	□符合 □不符合	
	1.15.13	应将路堤整修到路床面高程和满足压实要求。[招标文件:205.03-3-(14)]	□符合 □不符合	

续上表

检查项目	序号	质量检查要点	检查结果	问题描述
其他				

规范性引用文件如下:
《公路工程标准施工招标文件》(2018年版·第二册)(交通运输部公告2017年第51号)

总体评价:本次检查_____项,符合_____项,不符合_____项,符合率为_____%。

检查单位_____ 检查人_____ 检查日期_____

1.16 沉 降 观 测

施工标段_____　　检查部位(工点)_____

检查项目	序号	质量检查要点	检查结果	问题描述
观测点布设	1.16.1	观测仪器应在软土地基处理后埋设,并在观测到稳定的初始值后再进行路堤填筑。[招标文件:205.03-3-(14)-c;JTG/T 3610:7.6.20-3]	□符合 □不符合	
	1.16.2	地基条件差、地形变化大、差异变形大的部位应设置观测点。同一路段不同观测项目的测点宜布置在同一横断面上。(JTG/T 3610:7.6.20-4)	□符合 □不符合	
	1.16.3	在超载预压路段,应进行沉降观测。在桥头纵向坡脚、填挖交界的填方端、沿河等特殊路段酌情增设观测点,地基的沉降可以通过位移边桩与沉降板测定。[招标文件:205.03-3-(14)-g]	□符合 □不符合	
	1.16.4	在施工路段的原地面上,一般埋设沉降板进行高程观测。**沉降板埋置于路基中心、路肩及坡趾的基底**。[招标文件:205.03-3-(14)-l-(a)]	□符合 □不符合	
	1.16.5	**工作标点桩、沉降板观测标、工作基点桩、校核基点桩在观测期均必须采取有效措施加以保护**,还应在标杆上设有醒目的警示标志。**校核基点桩应定期与工作基点桩校核**。[招标文件:205.03-3-(14)-m]	□符合 □不符合	
观测频率	1.16.6	施工期间,应按设计要求进行沉降跟踪观测,观测频率应与路基(包括地基)沉降速率相适应,沉降大时应加密,反之亦然。(招标文件:205.03-3;JTG/T 3610:7.6.20-6)	□符合 □不符合	
	1.16.7	填筑期每填一层应观测一次。两次填筑间隔时间长时,每3~5d观测一次。路堤填筑完成后,堆载预压期间第一个月宜每3d观测一次,第二、第三个月每3~5d观测一次,从第四个月起宜每15d观测一次,直至预压期结束。(JTG/T 3610:7.6.20-6)	□符合 □不符合	
观测结果处理	1.16.8	路堤沉降变形达到设计预期值后,经监理人批准,方可铺筑路面。有超出路床以上多余填料时,承包人应在路面即将铺筑之前,将路堤超出的多余填料卸除,并将路堤整修到路床面高程和满足压实要求。[招标文件:205.03-3-(14)-i]	□符合 □不符合	
	1.16.9	如地基稳定出现异常,应立即停止加载,分析原因并采取处理措施,待路堤恢复稳定后,方可继续填筑。(JTG/T 3610:7.6.20-5)	□符合 □不符合	

续上表

检查项目	序号	质量检查要点	检查结果	问题描述
其他				

规范性引用文件如下:
《公路工程标准施工招标文件》(2018年版·第二册)(交通运输部公告2017年第51号)
《公路路基施工技术规范》(JTG/T 3610—2019)

总体评价:本次检查_____项,符合_____项,不符合_____项,符合率为_____%。

检查单位_____ 检查人_____ 检查日期_____

1.17 路基整修

施工标段_____   检查部位(工点)_____

检查项目	序号	质量检查要点	检查结果	问题描述
一般要求	1.17.1	路基工程完工交接验收前,应对外观质量进行整修,对局部缺陷进行处理。(JTG/T 3610:11.1.1)	□符合 □不符合	
	1.17.2	**路基整修应在路基工程陆续完毕,所有排水构造物已经完成并在回填之后进行。**(招标文件:206.02)	□符合 □不符合	
	1.17.3	路基整修完毕后,堆于路基范围内的废弃土料应按图纸要求或监理人的指示予以清除。(招标文件:206.03-9)	□符合 □不符合	
	1.17.4	路基工程完工后路面未施工前及公路工程初验后至终验前,路基如有损毁,承包人应负责维修,并保证路基排水设施完好,及时清除排水设施中淤积物、杂草等。(招标文件:206.03-10)	□符合 □不符合	
	1.17.5	对中途停工较长时间和暂时不做路面的路基,应做好排水设施,复工前应对路基各分项工程予以修整。(招标文件:206.03-11)	□符合 □不符合	
	1.17.6	石质路床底面有地下水时,应设置渗沟进行排导。渗沟应用坚硬碎石回填。(招标文件:206.04-3)	□符合 □不符合	
	1.17.7	路基工程完成后,每当大雨、连日暴雨或积雪融化后,应控制施工机械和车辆在土质路基上通行。若不可避免时,应将碾压的坑槽中的积水及时排干,整平坑槽,对修复部分重新压实。(招标文件:206.03-12)	□符合 □不符合	
路基坡面整修	1.17.8	土质路基应采用人工或机械刮土或补土的方法整修成形。深路堑边坡整修应按设计要求的坡度,自上而下进行刷坡,**不得在边坡上以土贴补**。(招标文件:206.03-2)	□符合 □不符合	
	1.17.9	挖方边坡应从开挖面往下分段整修,每下挖2~3m,宜对新开挖边坡刷坡,同时清除危石及松动石块。(招标文件:206.04-2)	□符合 □不符合	
	1.17.10	在整修需加固的坡面时,应预留加固位置。(招标文件:206.03-3)	□符合 □不符合	
	1.17.11	当填土不足或边坡受雨水冲刷形成小冲沟时,应将原边坡挖成台阶,分层填补,仔细夯实。如填补的厚度很小(100~200mm),且为非边坡加固地段时,可用种草整修的方法,以种植土来填补。(招标文件:206.03-3)	□符合 □不符合	

续上表

检查项目	序号	质量检查要点	检查结果	问题描述
路基坡面整修	1.17.12	填土路基两侧超填的宽度按图纸要求和监理人的指示进行切除。**如遇边坡缺土时,必须挖成台阶,分层填补夯实。**(招标文件:206.03-7)	□符合 □不符合	
路基顶面整修	1.17.13	**路基顶面表层的整修,补填的土层压实厚度应不小于100mm。**(招标文件:206.03-4;JTG/T 3610:11.1.2)	□符合 □不符合	
	1.17.14	石质路基表面应用石屑嵌缝紧密、平整,不得有坑槽和松石。(招标文件:206.03-4)	□符合 □不符合	
	1.17.15	修整的路基表层厚150mm以内,松散的或半埋的尺寸大于100mm的石块,应从路基表面层移走,并按规定填平压实。(招标文件:206.03-5)	□符合 □不符合	
	1.17.16	在路面铺筑完成后或铺筑时,应立即填筑土路肩,同时按设计要求进行加固。(招标文件:206.03-8)	□符合 □不符合	
水沟整修	1.17.17	边沟的整修应挂线进行。(招标文件:206.03-6)	□符合 □不符合	
	1.17.18	对各种水沟的纵坡(包括取土坑纵坡)应采用仪器检测,修整到符合图纸及规范要求。(招标文件:206.03-6)	□符合 □不符合	
	1.17.19	各种水沟的纵坡,应按图纸及规范要求办理,不得随意用土填补。(招标文件:206.03-6)	□符合 □不符合	
防护整修	1.17.20	对有遗漏和不通畅的泄水孔及有变形位移的结构物等,应进行处理。(JTG/T 3610:11.1.3)	□符合 □不符合	
外观质量	1.17.21	路基顶面表层的整修,压实后表面应平整,不得松散、起皮。(招标文件:206.03-4;JTG/T 3610:11.1.2)	□符合 □不符合	
	1.17.22	排水系统的沟、槽表面应整齐,沟底应平整,排水应畅通,不渗漏。(JTG/T 3610:11.1.4)	□符合 □不符合	
	1.17.23	防护的泄水孔无遗漏和通畅,结构物无变形位移。(JTG/T 3610:11.1.3)	□符合 □不符合	
	1.17.24	整修后的坡面应顺适、美观、牢固,坡度应满足设计要求。(JTG/T 3610:11.1.2)	□符合 □不符合	

续上表

检查项目	序号	质量检查要点	检查结果	问题描述
其他				

规范性引用文件如下:
《公路工程标准施工招标文件》(2018年版·第二册)(交通运输部2017年公告第51号)
《公路路基施工技术规范》(JTG/T 3610—2019)

总体评价:本次检查_____项,符合_____项,不符合_____项,符合率为_____%。

检查单位_____ 检查人_____ 检查日期_____

1.18 小型预制块

施工标段_____ 检查部位(工点)_____

检查项目	序号	质量检查要点	检查结果	问题描述
预制	1.18.1	应集中预制,预制场地应符合《江苏省高速公路施工标准化指南 工地建设》文件要求。(T/JSTERA 15:4.1.1)	□符合 □不符合	
	1.18.2	模具刚度和强度应满足循环使用的要求,尺寸允许偏差为±3mm,表面平整光洁。(T/JSTERA 15:4.1.2)	□符合 □不符合	
	1.18.3	将拌和好的混凝土运输至存料区,并采取有效的隔离保护措施,减少水分流失,防止污染。(T/JSTERA 15:4.1.4)	□符合 □不符合	
	1.18.4	混凝土入模后,振动台振动至混凝土表面翻浆、无气泡,**模具内混凝土应饱满,不低于模具顶面**。(T/JSTERA 15:4.1.5)	□符合 □不符合	
	1.18.5	将浇筑完成后的模具移至脱模区,采用抹刀对混凝土表面进行平整、收浆,保湿养护。(T/JSTERA 15:4.1.6)	□符合 □不符合	
	1.18.6	混凝土强度达到设计强度的50%可脱模。脱模后将预制块移至养护区,时间应不少于7d。(T/JSTERA 15:4.1.7)	□符合 □不符合	
	1.18.7	**混凝土预制块断面尺寸允许偏差±5mm,长度允许偏差(-10mm,5mm)**。(T/JSTERA 15:4.1.8)	□符合 □不符合	
运输	1.18.8	混凝土预制块达到设计强度90%及以上,应采用托盘打捆方式装运,标注预制日期。(T/JSTERA 15:4.2.1)	□符合 □不符合	
	1.18.9	装卸时,宜采用叉车或吊车,轻拿轻放,不应使用自卸车、装载机等直接翻倒。(T/JSTERA 15:4.2.2)	□符合 □不符合	
	1.18.10	混凝土预制块运输至安装现场后,应有序堆放,堆放高度宜不大于1.2m。(T/JSTERA 15:4.2.3)	□符合 □不符合	
外观质量	1.18.11	混凝土预制块成品要求构件外形轮廓清晰,线条直顺,混凝土表面平整,无明显色差。(T/JSTERA 15:4.1.8)	□符合 □不符合	
其他				

规范性引用文件如下:
《高速公路路基防护工程施工技术规程 第1部分:实心六角块、混凝土衬砌拱》(T/JSTERA 15—2020)

总体评价:本次检查_____项,符合_____项,不符合_____项,符合率为_____%。

检查单位_____ 检查人_____ 检查日期_____

1.19 路基地表排水

施工标段＿＿＿＿＿＿＿＿＿＿　　检查部位(工点)＿＿＿＿＿＿＿＿＿＿

检查项目	序号	质量检查要点	检查结果	问题描述
一般规定	1.19.1	测量放样应适当加密,确保沟体线形顺直、圆滑。(路基指南:5.2.2)	□符合 □不符合	
	1.19.2	**按设计要求制备预制块,严格按配合比进行施工,模板具有足够的强度和刚度,厚度满足设计要求。**(通病手册:3.1.12)	□符合 □不符合	
	1.19.3	沟槽开挖前应对砌筑范围内的土方进行压实,并采用反开槽法进行施工。(通病手册:3.1.2)	□符合 □不符合	
	1.19.4	水沟沟槽开挖时,应留出10cm以上由人工修整成形,各种水沟边坡必须平整、稳定,严禁贴坡。(招标文件:207.03-2;路基指南:5.2.2)	□符合 □不符合	
	1.19.5	纵坡应按图纸施工,沟底平整,排水畅通,无阻水现象,并应按图纸所示将水引入排水系统。(招标文件:207.03-2)	□符合 □不符合	
	1.19.6	**用于工程实体的砂浆应采用机拌,禁止人工拌和。**(路基指南:5.1.5)	□符合 □不符合	
	1.19.7	砂浆运输线路不能过长,拌和好的砂浆摆放时间不能过长,要及时用于砌筑。(通病手册:3.1.4)	□符合 □不符合	
	1.19.8	浆砌片石砌体应砂浆饱满,砌缝应不大于40mm,槽底表面应粗糙。(JTG/T 3610:5.2.4-2)	□符合 □不符合	
	1.19.9	各种水沟浆砌片石工程应咬扣紧密,嵌缝饱满、密实,勾缝平顺无脱落,缝宽大体一致。(招标文件:207.03-3)	□符合 □不符合	
	1.19.10	各种水沟的位置、断面、尺寸、坡度、高程均应符合图纸要求并经监理人验收合格。(招标文件:207.03-4)	□符合 □不符合	
	1.19.11	**各种排水设施迎水侧不得高出地表,局部有凹坑时应填平。**(JTG/T 3610:5.1.6)	□符合 □不符合	
	1.19.12	当排水沟、截水沟、边沟因纵坡过大产生水流速度大于沟底、沟壁土的容许冲刷流速时,应采用边沟表面加固措施。[招标文件:207.04-3-(4)]	□符合 □不符合	
边沟	1.19.13	挖方地段和填方地段均应按图纸规定设置边沟。**路堤靠山一侧应设置不渗水的边沟。**[招标文件:207.04-1-(1)]	□符合 □不符合	

续上表

检查项目	序号	质量检查要点	检查结果	问题描述
边沟	1.19.14	边沟和涵洞接合处应与涵洞洞口建筑配合,以便水流通畅进入涵洞。[招标文件:207.04-1-(2)]	□符合 □不符合	
	1.19.15	平曲线处边沟施工时,沟底纵坡应与曲线前后沟底纵坡平顺衔接,不允许曲线内侧有积水或外溢现象发生。曲线外侧边沟应适当加深,其增加值等于超高值;但曲线在坡顶时可不加深边沟。[招标文件:207.04-1;JTG/T 3610:5.2.1-(3)]	□符合 □不符合	
	1.19.16	土质地段当沟底纵坡大于3%时,应采取加固措施;采用干砌片石对边沟进行铺砌时,应选用有平整面的片石,各砌缝要用小石子嵌紧;采用浆砌片石铺砌时,砌缝砂浆应饱满,沟身不漏水;若沟底采用抹面时,抹面应平整压光。[招标文件:207.04-1-(4)]	□符合 □不符合	
	1.19.17	石质路床的边沟应与路床同步进行。[招标文件:207.04-1-(5)]	□符合 □不符合	
截水沟	1.19.18	在无弃土的情况下,截水沟的边缘离开挖方路基坡顶的距离视土质而定,以不影响边坡稳定为原则。如是一般土质至少应离开5m,对黄土地区不应小于10m并应进行防渗加固。截水沟挖出的土,可在路堑与截水沟之间修成土台并进行夯实,台顶应筑成2%倾向截水沟的横坡。[招标文件:207.04-2-(1)]	□符合 □不符合	
	1.19.19	路基上方有弃土堆时,截水沟应距弃土堆坡脚1~5m,弃土堆坡脚距开路基挖方坡顶不应小于10m,弃土堆顶部应设2%倾向截水沟的横坡。[招标文件:207.04-2-(1)]	□符合 □不符合	
	1.19.20	山坡上路堤的截水沟距路堤坡脚至少2m,并用挖截水沟的土填在路堤与截水沟之间,修筑向沟倾斜坡度为2%的护坡道或土台,使堤内侧地面水流入截水沟排出。[招标文件:207.04-2-(2)]	□符合 □不符合	
	1.19.21	截水沟应先施工并与其他排水设施平顺衔接。截水沟应按图纸要求设置出水口,必要时应设置排水沟、跌水或急流槽。[招标文件:207.04-2-(3)]	□符合 □不符合	
	1.19.22	**为防止水流下渗和冲刷,截水沟应进行严密的防渗和加固。**在地质不良地段和土质松软、透水性较大或裂隙较多的岩石路段,对沟底纵坡较大的土质截水沟及截水沟的出水口,均应采用加固措施,防止渗漏和冲刷沟底及沟壁。[招标文件:207.04-2-(4)]	□符合 □不符合	
排水沟	1.19.23	排水沟的线形应平顺,尽可能采用直线形,转弯处宜做成弧形,其半径应符合图纸要求。[招标文件:207.04-3-(1);JTG/T 3610:5.2.3]	□符合 □不符合	

续上表

检查项目	序号	质量检查要点	检查结果	问题描述
排水沟	1.19.24	**排水沟的出水口,应设置跌水和急流槽,水流应引出路基或引入排水系统。**[招标文件:207.04-3-(2);JTG/T 3610:5.2.3]	□符合 □不符合	
	1.19.25	排水沟沿路线布设时,应离路基尽可能远一些,距路基坡脚不宜小于3~4m。[招标文件:207.04-3-(3)]	□符合 □不符	
跌水与急流槽	1.19.26	跌水与急流槽必须采用浆砌圬工结构,跌水的台阶高度可根据地形、地质等条件确定。片石砌缝应不大于40mm,砂浆饱满,槽底表面粗糙。[招标文件:207.04-3-(1)]	□符合 □不符合	
	1.19.27	急流槽的纵坡应按图纸所示进行施工,不宜超过1:1.5,同时应与天然地面坡度相配合。[招标文件:207.04-3-(2)]	□符合 □不符合	
	1.19.28	当急流槽较长时,应分段砌筑,每段长度宜为5~10m,接头用防水材料填塞,密实无空隙。混凝土预制块急流槽,分节长度宜为2.5~5.0m,接头采用榫接。[招标文件:207.04-3-(3)]	□符合 □不符合	
	1.19.29	急流槽基础应嵌入稳固的基面内,底面应按设计要求砌筑抗滑平台或凸榫,并应设置端护墙。对超挖、局部坑洞,应采用相同材料与急流槽同时施工。[招标文件:207.04-3-(4)]	□符合 □不符合	
	1.19.30	急流槽进水口的喇叭形水簸箕应与排水设施衔接平顺,**汇集路面水流的水簸箕底口不得高于接口的路肩表面。**(JTG/T 3610:5.2.4-4)	□符合 □不符合	
	1.19.31	路堤边坡急流槽的修筑,应能为水流入排水沟提供一个顺畅通道。路缘石开口及流水进入路堤边坡急流槽的过渡段应连接圆顺。[招标文件:207.04-3-(4)]	□符合 □不符合	
	1.19.32	无消力池的跌水,其台阶高度应小于600mm,每阶高度与长度之比应与原地面坡度相协调。消力池的基底应采取防渗措施。[招标文件:207.04-3-(5);JTG/T 3610:5.2.5]	□符合 □不符合	
外观质量	1.19.33	浆砌片石嵌缝均匀、饱满、密实,勾缝平顺无脱落、密实、美观,缝宽均匀协调;砌体咬合紧密,无叠砌、贴砌和浮塞,砌体抹面不得有空鼓。(JTG/T 3610:5.4.1;JTG F80/1:5.6.3)	□符合 □不符合	
	1.19.34	水泥混凝土砌块的强度满足设计要求,砌体平整,勾缝整齐牢固。(JTG/T 3610:5.4.1)	□符合 □不符合	
	1.19.35	沟内不应有杂物,无排水不畅。(JTG F80/1:5.6.3)	□符合 □不符合	

续上表

检查项目	序号	质量检查要点	检查结果	问题描述
其他				

规范性引用文件如下：
《公路工程标准施工招标文件》(2018年版·第二册)(交通运输部公告2017年第51号)
《公路工程质量检验评定标准 第一册 土建工程》(JTG F80/1—2017)
《公路路基施工技术规范》(JTG/T 3610—2019)
《高速公路建设质量通病防治手册》,人民交通出版社,2012
《江苏省高速公路施工标准化指南 第三分册 路基工程》(苏交建〔2011〕40号)

总体评价:本次检查_____项,符合_____项,不符合_____项,符合率为_____%。

检查单位_____ 检查人_____ 检查日期_____

1.20 路基地下排水

施工标段_____ 检查部位(工点)_____

检查项目	序号	质量检查要点	检查结果	问题描述
一般规定	1.20.1	用作反滤层的材料应清洗干净,不允许含有有机物或其他有害物质,粗砾和卵砾应质地坚硬、耐久,防水土工织物应符合设计要求。(招标文件:201.02-8、9)	□符合 □不符合	
	1.20.2	土工布的铺设应拉直平顺,接缝搭接要求符合图纸及规范要求。[招标文件:207.05-3-(1)-b]	□符合 □不符合	
	1.20.3	设置反滤层应用筛选过的中砂、粗砂、砾石等渗水性材料,按图分层填筑。[招标文件:207.05-3-(1)-c]	□符合 □不符合	
	1.20.4	排水层应采用石质坚硬的较大粒料填筑,以保证排水孔隙度。[招标文件:207.05-3-(1)-d]	□符合 □不符合	
	1.20.5	各类防渗、加固设施应坚实稳固。[招标文件:207.05-3-(1)-e]	□符合 □不符合	
暗沟、暗管	1.20.6	沟底应埋入不透水层内,沟壁最低一排渗水孔应高出沟底200mm以上。进口应采取截水措施。(JTG/T 3610:5.3.3-1)	□符合 □不符合	
	1.20.7	寒冷地区的暗沟应做好防冻保温处理,出水口坡度宜不小于5%。(JTG/T 3610:5.3.3-4)	□符合 □不符合	
	1.20.8	暗沟采用混凝土或浆砌片石砌筑时,在沟壁与含水层接触面应设置一排或多排向沟中倾斜的渗水孔,沟壁外侧应填筑粗料透水性材料或土工合成材料形成反滤层。**沿沟槽底每隔10～15m,或在软、硬岩层分界处应设置沉降缝和伸缩缝。**(JTG/T 3610:5.3.3-5)	□符合 □不符合	
	1.20.9	暗沟顶面应设置混凝土盖板或石料盖板,板顶上填土厚度应不小于500mm。(JTG/T 3610:5.3.3-6)	□符合 □不符合	
	1.20.10	暗管在管壁与含水层接触面应设置渗水孔,沟壁外侧应填筑粗粒透水性材料或设置土工合成材料形成反滤层。(JTG/T 3610:5.3.3-7)	□符合 □不符合	
	1.20.11	暗沟、暗管及检查井应采用透水性材料分层回填,层厚宜不大于150mm,材料粒径宜不大于50mm。(JTG/T 3610:5.3.3-8)	□符合 □不符合	

续上表

检查项目	序号	质量检查要点	检查结果	问题描述
渗沟	1.20.12	渗沟应设置排水层、反滤层和封闭层。(JTG/T 3610:5.3.4-1)	□符合 □不符合	
	1.20.13	渗水材料应采用洁净的砂砾、粗砂、碎石、片石,**其中粒径小于 2mm 的颗粒含量不得大于 5%**。渗沟沟壁反滤层应采用透水土工织物或中粗砂。(JTG/T 3610:5.3.4-2)	□符合 □不符合	
	1.20.14	渗沟宜从下游向上游分段开挖,开挖作业面应根据土质选用合理的支撑形式,并应边挖边支撑,渗水材料应及时回填。(JTG/T 3610:5.3.4-3)	□符合 □不符合	
	1.20.15	**渗水材料的顶面不得低于原地下水位**。当用于排除层间水时,渗沟底部应埋置在最下面的不透水层。在冰冻地区,渗沟埋置深度不得小于当地最小冻结深度,渗沟出口应进行防冻处理。(JTG/T 3610:5.3.4-4)	□符合 □不符合	
	1.20.16	渗沟基底应埋入不透水层内不小于 0.5m,沟壁的一侧应设反滤层汇集水流,另一侧用黏土夯实或浆砌片石拦截水流。如渗沟沟底不能埋入不透水层时,两侧沟壁均应设置反滤层。(JTG/T 3610:5.3.4-5)	□符合 □不符合	
	1.20.17	粒料反滤层应分层填筑。坑壁土质为黏性土、粉砂、细砂,采用无砂混凝土板作反滤层时,在无砂混凝土板的外侧,应加设 100~150mm 厚的中粗砂或渗水土工织物。(JTG/T 3610:5.3.4-6)	□符合 □不符合	
	1.20.18	渗沟顶部封闭层宜采用干砌片石水泥砂浆勾缝或浆砌片石等,寒冷地区应设保温层,并加大出水口附近纵坡。保温层可采用炉渣、砂砾、碎石或草皮等。(JTG/T 3610:5.3.4-7)	□符合 □不符合	
	1.20.19	路基基底的填石渗沟,应采用水稳性好的石料,其饱水抗压强度应不小于 30MPa,粒径应为 100~300mm。(JTG/T 3610:5.3.4-8)	□符合 □不符合	
	1.20.20	管式渗沟宜间隔一定距离设置疏通井和横向泄水管,分段排除地下水。渗水孔应在管壁上交错布置,间距宜不大于 200mm。(JTG/T 3610:5.3.4-9)	□符合 □不符合	
	1.20.21	洞式渗沟顶部应设置封闭层,厚度应不小于 500mm。(JTG/T 3610:5.3.4-10)	□符合 □不符合	
	1.20.22	边坡渗沟的基底应设置在潮湿土层以下的干燥地层内,阶梯式泄水坡坡度宜为 2%~4%,基底应铺砌防渗层,沟壁应设反滤层,其余部用透水性材料填充。(JTG/T 3610:5.3.4-11)	□符合 □不符合	

续上表

检查项目	序号	质量检查要点	检查结果	问题描述
渗沟	1.20.23	支撑渗沟的基底埋入滑动面以下宜不小于500mm,排水坡度宜为2%~4%。当滑动面缓时,可做成台阶式支撑渗沟,台阶宽度宜不小于2m。渗沟侧壁及顶面宜设反滤层。出水口宜设置端墙。端墙内的出水口底高程,应高于地表排水沟常水位200mm以上,寒冷地区宜不小于500mm。承接渗沟排水的排水沟应进行加固。(JTG/T 3610:5.3.4-12)	□符合 □不符合	
其他				
规范性引用文件如下: 《公路工程标准施工招标文件》(2018年版·第二册)(交通运输部公告2017年第51号) 《公路路基施工技术规范》(JTG/T 3610—2019)			
总体评价:本次检查_____项,符合_____项,不符合_____项,符合率为_____%。			

检查单位_____检查人_____检查日期_____

1.21 植物坡面防护

施工标段＿＿＿＿＿＿＿＿＿＿　　检查部位(工点)＿＿＿＿＿＿＿＿＿＿

检查项目	序号	质量检查要点	检查结果	问题描述
材料	1.21.1	草籽配方应符合图纸要求。应选择适合于当地自然条件易于生长的草种,或经监理人同意或指示的其他混合草种。混合草种应试验其萌芽情况,其纯度和萌芽率均应达到95%以上。(招标文件:208.02-4)	□符合 □不符合	
材料	1.21.2	骨架防护植物应选取适应性好、根系发达、耐干旱贫瘠、耐破坏、再生能力强的植物;应以乡土植物为主、外来植物为辅,不同植物应具互补性且与周围环境自然植被相适应。(JTG/T 3610:6.2.7)	□符合 □不符合	
材料	1.21.3	肥料应优先使用经过沤制的农家肥。如使用化肥时,应为标准农用化肥并按袋装提供。(招标文件:208.02-5)	□符合 □不符合	
材料	1.21.4	回填土宜采用土、肥料及腐殖土的混合物。(JTG/T 3610:6.2.1-3)	□符合 □不符合	
材料	1.21.5	养护用水不得含油、酸、盐等有碍草木生长的成分。(招标文件:208.03-2;JTG/T 3610:6.2.1-6)	□符合 □不符合	
表土铺设	1.21.6	种植土层厚度:当植被为草本花卉及草坪地被时不小于30mm,为小灌木时不小于45mm,为大灌木时不小于60mm,为浅根乔木时不小于90mm,为深根乔木时不小于150mm。(JTG/T 3610:6.2.1)	□符合 □不符合	
表土铺设	1.21.7	骨架内植草草皮下宜铺设50~100mm厚的种植土。(JTG/T 3610:6.2.7-3)	□符合 □不符合	
表土铺设	1.21.8	当表土过分潮湿或不利于铺设时,不应进行铺设。[招标文件:208.03-2-(1)-a]	□符合 □不符合	
表土铺设	1.21.9	植被护坡表土铺设的线形、坡度、边坡等应符合图纸要求。[招标文件:208.03-2-(1)-b]	□符合 □不符合	
水泥混凝土预制块骨架铺设	1.21.10	**预制块经验收合格后方可使用。**(JTG/T 3610:6.2.5-1)	□符合 □不符合	
水泥混凝土预制块骨架铺设	1.21.11	铺设前应将坡面整平、压实,铺设宜在路堤沉降稳定后进行。(JTG/T 3610:6.2.5-2)	□符合 □不符合	

续上表

检查项目	序号	质量检查要点	检查结果	问题描述
水泥混凝土预制块骨架铺设	1.21.12	预制块应与坡面紧贴,不得有空隙,并与相邻坡面平顺。(JTG/T 3610:6.2.5-3)	□符合 □不符合	
	1.21.13	铺设后应及时施作植物防护。(JTG/T 3610:6.2.5-4)	□符合 □不符合	
三维网铺设	1.21.14	施工前应先清除杂草、石块、树根等杂物,坡面土质疏松的应进行夯实。(JTG/T 3610:6.2.4-1)	□符合 □不符合	
	1.21.15	三维网应自上而下平铺到坡脚,并向坡顶、坡脚各延伸500mm。(JTG/T 3610:6.2.4-2)	□符合 □不符合	
	1.21.16	三维网应用木桩、锚钉锚固于坡面,四周以U形钉固定。(JTG/T 3610:6.2.4-3)	□符合 □不符合	
	1.21.17	网间搭接长度应满足设计要求且应不小于100mm。(JTG/T 3610:6.2.4-3)	□符合 □不符合	
	1.21.18	三维网应紧贴坡面,无皱褶和悬空现象。(JTG/T 3610:6.2.4-3)	□符合 □不符合	
	1.21.19	三维土工网铺设完毕后,以上述的肥沃种植土覆盖土工网且不外露,然后按图纸要求喷播或撒播草籽。[招标文件:208.03-2-(2)-d]	□符合 □不符合	
植物种植	1.21.20	播种时应先浇水浸地,保持土壤湿润,稍干后将表层土耙细耙平,进行撒播,均匀覆土3~5mm后轻压,然后喷水。[招标文件:703.03-1-(2)-b]	□符合 □不符合	
	1.21.21	种草施工时,草籽应撒布均匀,同时做好保护措施。草皮宜选用带状或块状,草皮厚度宜为100mm。铺设时应由坡脚自下向上铺设。(JTG/T 3610:6.2.1-4)	□符合 □不符合	
	1.21.22	灌木(树木)应在适宜季节栽植。[招标文件:208.03-2-(1)-e]	□符合 □不符合	
	1.21.23	铺、种植物后应适时进行洒水、施肥等养护管理,直到植物成活。(招标文件:208.03-2;JTG/T 3610:6.2.1-5)	□符合 □不符合	
	1.21.24	苗木规格与数量应满足设计要求;种植穴规格允许偏差为±50mm;苗木成活率不小于85%;草坪覆盖率不小于95%;其他地被植物发芽率不小于85%。(JTG/T 3610:6.2.1)	□符合 □不符合	
	1.21.25	骨架内植草草皮应与坡面骨架密贴,铺设后应及时进行养护。(JTG/T 3610:6.2.7)	□符合 □不符合	

续上表

检查项目	序号	质量检查要点	检查结果	问题描述
外观质量	1.21.26	草本地被及花卉不得有连续空秃。(JTG F80/1:12.4.3)	□符合 □不符合	
其他				

规范性引用文件如下：
《公路工程标准施工招标文件》(2018 年版·第二册)(交通运输部公告 2017 年第 51 号)
《公路工程质量检验评定标准　第一册　土建工程》(JTG F80/1—2017)
《公路路基施工技术规范》(JTG/T 3610—2019)

总体评价：本次检查＿＿＿＿项，符合＿＿＿＿项，不符合＿＿＿＿项，符合率为＿＿＿＿%。

检查单位＿＿＿＿＿＿　检查人＿＿＿＿＿＿　检查日期＿＿＿＿＿＿

1.22 砌体坡面防护

施工标段_____ 检查部位(工点)_____

检查项目	序号	质量检查要点	检查结果	问题描述
材料	1.22.1	混凝土预制块其规格、形状和尺寸应统一,表面应平整,强度应符合设计要求。(JTG/T 3650:16.2.2)	□符合 □不符合	
	1.22.2	砌筑用砂浆的类别和强度等级应符合设计规定。(JTG/T 3650:16.2.3)	□符合 □不符合	
	1.22.3	**勾缝砂浆强度不得小于砌筑砂浆强度。**(JTG F80/1:6.8.1)	□符合 □不符合	
	1.22.4	在运输过程或在储存器中发生离析、泌水的砂浆,砌筑前应重新拌和;**已凝结的砂浆不得使用。**(JTG/T 3650:16.2.3-3)	□符合 □不符合	
	1.22.5	小石子混凝土的拌合物应具有良好的和易性。(JTG/T 3650:16.2.4-3)	□符合 □不符合	
一般要求	1.22.6	**各类防护工程应置于稳定的基础或坡体上,软土地基的砌体工程应在预压沉降期后才可开始砌筑。**[招标文件:208.03-3-(3);JTG/T 3610:6.1.4]	□符合 □不符合	
	1.22.7	砌筑时,应带线进行铺砌。(通病手册:3.1.9)	□符合 □不符合	
	1.22.8	**坡面防护层应与坡面密贴结合,不得留有空隙。**(JTG/T 3610:6.1.4)	□符合 □不符合	
	1.22.9	施工中应采取有效措施截排地表水和导排地下水。(JTG/T 3610:6.1.5)	□符合 □不符合	
	1.22.10	**砌体沉降缝、伸缩缝、泄水孔、坡面防排水设施的设置应符合设计要求。**[招标文件:208.03-1-(8);JTG F80/1:6.8.1]	□符合 □不符合	
	1.22.11	泄水孔的位置应满足设计要求。如设计无要求,则应交错布置,避开伸缩缝与沉降缝,间距宜不小于500mm;泄水孔应向外倾斜,最下一排泄水孔出口应高出地面或边沟、排水沟及积水地区的常水位0.3m。(JTG/T 3610:6.3.5-6)	□符合 □不符合	
	1.22.12	在需要施工的区域内,应按图纸所示整修成坡度整齐的新鲜坡面,坡面不应有树桩、有机质或废物。坡面修整后应立即进行护坡铺砌。开挖一级防护一级,并及时进行养护。[招标文件:208.03-1-(2)]	□符合 □不符合	

续上表

检查项目	序号	质量检查要点	检查结果	问题描述
刷坡	1.22.13	砌筑之前必须将基面或坡面夯实平整后,方可砌筑。各类防护和加固工程应置于稳定的基础或坡体上。[招标文件:208.03-1-(3)]	□符合 □不符合	
	1.22.14	刷坡采用人工精平至设计坡面,**如果出现超挖应采用护坡垫层材料填补,不应采用虚土填补**。(T/JSTERA 15:5.3.3)	□符合 □不符合	
	1.22.15	修整后的坡面应大面平整、排水顺畅,与周围自然地形协调。(JTG/T 3610:6.1.1)	□符合 □不符合	
基础施工	1.22.16	**基础开挖断面、埋置深度应符合设计要求**。(T/JSTERA 15:5.4.1、6.4.1)	□符合 □不符合	
	1.22.17	基础开挖后应尽快施工,施工过程应排水通畅,并按设计要求设置沉降缝。(T/JSTERA 15:5.4.2、6.4.2)	□符合 □不符合	
	1.22.18	浆砌片石基础砌筑应选用较大石块,如基础与排水沟相连,其基础应设在沟底以下,并按设计要求砌筑浆砌片石。[招标文件:208.03-3-(1)]	□符合 □不符合	
	1.22.19	**基础断面尺寸应不小于设计**。(T/JSTERA 15:5.4.3)	□符合 □不符合	
实心六角预制块防护	1.22.20	混凝土垫层施工采用挂双线控制,确保**混凝土垫层厚度不小于设计**。(T/JSTERA 15:5.5.1)	□符合 □不符合	
	1.22.21	混凝土垫层浇筑时宜采用溜槽或料斗送料,人工布料整平,沉降缝位置采用木条分隔。(T/JSTERA 15:5.5.3)	□符合 □不符合	
	1.22.22	混凝土垫层养护至设计强度80%后,可进行实心六角块的铺砌。(T/JSTERA 15:5.5.4)	□符合 □不符合	
	1.22.23	安装前应检查预制块外观,确保完好无损。(T/JSTERA 15:5.6.1)	□符合 □不符合	
	1.22.24	应采用挂双线控制,水平线控制线形,坡面线控制平整度。(T/JSTERA 15:5.6.2)	□符合 □不符合	
	1.22.25	预制块及混凝土垫层表面应湿润。(T/JSTERA 15:5.6.3)	□符合 □不符合	
	1.22.26	采用水泥砂浆找平黏结,并用橡胶锤敲击表面,确保实心六角块与找平层密贴。(T/JSTERA 15:5.6.4)	□符合 □不符合	
	1.22.27	**预制块安装应确保坡面平整、缝宽均匀、线形顺直、曲线圆滑美观,无垂直通缝**。缝宽宜为10mm,填缝应饱满。(T/JSTERA 15:5.6.5)	□符合 □不符合	

续上表

检查项目	序号	质量检查要点	检查结果	问题描述
实心六角预制块防护	1.22.28	预制块安装完成后,应按照设计要求对顶面进行压顶。(T/JSTERA 15;5.6.7)	□符合 □不符合	
	1.22.29	预制块邻板缝宽允许偏差不大于3mm。(T/JSTERA 15;5.6.8)	□符合 □不符合	
	1.22.30	**护坡每10~15m应设置一道伸缩缝,缝宽宜为20~30mm**。在基底地质变化处,应设沉降缝。伸缩缝与沉降缝可合并设置。(JTG/T 3610;6.3.6-3)	□符合 □不符合	
混凝土衬砌拱防护	1.22.31	拱架骨槽开挖宽度宜超出设计宽度50~80mm。拱架骨槽深度、坡度应符合设计要求,如出现超挖应采用垫层材料填补,不应采用虚土填补。(T/JSTERA 15;6.5.1)	□符合 □不符合	
	1.22.32	混凝土垫层浇筑时宜采用溜槽或料斗送料,人工布料整平,**垫层表面应平整,厚度应不小于设计**,沉降缝位置采用木条分隔。(T/JSTERA 15;6.5.3)	□符合 □不符合	
	1.22.33	混凝土垫层养护至设计强度80%后,可进行预制块的铺砌。(T/JSTERA 15;6.5.4)	□符合 □不符合	
	1.22.34	安装前应检查预制块外观,确保完好无损。(T/JSTERA 15;6.6.1)	□符合 □不符合	
	1.22.35	应采用挂双线控制,水平线控制线形,坡面线控制平整度。(T/JSTERA 15;6.6.2)	□符合 □不符合	
	1.22.36	预制块及混凝土垫层表面应湿润。(T/JSTERA 15;6.6.3)	□符合 □不符合	
	1.22.37	**应自下而上逐条铺筑预制块,采用水泥砂浆找平黏结,并用橡胶锤敲击表面,确保预制块与找平层密贴。**(T/JSTERA 15;6.6.3)	□符合 □不符合	
	1.22.38	预制块安装应确保坡面平整、缝宽均匀、线形顺直、曲线圆滑美观。缝宽宜为10mm,填缝应饱满。(T/JSTERA 15;6.6.4)	□符合 □不符合	
	1.22.39	埋置预制混凝土空心砖应整齐、顺直,无凹凸不平现象。[招标文件;208.03-4-(2)]	□符合 □不符合	
	1.22.40	预制块安装完成后,应按照设计要求对顶面进行压顶。(T/JSTERA 15;6.6.6)	□符合 □不符合	
	1.22.41	预制块邻板缝宽允许偏差不大于3mm。(T/JSTERA 15;5.6.8)	□符合 □不符合	

续上表

检查项目	序号	质量检查要点	检查结果	问题描述
混凝土衬砌拱防护	1.22.42	**护坡每 10～15m 应设置一道伸缩缝,缝宽宜为 20～30mm。在基底地质变化处,应设沉降缝。**伸缩缝与沉降缝可合并设置。(JTG/T 3610:6.3.6-3)	□符合 □不符合	
	1.22.43	泄水孔的位置应满足设计要求,并保证畅通。如设计无要求,则泄水孔应交错布置,应避开伸缩缝与沉降缝,间距宜不小于500mm;泄水孔应向外倾斜,最下一排泄水孔出口应高出地面或边沟、排水沟及积水地区的常水位 0.3m。(JTG/T 3610:6.3.6-4)	□符合 □不符合	
浆砌片石防护	1.22.44	**砌筑应彼此镶紧,接缝要错开,缝隙间用小石块填满塞紧。**[招标文件:208.03-3-(1)]	□符合 □不符合	
	1.22.45	片石砌体应分层砌筑,2～3 层组成的工作面宜找平。**所有石块均应坐于新拌砂浆之上。**(JTG/T 3610:6.3.5-2)	□符合 □不符合	
	1.22.46	填缝砂浆要插捣密实,不留空隙。(通病手册:3.1.5)	□符合 □不符合	
	1.22.47	砂浆初凝后应立即进行养护,砂浆终凝前砌体应覆盖。(JTG/T 3610:6.3.5-5)	□符合 □不符合	
	1.22.48	反滤层的设置应满足设计要求。如设计无要求,则最下面一排泄水孔进水口周围 500mm×500mm 范围内应设置具有反滤作用的粗粒料,反滤层底部应设置厚度不小于300mm 的黏土隔水层。(JTG/T 3610:6.3.5-6)	□符合 □不符合	
勾缝	1.22.49	勾缝前要将砌缝表面的泥土及浮浆清理干净。(通病手册:3.1.8)	□符合 □不符合	
	1.22.50	浆砌施工应在砂浆凝固前将外露缝勾好,勾缝深度应不小于20mm;**勾缝砂浆要勾在砌块缝隙之间,严禁勾在砌块表面。**(JTG/T 3610:6.3.8-1;通病手册:3.1.8)	□符合 □不符合	
	1.22.51	**片石施工时,相邻竖缝应错开**。平缝与竖缝宽度,用水泥砂浆砌筑时应不大于 40mm,用小石子混凝土砌筑时应为 30～70mm。可用厚度比缝宽小的石片堵塞宽的竖缝,且石片应被砂浆包裹。(JTG/T 3610:6.3.8-2)	□符合 □不符合	
	1.22.52	块石施工时,砂浆砌筑缝宽应不大于 30mm,勾缝应均匀饱满、美观,坡面应平整。(JTG/T 3610:6.3.8-3)	□符合 □不符合	
	1.22.53	勾好缝或灌好浆的砌体在完工后,视水泥种类及气候情况,在 7～14d 内应加强养护。(JTG/T 3610:6.3.8-4)	□符合 □不符合	

续上表

检查项目	序号	质量检查要点	检查结果	问题描述
外观质量	1.22.54	坡面不得出现塌陷、外鼓变形。(JTG F80/1:6.8.3)	□符合 □不符合	
	1.22.55	砌块应相互错缝、咬扣紧密,嵌缝饱满密实。干砌时无松动、无叠砌和浮塞。(招标文件:208.04-1;JTG F80/1:6.8.1)	□符合 □不符合	
其他				

规范性引用文件如下:
《公路工程标准施工招标文件》(2018年版·第二册)(交通运输部公告2017年第51号)
《公路工程质量检验评定标准 第一册 土建工程》(JTG F80/1—2017)
《公路路基施工技术规范》(JTG/T 3610—2019)
《公路桥涵施工技术规范》(JTG/T 3650—2020)
《高速公路路基防护工程施工技术规程 第1部分:实心六角块、混凝土衬砌拱》(T/JSTERA 15—2020)
《高速公路建设质量通病防治手册》,人民交通出版社,2012

总体评价:本次检查_____项,符合_____项,不符合_____项,符合率为_____%。

检查单位_____检查人_____检查日期_____

1.23 重力式挡土墙防护

施工标段_____ 检查部位(工点)_____

检查项目	序号	质量检查要点	检查结果	问题描述
材料	1.23.1	石料等级应符合图纸规定或监理人要求。(招标文件:413.02-1)	□符合 □不符合	
	1.23.2	石料应强韧、密实、坚固与耐久,质地适当细致,色泽均匀,无风化剥落、裂纹、结构缺陷。(招标文件:413.02-1)	□符合 □不符合	
	1.23.3	石料不得含有妨碍砂浆的正常黏结或有损于外露面外观的污泥、油质或其他有害物质。石料的运输、储存和处理,应不使有过量的损坏和废料。(招标文件:413.02-1)	□符合 □不符合	
	1.23.4	浸水挡土墙用石料应选用坚硬、未风化且浸水不崩解的石块。(JTG/T 3610:6.6.10)	□符合 □不符合	
	1.23.5	集料应清洁、坚硬、坚韧、耐久、无外包层、匀质,并不含结块、软弱或片状颗粒,无黏土、尘土、盐、碱、壤土、云母、有机物或其他有害物质。[招标文件:410.02-1-(1)]	□符合 □不符合	
	1.23.6	采用黏质土作为墙背填料时,应在墙背设置厚度不小于300mm的砂砾或其他透水性材料排水层。(JTG/T 3610:6.6.8)	□符合 □不符合	
	1.23.7	墙背填料中不得含有机物、冰块、草皮、树根及生活垃圾。不得使用腐殖土、盐渍土、淤泥、白垩土、硅藻土、生活垃圾及有机物等作为墙背填料。(JTG/T 3610:6.6.8;JTG F80/1:6.5.1)	□符合 □不符合	
一般要求	1.23.8	**挡土墙施工前,应做好截水、排水及防渗设施。**(招标文件:209.03-1)	□符合 □不符合	
	1.23.9	施工过程中,应对地质情况进行核对,与图纸不符时,应及时处理。(招标文件:209.03-3)	□符合 □不符合	
	1.23.10	勾缝砂浆强度不得小于砌筑砂浆强度。(JTG F80/1:6.2.1)	□符合 □不符合	
	1.23.11	墙身施工完毕后应及时养护。(JTG/T 3610:6.6.4)	□符合 □不符合	
	1.23.12	挡土墙与桥台、隧道洞门连接处应协调施工,必要时应加临时支撑,确保与墙相接的填方或山体稳定。(招标文件:209.03-7)	□符合 □不符合	
	1.23.13	**基坑应随砌筑分层回填夯实,并在表面留3%的向外斜坡。**[招标文件:209.04-1-(9)]	□符合 □不符合	

续上表

检查项目	序号	质量检查要点	检查结果	问题描述
一般要求	1.23.14	墙身泄水孔应在砌筑过程中按设计施工,确保排水通畅。(JTG/T 3610:6.6.9)	□符合 □不符合	
基坑开挖	1.23.15	基坑内积水应随时排干,基坑开挖宜分段跳槽进行,分段位置宜结合伸缩缝、沉降缝等确定。(招标文件:209.03-4;JTG/T 3610:6.6.1)	□符合 □不符合	
	1.23.16	**设计挡土墙为倾斜面时,应严格控制基底高程,不得超挖填补。**(JTG/T 3610:6.6.1)	□符合 □不符合	
	1.23.17	土质易风化软质岩石雨季开挖基坑时,应在基坑挖好后及时封闭坑底。(JTG/T 3610:6.6.1)	□符合 □不符合	
	1.23.18	开挖完成后应及时进行检验,检验合格后应及时进行下道工序施工。(JTG/T 3610:6.6.2)	□符合 □不符合	
基础施工	1.23.19	施工前应检查基础底面,清除基底表面风化、松软的土石和杂物。(JTG/T 3610:6.6.3-1)	□符合 □不符合	
	1.23.20	墙基础直接置于天然地基上时,应经监理人检验同意后,方可开始砌筑。当有渗透水时,应及时排除,以免基础在砂浆初凝前遭水侵害。[招标文件:209.04-1-(3)]	□符合 □不符合	
	1.23.21	当基底设有向内倾斜的稳定横坡时,应采取临时排水措施,辅以必要坐浆后安砌基础。[招标文件:209.04-1-(4)]	□符合 □不符合	
	1.23.22	墙基础为软弱土层,不能保证图纸要求的强度时,应经监理人批准,采用加宽基础或其他措施。[招标文件:209.04-1-(5)]	□符合 □不符合	
	1.23.23	浸水或近河路基挡土墙基础的设置深度,应符合图纸规定,且不小于冲刷线以下0.5m。硬质岩石基坑中的基础,宜满坑砌筑。[招标文件:209.04-1-(5)]	□符合 □不符合	
	1.23.24	当墙基础设置在岩石的横坡上时,应清除表面风化层,并做成台阶形。台阶的高宽比不得大于2:1,台阶宽度不应小于0.5m。[招标文件:209.04-1-(6)]	□符合 □不符合	
	1.23.25	砌筑基础的第一层时,如基底为基岩或混凝土基础,应先将其表面加以清洗、湿润,坐浆砌筑。砌筑工作中断后再进行砌筑时,应将砌层表面加以清扫和湿润。[招标文件:209.04-1-(8)]	□符合 □不符合	
	1.23.26	硬质岩石上的浆砌片石基础宜满坑砌筑。浆砌片石底面应卧浆铺砌,立缝要填浆补实,不得有空隙和立缝贯通现象。(JTG/T 3610:6.6.3-2)	□符合 □不符合	
	1.23.27	**台阶式基础宜与墙体连续砌筑,基底及墙趾台阶转折处不得砌成垂直通缝,**砌体与台阶壁间的缝隙砂浆应饱满。(招标文件:209.04-1;JTG/T 3610:6.6.3-3)	□符合 □不符合	

续上表

检查项目	序号	质量检查要点	检查结果	问题描述
基础施工	1.23.28	基础应在基础砂浆强度达到设计强度的**75%**后及时分层回填夯实。回填应在表面留**3%**的向外斜坡。（JTG/T 3610：6.6.3-4）	□符合 □不符合	
墙身施工	1.23.29	砌筑时必须两面立杆挂线或样板挂线，外面线应顺直整齐，逐层收坡，内面线可大致适顺。在砌筑过程中应经常校正线杆，以保证砌体各部分尺寸符合图纸要求。[招标文件：209.04-1-(2)]	□符合 □不符合	
	1.23.30	**砌石墙身应分层坐浆错缝砌筑，砌筑上层时，不应振动下层，咬缝应不小于砌块长度的1/4，且不得出现贯通竖缝。**（招标文件：209.04-1；JTG/T 3610：6.6.4-1）	□符合 □不符合	
	1.23.31	片石、砌块应大面朝下砌筑，砌块不应直接接触，间距宜不小于20mm。（JTG/T 3610：6.6.4-2）	□符合 □不符合	
	1.23.32	墙身砌出地面后基坑应及时回填夯实，并完成其顶面排水、防渗设施。[招标文件：209.04-1-(11)]	□符合 □不符合	
	1.23.33	**混凝土墙身应水平分层浇筑，分层振捣。分层厚度应不超过300mm。**（JTG/T 3610：6.6.4-3）	□符合 □不符合	
	1.23.34	混凝土浇筑应连续进行。如间断，间断时间应小于前层混凝土的初凝时间；否则，按施工缝处理。（JTG/T 3610：6.6.4-4）	□符合 □不符合	
	1.23.35	挡土墙端部介入路堤或嵌入挖方部分应与墙体同时砌筑。挡土墙顶应找平抹面或勾缝，其与边坡间的空隙采用黏土或其他材料夯填封闭。（招标文件：209.03-6；JTG/T 3610：6.6.4-6）	□符合 □不符合	
	1.23.36	浸水挡土墙施工过程中应处理好浸水挡土墙与岸坡的衔接部位，砌筑时应保证砂浆饱满、勾缝密实，避免水流冲刷墙身。（JTG/T 3610：6.6.10）	□符合 □不符合	
	1.23.37	墙身泄水孔应在砌筑过程中按设计施工，确保排水畅通。（JTG/T 3610：6.6.9）	□符合 □不符合	
伸缩缝、沉降缝、泄水孔设置	1.23.38	沉降缝、伸缩缝、泄水孔的位置、尺寸和数量应满足设计要求。[招标文件：209.05-1-(1)-e；JTG F80/1：6.2.1]	□符合 □不符合	
	1.23.39	沉降缝及伸缩缝应竖直、贯通，采用弹性材料填充密实，填充深度应满足设计要求。[招标文件：209.04-1-(1)-e]	□符合 □不符合	
墙背回填	1.23.40	挡土墙混凝土或砂浆强度达到设计强度的75%时，应及时进行墙背回填；距墙背0.5～1.0m内，不得使用重型振动压路机碾压。（JTG/T 3610：6.6.7）	□符合 □不符合	
	1.23.41	填土应和挖方路基、填方路基搭接，并应满足设计要求。（JTG F80/1：6.5.1）	□符合 □不符合	

续上表

检查项目	序号	质量检查要点	检查结果	问题描述
墙背回填	1.23.42	应分层填筑压实,每层表面平整,顶层路拱合适。(JTG F80/1:6.5.1)	□符合 □不符合	
	1.23.43	反滤层的材料、铺设范围应满足设计要求。(JTG F80/1:6.5.1)	□符合 □不符合	
外观质量	1.23.44	混凝土表面不应出现JTG F80/1附录P所列限制缺陷。(JTG F80/1:6.3.3)	□符合 □不符合	
	1.23.45	**墙体不得出现外鼓变形。**(招标文件:209.05-1;JTG F80/1:6.2.3)	□符合 □不符合	
	1.23.46	泄水孔应无反坡、堵塞。(招标文件:209.05-1;JTG F80/1:6.2.3)	□符合 □不符合	
	1.23.47	填土表面不平整的累计长度不得超过总长度的10%,不得出现亏坡。(JTG F80/1:6.5.1)	□符合 □不符合	
其他				

规范性引用文件如下:
《公路工程标准施工招标文件》(2018年版·第二册)(交通运输部公告2017年第51号)
《公路工程质量检验评定标准 第一册 土建工程》(JTG F80/1—2017)
《公路路基施工技术规范》(JTG/T 3610—2019)

总体评价:本次检查_____项,符合_____项,不符合_____项,符合率为_____%。

检查单位_____检查人_____检查日期_____

1.24 悬臂式和扶壁式挡土墙防护

施工标段_____ 检查部位(工点)_____

检查项目	序号	质量检查要点	检查结果	问题描述
材料	1.24.1	集料应清洁、坚硬、坚韧、耐久、无外包层、匀质,并不含结块、软弱或片状颗粒,无黏土、尘土、盐、碱、壤土、云母、有机物或其他有害物质。[招标文件:410.02-1-(1)]	□符合 □不符合	
	1.24.2	采用黏质土作为墙背填料时,应在墙背设置厚度不小于300mm的砂砾或其他透水性材料排水层。(JTG/T 3610;6.6.8-2)	□符合 □不符合	
	1.24.3	墙背填料中不得含有机物、冰块、草皮、树根及生活垃圾。不得使用腐殖土、盐渍土、淤泥、白垩土、硅藻土、生活垃圾及有机物等作为墙背填料。(JTG/T 3610;6.6.8-3)	□符合 □不符合	
一般要求	1.24.4	**挡土墙施工前,应做好截水、排水及防渗设施。**(招标文件:209.03-1)	□符合 □不符合	
	1.24.5	施工过程中,应对地质情况进行核对,与图纸不符时,应及时处理。(招标文件:209.03-3)	□符合 □不符合	
	1.24.6	挡土墙与桥台、隧道洞门连接处应协调施工,必要时应加临时支撑,确保与墙相接的填方或山体稳定。(招标文件:209.03-7)	□符合 □不符合	
基坑开挖	1.24.7	基坑开挖应从上至下分层分段依次进行。(JTG/T 3610;6.8.1)	□符合 □不符合	
	1.24.8	开挖过程中应做好临时排水设施,并随时排水,保证工作面干燥及基底不被水浸。(JTG/T 3610;6.8.1)	□符合 □不符合	
	1.24.9	基坑开挖后应及时施工挡土墙,不得长期放置。(JTG/T 3610;6.8.1)	□符合 □不符合	
	1.24.10	凸榫部分应与基坑同时开挖。(JTG/T 3610;6.8.2)	□符合 □不符合	
挡墙施工	1.24.11	采用装配法施工时,基础部分应整体一次性浇筑,并设置好预埋钢筋。基础混凝土强度达到设计强度75%后,方可安装预制墙板;预制墙板与基础必须按图纸要求连接牢固。[招标文件:209.04-2-(4);JTG/T 3610;6.8.3]	□符合 □不符合	
	1.24.12	现场整体浇筑时,每段墙的底板、面板和肋的钢筋应一次绑扎。[招标文件:209.04-2-(2)]	□符合 □不符合	

续上表

检查项目	序号	质量检查要点	检查结果	问题描述
挡墙施工	1.24.13	当采用现场分段浇筑时,应按图纸要求进行施工,并预埋好连接钢筋。连接处混凝土面应严格凿毛,并清洗干净。[招标文件:209.04-2-(2)]	□符合 □不符合	
	1.24.14	凸榫部分应与墙底板一起浇筑。[招标文件:209.04-2-(1);JTG/T 3610:6.8.2]	□符合 □不符合	
	1.24.15	混凝土浇筑后应及时进行养护,养护时间宜不小于7d。(招标文件:209.04-2;JTG/T 3610:6.8.4)	□符合 □不符合	
	1.24.16	墙背排水设施应随填土及时施工。[招标文件:209.04-2-(3)]	□符合 □不符合	
墙背回填	1.24.17	**墙体达到图纸强度的75%后,方可进行墙背填土,并应按设计要求的填料和密实度分层填筑、压实。**[招标文件:209.04-2-(3)]	□符合 □不符合	
	1.24.18	**扶臂式挡土墙回填时应按先墙趾、后墙踵的顺序进行。**(JTG/T 3610:6.8.5)	□符合 □不符合	
	1.24.19	填土应和挖方路基、填方路基搭接,并应满足设计要求。(JTG F80/1:6.5.1)	□符合 □不符合	
	1.24.20	应分层填筑压实,每层表面平整,顶层路拱合适。(招标文件:209.04-2;JTG/T 3610:6.8.5;JTG F80/1:6.5.1)	□符合 □不符合	
	1.24.21	反滤层的材料、铺设范围应满足设计要求。(JTG F80/1:6.5.1)	□符合 □不符合	
伸缩缝、沉降缝、泄水孔设置	1.24.22	沉降缝、伸缩缝、泄水孔的位置、尺寸和数量应满足设计要求。[招标文件:209.05-1-(1)-e;JTG F80/1:6.2.1]	□符合 □不符合	
	1.24.23	沉降缝及伸缩缝应竖直、贯通,采用弹性材料填充密实,填充深度应满足设计要求。[招标文件:209.04-1-(1)-e]	□符合 □不符合	
外观质量	1.24.24	混凝土表面不应出现JTG F80/1附录P所列限制缺陷。(JTG F80/1:6.3.3)	□符合 □不符合	
	1.24.25	**墙体不得出现外鼓变形。**(招标文件:209.05-2;JTG F80/1:6.3.3)	□符合 □不符合	
	1.24.26	泄水孔应无反坡、堵塞。(招标文件:209.05-2;JTG F80/1:6.3.3)	□符合 □不符合	
	1.24.27	填土表面不平整的累计长度不得超过总长度的10%,不得出现亏坡。(JTG F80/1:6.5.3)	□符合 □不符合	

续上表

检查项目	序号	质量检查要点	检查结果	问题描述
其他				

规范性引用文件如下：
《公路工程标准施工招标文件》(2018年版·第二册)(交通运输部公告2017年第51号)
《公路工程质量检验评定标准 第一册 土建工程》(JTG F80/1—2017)
《公路路基施工技术规范》(JTG/T 3610—2019)

总体评价：本次检查_____项，符合_____项，不符合_____项，符合率为_____%。

检查单位_____ 检查人_____ 检查日期_____

1.25 通道及涵洞

施工标段_____ 检查部位(工点)_____

检查项目	序号	质量检查要点	检查结果	问题描述
一般规定	1.25.1	通道及涵洞基坑开挖见3.7节,钢筋加工及安装见3.1节,模板、支架3.2节,混凝土浇筑见3.3节,通道回填见1.14节,锥坡坡面防护见1.22节。	□符合 □不符合	
	1.25.2	涵管工程防水层的设置应按图纸进行。涂抹防水层的圬工表面,应先清除粉屑污泥;涂抹工作应在干燥温暖的天气进行。油毛毡、防水纸等防水层,应在涂抹的热沥青尚未凝固时铺设,使防水层和结构物黏成一体。(招标文件:419.03-7)	□符合 □不符合	
	1.25.3	除设置在岩石地基上的涵洞外,涵洞的洞身及基础应根据地基土的情况,按设计要求设置沉降缝,且沉降缝处的两端面应竖直、平整,上下不得交错。**填缝料应具有弹性和不透水性,并应填塞紧密**。预制圆管涵的沉降缝应设在管节接缝处,预制盖板涵的沉降缝应设在盖板的接缝处,沉降缝应贯穿整个洞身断面。(JTG/T 3650:24.1.2)	□符合 □不符合	
	1.25.4	涵洞两侧紧靠涵台部分的回填土不宜采用大型机械进行压实施工,宜采用人工配合小型机械的方法夯填密实。填土的每侧长度应符合设计规定;设计未规定时,应不小于洞身填土高度的1倍,特殊地形条件下应根据实际情况适当加长。**填筑应在两侧同时对称、均衡地分层进行。涵洞顶部的填土厚度必须大于0.5m后方可通行车辆和筑路机械**。(JTG/T 3650:24.1.3)	□符合 □不符合	
	1.25.5	涵洞进出水口的沟床应整理顺直,与上下游导流、排水设施的连接应圆顺、稳固,并应保证流水顺畅。(JTG/T 3650:24.1.4)	□符合 □不符合	
混凝土管涵	1.25.6	制作完成的管节,内外侧表面应平直圆滑,其端面应平整并与其轴线垂直;斜交管涵进出水口管节的外端面,应按斜交角度进行处理。管节尺寸允许偏差应为:长度(-5mm,0mm);内径不小于设计值;管壁厚度-3mm,正值不限;顺直度的矢度不大于0.2%管节长。(JTG/T 3650:24.2.2)	□符合 □不符合	
	1.25.7	**涵管在运输、装卸过程中,应采取防碰撞措施,避免管节损坏或产生裂纹。严禁采用滚板或斜板卸管,并不得在地上滚动**。(招标文件:419.04-3)	□符合 □不符合	
	1.25.8	基槽开挖后,应紧接着进行垫层铺设、涵管敷设及基槽回填等作业。如果出现不可避免的耽误,无论是何原因,承包人均应采取一切必要措施,保护基槽的暴露面不致破坏。[招标文件:419.05-1-(2)]	□符合 □不符合	

续上表

检查项目	序号	质量检查要点	检查结果	问题描述
混凝土管涵	1.25.9	管涵基础的顶面应设置混凝土管座,管座的弧形面应与管身紧密贴合,使管节受力均匀。当管节直接放置在天然地基上时,应按设计要求将管底的土层夯压密实或设置砂垫层,并做成与管身弧度密贴的弧形管座。(JTG/T 3650:24.2.4)	□符合 □不符合	
	1.25.10	管节安装从下游开始,使接头面向上游;每节涵管应紧贴于垫层或基座上,使涵管受力均匀,所有管节应按正确的轴线和图纸所示坡度敷设。[招标文件:419.05-4-(1)]	□符合 □不符合	
	1.25.11	管节应垫稳坐实,安装完成后应采取有效措施予以临时固定,保证其不产生移位,且管内不得遗留泥土等杂物。(JTG/T 3650:24.2.5-2)	□符合 □不符合	
	1.25.12	各管节应顺水流方向安装平顺,当管壁厚度不一致时应调整高度使下部内壁齐平。(JTG/T 3650:24.2.5-2)	□符合 □不符合	
	1.25.13	插口管安装时,其接口应平直,环形间隙应均匀,并应安装特制的胶圈或采用沥青、麻絮等防水材料填塞。(JTG/T 3650:24.2.5-3)	□符合 □不符合	
	1.25.14	平接管安装的接缝宽度宜为 10~20mm,其接口表面应平整,并应采用有弹性的不透水材料嵌塞密实,不得采用加大接缝宽度的方式满足涵洞长度要求。(JTG/T 3650:24.2.5-3)	□符合 □不符合	
	1.25.15	钢筋混凝土涵管接缝、沉降缝填料应填填密实,表面平整,不得安装破损的涵管,管座沉降缝应与涵管接头平齐,无错位现象,每节涵管底坡度均不得出现反坡。[招标文件:419.06-1-(1)]	□符合 □不符合	
	1.25.16	一字墙和八字墙沉降缝应竖直、贯通,填缝密实、饱满;砌块应错缝、坐浆挤紧,砌块间嵌缝料和砂浆饱满。[招标文件:419.06-3-(1)]	□符合 □不符合	
盖板涵	1.25.17	现浇混凝土涵洞的台帽、台身、一字墙如为整体式时,台身和基础可以连续浇筑,也可不连续浇筑。八字式洞口或锥坡式洞口与涵台之间应是分离式。[招标文件:420.03-3-(1)]	□符合 □不符合	
	1.25.18	混凝土的涵台及基础分别浇筑时,基础顶面与涵台相接部分应拉成毛面。[招标文件:420.03-3-(2)]	□符合 □不符合	
	1.25.19	涵台或盖板,可按图纸设置的沉降缝处分段修筑。[招标文件:420.03-3-(4)]	□符合 □不符合	
	1.25.20	当设计有支撑梁时,应在安装或浇筑盖板之前完成。[招标文件:420.03-3-(5)]	□符合 □不符合	

续上表

检查项目	序号	质量检查要点	检查结果	问题描述
盖板涵	1.25.21	盖板安装后,盖板上的吊装装置,应用砂浆或监理人批准的其他材料填满;相邻板块之间采用高等级(1:2)水泥砂浆填塞密实。[招标文件:420.03-3-(6)-b]	□符合 □不符合	
	1.25.22	沉降缝的设置道数、缝宽和位置应符合图纸要求及监理人指示,并按图纸规定填塞嵌缝料或采用监理人批准的加氟化钠等防腐掺料的沥青浸过的麻絮或纤维板紧密填塞,用有纤维掺料的沥青嵌缝膏或其他材料封缝。[招标文件:420.03-4-(1)]	□符合 □不符合	
	1.25.23	在缝处应加铺抗拉强度较高的卷材,加铺的层数及宽度按图纸所示。[招标文件:420.03-4-(2)]	□符合 □不符合	
	1.25.24	安装的盖板与支承面应密贴;板与板之间接缝填充材料的品种和性能应满足设计要求,并应填充密实;接缝应与沉降缝在同一平面内。[招标文件:420.04-3-(1)]	□符合 □不符合	
	1.25.25	混凝土盖板在填土前应涂刷沥青胶结材料和其他材料,以形成防水层;涂刷的层数或厚度应按图纸和监理人的指示进行。[招标文件:420.03-4-(5)]	□符合 □不符合	
箱形通道、箱形涵洞	1.25.26	对需要消除支承不均匀沉降、非弹性变形的支架应进行预压。[招标文件:420.04-4-(1)]	□符合 □不符合	
	1.25.27	在浇筑底板以前,应清除基座上的杂物,然后按图纸立模板、绑扎钢筋、浇筑混凝土。[招标文件:420.03-3-(7)-a]	□符合 □不符合	
	1.25.28	在浇筑侧板上的牛腿时,应按图纸和监理人的指示预埋搭板连接锚固筋。[招标文件:420.03-3-(7)-c]	□符合 □不符合	
	1.25.29	就地浇筑的箱涵可视具体情况分阶段施工,且宜先进行底板和梗肋的混凝土浇筑,然后再完成剩余部分的混凝土浇筑。(JTG/T 3650:24.4.2)	□符合 □不符合	
	1.25.30	预制钢筋混凝土箱涵节段拼装时,接缝两侧的混凝土表面应采用清水冲洗干净,再按设计要求进行拼接施工。(JTG/T 3650:24.4.1)	□符合 □不符合	
倒虹吸	1.25.31	倒虹吸管宜采用钢筋混凝土或混凝土圆管,进出水口应设置竖井及防淤沉淀井。施工时对管节接头及进出水口砌缝的质量应严格控制,不得漏水。(JTG/T 3650:24.5.1)	□符合 □不符合	
	1.25.32	竖井、集水井砌块应错缝、坐浆挤紧,砌块间嵌缝料和砂浆饱满;抹面应压光,与井壁黏结牢固;井壁、接头填缝应平整密实、不漏水。[招标文件:419.06-1-(3)-b、c、d]	□符合 □不符合	
	1.25.33	填土覆盖前应做灌水试验,符合要求后,方可回填土。(JTG/T 3650:24.5.1)	□符合 □不符合	

续上表

检查项目	序号	质量检查要点	检查结果	问题描述
倒虹吸	1.25.34	倒虹吸管如需在冰冻期施工时,应在灌水试验后及时将管内积水排出。(JTG/T 3650:24.5.2)	□符合 □不符合	
	1.25.35	**倒虹吸管的进出水口应在完工后及时上盖,并应按设计要求及时安装防堵塞装置。**(JTG/T 3650:24.5.3)	□符合 □不符合	
涵洞接长	1.25.36	新建涵洞与既有涵洞连接处应按沉降缝处理。接长涵洞的涵底(铺砌)应与既有涵洞的涵底(铺砌)顺接,并应符合设计要求的涵底纵坡。(JTG/T 3650:24.6.2)	□符合 □不符合	
	1.25.37	对有流水的涵址,施工前应根据实际情况制定可行的排水措施。(JTG/T 3650:24.6.3)	□符合 □不符合	
	1.25.38	当明挖新建涵台的基底高程低于既有涵台基底高程时,应对既有涵台基础做好防护措施。(JTG/T 3650:24.6.4)	□符合 □不符合	
	1.25.39	对在软基上采用沉入桩的涵洞基础,沉桩不宜采用射水或振动法施工;沉桩顺序应从靠近既有涵洞的一侧开始,逐排向外扩展,同时应随时监测既有涵台的沉降变形。(JTG/T 3650:24.6.5)	□符合 □不符合	
通道的防水与排水设施	1.25.40	通道桥涵地面以下结构和防、排水设施施工时,应防止周围的地面水流入基坑。当基坑底低于地下水位时,应采用井点法或其他排水方法将地下水位降低至桥涵底部防水层以下不小于0.3m处。(JTG/T 3650:24.9.1-2)	□符合 □不符合	
	1.25.41	不得在带泥水情况下进行防水混凝土和其他防、排水设施的施工。(JTG/T 3650:24.9.1-2)	□符合 □不符合	
	1.25.42	集水井的数量、尺寸应根据地面水流量和每个集水井的泄水能力确定,井口应设平箅盖,并应设深度不小于0.3m的沉淀池。集水井、检查井的深度宜为1.5m,并应考虑通道桥涵排水构造和冻胀的影响。(JTG/T 3650:24.9.1-4)	□符合 □不符合	
	1.25.43	排水管道应垫稳并连接平顺,管间承插口或套环接口应平直,环间间隙应均匀。管道与集水井间应连接牢固,接缝处和结合处均应采用弹性不透水材料充填密实。采用抹带接口时,其表面应平整,不得有裂缝、间断及空鼓等现象。(JTG/T 3650:24.9.2-1)	□符合 □不符合	
	1.25.44	排水管道或排水总管每隔50m及转弯处均应设检查井,井底应设沉淀池。管道的纵坡应不小于0.5%。(JTG/T 3650:24.9.2-2)	□符合 □不符合	
	1.25.45	盲沟滤管基座应采用混凝土浇筑,并应与滤管密贴;纵坡应均匀,无反向坡。管节应逐节检查,不合格者不得使用。(JTG/T 3650:24.9.3-1)	□符合 □不符合	

续上表

检查项目	序号	质量检查要点	检查结果	问题描述
通道的防水与排水设施	1.25.46	渗排水层可由粗细卵石和粗细砂分层构成。施工时基坑中如有积水,应将水位降到砂滤水层以下,且不得在泥水层中施作滤水层。施工完成后的渗排水系统应保持畅通。(JTG/T 3650:24.9.3-2)	□符合 □不符合	
外观质量	1.25.47	涵管线形不应出现反复弯折;接缝不得出现脱落、间断、空鼓及宽度超过0.5mm的裂缝。[招标文件:419.06-1-(3)]	□符合 □不符合	
	1.25.48	盖板涵填缝不得出现脱落及超过0.5mm的裂缝,吊装孔应填塞密实。[招标文件:420.04-3-(3)]	□符合 □不符合	
	1.25.49	箱通和箱涵应无建筑垃圾、杂物和临时预埋件。[招标文件:420.04-4-(3)-b]	□符合 □不符合	
	1.25.50	倒虹吸竖井、集水井井内不得遗留建筑垃圾、杂物,井壁抹面应无剥落、空鼓。[招标文件:419.06-2-(3)]	□符合 □不符合	
	1.25.51	一字墙和八字墙砌缝应无空洞、宽缝、大堆砂浆填隙和假缝。[招标文件:419.06-3-(1)]	□符合 □不符合	
	1.25.52	混凝土表面不应存在《公路工程质量检验评定标准 第一册 土建工程》(JTG F80/1—2017)附录P所列限制缺陷。[招标文件:420.04-1-(3)-a]	□符合 □不符合	
	1.25.53	**沉降缝应竖直、贯通,填缝密实、饱满。**	□符合 □不符合	
其他				

规范性引用文件如下:
《公路工程标准施工招标文件》(2018年版·第二册)(交通运输部公告2017年第51号)
《公路工程质量检验评定标准 第一册 土建工程》(JTG F80/1—2007)
《公路桥涵施工技术规范》(JTG/T 3650—2020)

总体评价:本次检查_____项,符合_____项,不符合_____项,符合率为_____%。

检查单位_____检查人_____检查日期_____

2 路面工程

2.1 水泥稳定碎石底基层、基层

施工标段_____ 检查部位(工点)_____

检查项目	序号	质量检查要点	检查结果	问题描述
后场管理	2.1.1	在拌和站内宜设视频监控系统。(建设指南:6.1.2)	□符合 □不符合	
	2.1.2	拌和站场内道路,必须保证重型车辆在晴、雨天都能正常通行,便道宽度不小于5m。(建设指南:6.2.2)	□符合 □不符合	
	2.1.3	拌和站的拌和生产区、碎石材料堆放区必须进行混凝土硬化处理。(建设指南:6.2.2)	□符合 □不符合	
	2.1.4	地坪中间高,四周低,地坪无积水。(建设指南:6.2.2)	□符合 □不符合	
	2.1.5	场地四周应设置排水沟。(建设指南:6.2.2)	□符合 □不符合	
	2.1.6	排水沟采用砂浆进行抹面。(建设指南:6.2.2)	□符合 □不符合	
	2.1.7	工程所需的原材料严禁混杂,应分档隔仓堆放,并有明显的标志。(JTG/T F20:5.2.4)	□符合 □不符合	
	2.1.8	集料堆放高度不宜超过4m。(建设指南:6.2.5)	□符合 □不符合	
	2.1.9	分料仓内外隔墙高度控制在1.5~2m。(建设指南:6.2.5)	□符合 □不符合	
	2.1.10	分料仓外墙外侧每隔4~5m设支撑墩。(建设指南:6.2.5)	□符合 □不符合	
	2.1.11	工程所需的原材料严禁露天堆放。(JTG/T F20:5.2.5)	□符合 □不符合	
	2.1.12	集料堆场宜搭设轻型钢结构顶棚,高度不低于7m。(建设指南:6.2.5)	□符合 □不符合	
	2.1.13	混合料拌和设备的产量宜大于500t/h。(JTG/T F20:5.2.7)	□符合 □不符合	

续上表

检查项目	序号	质量检查要点	检查结果	问题描述
后场管理	2.1.14	80t 以上的水泥罐数量不得少于 1 个。(建设指南:6.3.1)	□符合 □不符合	
	2.1.15	拌和设备的料仓数目应与规定的备料档数相匹配,宜较规定备料档数增加 1 个。(JTG/T F20:5.2.7)	□符合 □不符合	
	2.1.16	各料仓之间的挡板高度应不小于 1m。(JTG/T F20:5.2.7)	□符合 □不符合	
	2.1.17	装水泥的料仓应密闭、干燥,同时内部应装有破拱装置和除尘装置。(JTG/T F20:5.2.8;Q/JTECB 20518:5.1.g)	□符合 □不符合	
	2.1.18	水泥料仓应配备计重装置,不宜通过电机转速计量水泥的添加量。(JTG/T F20:5.2.8)	□符合 □不符合	
	2.1.19	气温高于 30℃时,水泥进入拌缸温度宜不高于 50℃。(JTG/T F20:5.2.9)	□符合 □不符合	
	2.1.20	气温低于 15℃时,水泥进入拌缸温度应不低于 10℃。(JTG/T F20:5.2.9)	□符合 □不符合	
施工准备	2.1.21	下承层检查内容包括高程、中线偏位、宽度、横坡度和平整度。(Q/JTECB 20518:6.2.1)	□符合 □不符合	
	2.1.22	下承层表面不得有浮浆、浮灰、松散石子等。(通病手册:2.2.2)	□符合 □不符合	
	2.1.23	严格按松铺厚度打好厚度控制线支架,间距宜按直线上 10m,平曲线上 5m 进行标记,控制线钢丝拉力大于 800N。(Q/JTECB 20518:6.3.2)	□符合 □不符合	
混合料拌制	2.1.24	拌和场的备料至少应能满足 5~7d 的摊铺用量。(路面指南:6.2.6.1)	□符合 □不符合	
	2.1.25	每天开始拌和前,应检查场内各处集料的含水率,计算当天的施工配合比,外加水与天然含水率的总和要比最佳含水率高 0~1%,气温高于 35℃,含水率为最佳含水率的 0~1.5%。(Q/JTECB 20518:9.2.4)	□符合 □不符合	
	2.1.26	每 10min 打印各档料仓的使用量。(JTG/T F20:5.2.14)	□符合 □不符合	
	2.1.27	某档材料的实际掺加量与设计要求值相差超过 10%时,应立即停机检查原因,正常后方可正式继续生产。(JTG/T F20:5.2.14)	□符合 □不符合	

续上表

检查项目	序号	质量检查要点	检查结果	问题描述
混合料拌制	2.1.28	拌和机出料不允许采取自由跌落式的落地成堆、装载机装料运输的办法。一定要配备带活门漏斗的料仓,成品混合料先装入料仓内,由漏斗出料装车运输,装车时车辆应前后移动,分多次装料,避免混合料离析。(路面指南:6.2.6.1)	□符合 □不符合	
混合料运输	2.1.29	混合料运输车装料前应清理干净车厢,不得有杂物。(JTG/T F20:5.2.18)	□符合 □不符合	
	2.1.30	混合料运输车装好料后,应用篷布将厢体覆盖严密,直到摊铺机前准备卸料时方可打开。(JTG/T F20:5.2.19)	□符合 □不符合	
	2.1.31	水泥稳定材料从装车到运输至现场,时间不宜超过1h,超过2h应作为废料处置。(JTG/T F20:5.2.20)	□符合 □不符合	
混合料摊铺	2.1.32	摊铺前应清除路床顶表面的浮土、积水等,并将作业面表面洒水湿润。(路面指南:6.2.6.3)	□符合 □不符合	
	2.1.33	底基层或下基层表面应喷洒水泥净浆,按水泥质量计,宜不少于1.0~1.5kg/m²。(路面指南:6.2.6.3;Q/JTECB 20518:9.4.1)	□符合 □不符合	
	2.1.34	水泥净浆洒布长度以不大于摊铺机前30~40m为宜。(路面指南:6.2.6.3)	□符合 □不符合	
	2.1.35	现场摊铺时,宜采用摊铺机梯队作业。(路面指南:6.2.6.3)	□符合 □不符合	
	2.1.36	两台摊铺机的前后间距不大于10m。(JTG/T F20:5.4.6)	□符合 □不符合	
	2.1.37	不同摊铺断面重叠300~400mm,中缝辅以人工修整。(路面指南:6.2.6.3)	□符合 □不符合	
	2.1.38	摊铺机前宜增设橡胶挡板,橡胶挡板底部距下承层距离不宜大于100mm。(JTG/T F20:5.4.8)	□符合 □不符合	
	2.1.39	摊铺机的摊铺速度一般宜在1m/min左右,避免摊铺机停机待料。(路面指南:6.2.6.3)	□符合 □不符合	
	2.1.40	严格控制厚度和高程,摊铺过程中加强松铺厚度的检查。(通病手册:2.2.1)	□符合 □不符合	
	2.1.41	摊铺机的螺旋布料器应有2/3埋入混合料中。(路面指南:6.2.6.3)	□符合 □不符合	

续上表

检查项目	序号	质量检查要点	检查结果	问题描述
混合料摊铺	2.1.42	应设专人消除级配离析现象,及时铲除局部粗集料堆积或离析的部位,并用新拌混合料填补。(Q/JTECB 20518:9.4.8)	□符合 □不符合	
	2.1.43	混合料摊铺过程中应设立纵向模板,按照当天施工长度来控制模板设置长度。(JTG/T F20:5.4.10;Q/JTECB 20518:9.4.9)	□符合 □不符合	
	2.1.44	应安排专人负责指挥碾压,严禁漏压和产生轮迹。(JTG/T F20:5.4.15)	□符合 □不符合	
混合料碾压	2.1.45	**每台摊铺机后,压路机应紧跟碾压,且应在全宽范围内进行碾压。**(路面指南:6.2.6.4)	□符合 □不符合	
	2.1.46	**碾压段落长度一般为 50~80 m。**(路面指南:6.2.6.4)	□符合 □不符合	
	2.1.47	碾压段落必须层次分明,设置明显的分界标志。(路面指南:6.2.6.4)	□符合 □不符合	
	2.1.48	碾压原则:先轻后重、先慢后快、从低到高。(路面指南:6.2.6.4)	□符合 □不符合	
	2.1.49	**碾压宜按照稳压(静压)→轻振→重振→稳压收面的工序进行压实,直至表面基本无轮迹。**(路面指南:6.2.6.4)	□符合 □不符合	
	2.1.50	压路机碾压时应重叠1/3轮宽。(Q/JTECB 20518:9.5.3)	□符合 □不符合	
	2.1.51	压路机倒车应自然停车,换挡要轻且平顺,不要拉动铺面。(Q/JTECB 20518:9.5.4)	□符合 □不符合	
	2.1.52	在第一遍初步稳压时,倒车后应原路返回,换挡位置应在已压好的段落上,在未碾压的一头换挡倒车位置应错开,要呈齿状;出现个别拥包时,应进行铲平处理。(Q/JTECB 20518:9.5.4)	□符合 □不符合	
	2.1.53	压路机停车应错开,相互间距约3m,且应停在已碾压好的路段上。(路面指南:6.2.6.4)	□符合 □不符合	
	2.1.54	为保证水泥稳定碎石基层边缘压实度,应有100mm的超宽压实。(路面指南:6.2.6.4)	□符合 □不符合	
	2.1.55	严禁压路机在正在碾压的路段或刚完成的路段上掉头和紧急制动。(路面指南:6.2.6.4)	□符合 □不符合	
	2.1.56	应采用方木或型钢模板支撑,应有100mm超宽,支撑必须牢固,模板略低于碾压层厚度10mm。碾压前或初压后沿模板内侧采用水泥净浆进行灌浆处理,避免水稳压实层边缘松散。(Q/JTECB 20518:9.5.10)	□符合 □不符合	

续上表

检查项目	序号	质量检查要点	检查结果	问题描述
混合料碾压	2.1.57	水泥稳定碎石混合料摊铺时,应连续作业,如因故中断时间超过2h,则应设横缝。(路面指南:6.2.6.5)	□符合 □不符合	
施工接缝处理	2.1.58	每天收工之后,第二天开工的接头断面也要设置横缝。水稳基层与桥头搭板的衔接处,宜采用锯缝。(路面指南:6.2.6.5;Q/JTECB 20518:9.6.1)	□符合 □不符合	
	2.1.59	横缝应与路面车道中心线垂直设置,接缝断面应是竖向平面。(路面指南:6.2.6.5)	□符合 □不符合	
	2.1.60	压路机碾压完毕,沿端头斜面开到下卧层停机过夜。(路面指南:6.2.6.5)	□符合 □不符合	
	2.1.61	用3m直尺纵向放在接缝处,定出基层面离开3m直尺的点作为接缝的位置。(路面指南:6.2.6.5)	□符合 □不符合	
	2.1.62	沿横向断面挖除坡下部分混合料,清理干净。(路面指南:6.2.6.5)	□符合 □不符合	
	2.1.63	压路机沿接缝横向碾压,由前一天压实层上逐渐推向新铺层,碾压完毕再纵向正常碾压。(路面指南:6.2.6.5)	□符合 □不符合	
	2.1.64	**碾压完毕,且经质量检查合格后,立即开始养护。**(路面指南:6.2.6.6)	□符合 □不符合	
养护及交通管制	2.1.65	采用无纺土工布湿润覆盖养护。(路面指南:6.2.6.6)	□符合 □不符合	
	2.1.66	在7d内应保持基层处于湿润状态,28d内正常养护,养护至上层结构层施工前1~2d。(路面指南:6.2.6.6;Q/JTECB 20518:10.3)	□符合 □不符合	
	2.1.67	洒水车洒水养护时,洒水车在对面半幅行驶,水龙带跨中分带,人工手持喷头,要用喷雾式,不得用高压式喷管。(路面指南:6.2.6.6;Q/JTECB 20518:10.4)	□符合 □不符合	
	2.1.68	每天洒水次数视气候而定。高温期施工,上、下午宜各洒水一次。(JTG/T F20:6.2.3)	□符合 □不符合	
	2.1.69	土工布铺设过程中应注意缝之间的搭接,不应留有间隙。(JTG/T F20:6.2.3)	□符合 □不符合	
	2.1.70	在养护过程中应采取有效措施防止土工布破损。(JTG/T F20:6.2.3)	□符合 □不符合	
	2.1.71	在养护期间应封闭交通。(Q/JTECB 20518:10.6)	□符合 □不符合	

续上表

检查项目	序号	质量检查要点	检查结果	问题描述
养护及交通管制	2.1.72	表面应无松散、无坑洼、无碾压轮迹。(JTG F80/1:7.7.3)	□符合 □不符合	
外观质量	2.1.73	表面连续离析不得超过10m,累计离析不得超过50m。(JTG F80/1:7.7.3)	□符合 □不符合	
	2.1.74	表面平整密实,无浮石、弹簧现象。(Q/JTECB 20518:11 表11)	□符合 □不符合	
	2.1.75	无明显压路机轮迹。(Q/JTECB 20518:11 表11)	□符合 □不符合	
其他				

规范性引用文件如下:
《公路路面基层施工技术细则》(JTG/T F20—2015)
《公路工程质量检验评定标准 第一册 土建工程》(JTG F80/1—2017)
《江苏省高速公路施工标准化指南 第一分册 工地建设》(苏交建〔2011〕40号)
《江苏省高速公路施工标准化指南 第四分册 路面工程》(苏交建〔2011〕40号)
《高速公路建设质量通病防治手册》,人民交通出版社,2012
《水泥稳定碎石路面基层施工技术指南》(Q/JTECB 20518—2020)

总体评价:本次检查_____项,符合_____项,不符合_____项,符合率为_____%。

检查单位_____检查人_____检查日期_____

2.2 桥面防水

施工标段＿＿＿＿＿＿＿＿＿＿　　　检查部位(工点)＿＿＿＿＿＿＿＿＿＿

检查项目	序号	质量检查要点	检查结果	问题描述
施工准备	2.2.1	铺设防水材料前应清除桥面的浮浆和各类杂物。(JTG/T 3650:23.4.2)	□符合 □不符合	
	2.2.2	用高压水枪冲洗干净,晾晒干燥后才能喷洒防水层材料。(汇编　苏高技传〔2005〕183号:1)	□符合 □不符合	
	2.2.3	底层表面应平顺、干燥、干净。(JTG/T 3650:23.4.2)	□符合 □不符合	
	2.2.4	为避免桥梁结构其他部位遭受污染,应采用塑料薄膜和胶粘带事先覆盖。(路面指南:10.1)	□符合 □不符合	
	2.2.5	桥面防水黏结层应在桥面沥青铺装层施工前1~2d内进行施工,不宜过早。(路面指南:10.1)	□符合 □不符合	
抛丸	2.2.6	抛丸机匀速行驶。多台抛丸机作业采用并行直线连续抛丸方式。(路面指南:10.2.2)	□符合 □不符合	
	2.2.7	两台机械作业宽度重叠1~5cm。(路面指南:10.2.2)	□符合 □不符合	
	2.2.8	抛丸露骨率应不小于20%。若达不到规定的露骨率时,应进行二次抛丸。(路面指南:10.2.2)	□符合 □不符合	
	2.2.9	抛丸无法处置的边角等部位,可采用手推式打磨机补充处置。(路面指南:10.2.2)	□符合 □不符合	
	2.2.10	对抛丸处置后,桥面暴露出来的裂缝、孔洞等缺陷,应采用水泥浆或环氧树脂等修复。若桥面出现严重龟裂,应返工处理。(路面指南:10.2.2)	□符合 □不符合	
	2.2.11	桥面板表面应平整,凹凸高差宜不大于5mm。(路面指南:10.3.2)	□符合 □不符合	
精铣刨	2.2.12	一般铣刨深度3~5mm,作业面重叠宽度10~20cm,搭接部分应保持平整。(路面指南:10.2.2)	□符合 □不符合	
	2.2.13	由于桥面不平整造成露白部分,宜采用窄幅铣刨机补铣刨,或用抛丸机进行处置。(路面指南:10.2.2)	□符合 □不符合	

续上表

检查项目	序号	质量检查要点	检查结果	问题描述
精铣刨	2.2.14	油污、锈迹、养护剂、尘土应清理干净,防止施工过程中二次污染。(路面指南:10.2.2)	□符合 □不符合	
	2.2.15	对精铣刨处置后所暴露出来的裂缝、孔洞等缺陷,应采用水泥浆或环氧树脂等修复。若桥面出现严重龟裂,应返工处理。(路面指南:10.2.2)	□符合 □不符合	
防水黏结层	2.2.16	桥面板表面应密实、无浮浆、干燥,不能有钢筋、集料等尖锐突出物。(路面指南:10.3.2)	□符合 □不符合	
	2.2.17	防水黏结层正式施工前,应做长度 20~50m 的试铺段。(路面指南:10.3.2)	□符合 □不符合	
	2.2.18	改性乳化沥青在常温下喷洒。(路面指南:10.3.3)	□符合 □不符合	
	2.2.19	气温低于10℃时,不得进行施工。(路面指南:10.1)	□符合 □不符合	
	2.2.20	热喷改性沥青宜在温度 165~175℃条件下喷洒。(路面指南:10.3.3)	□符合 □不符合	
	2.2.21	橡胶沥青宜在温度 165~175℃条件下喷洒。(路面指南:10.3.3)	□符合 □不符合	
	2.2.22	喷洒时应注意洒布车起步、停车及搭接处的喷洒数量,既不漏喷也不多喷。(路面指南:10.3.3)	□符合 □不符合	
	2.2.23	集料撒布后,立即用轮胎压路机均匀碾压3遍。每次碾压重叠1/3轮宽。(路面指南:10.3.3)	□符合 □不符合	
	2.2.24	碾压要求两侧到边,确保有效压实宽度。(路面指南:10.3.3)	□符合 □不符合	
	2.2.25	防水层施工完成后,在未达到规定的时间内,不得开放交通。(JTG/T 3650:23.4.2)	□符合 □不符合	
	2.2.26	防水层养护结束后、桥面铺装完成前,行驶车辆不得在其上急转弯或紧急制动。(JTG F80/1:8.12.1)	□符合 □不符合	
	2.2.27	钢桥面板施工:应去除锈迹、灰尘、油污和其他污物,无焊瘤、飞溅物和毛刺等,表面清洁、干燥,并在设计要求时间内进行防水黏结层的涂敷施工。(JTG F80/1:8.12.3)	□符合 □不符合	
外观质量	2.2.28	涂层防水,应无漏涂、气泡、脱皮、胎体外露。(JTG F80/1:8.12.1)	□符合 □不符合	

续上表

检查项目	序号	质量检查要点	检查结果	问题描述
外观质量	2.2.29	防水层与泄水孔进水口、伸缩装置、护栏、路缘石衔接处应无渗漏。(JTG F80/1:8.12.1)	□符合 □不符合	
	2.2.30	钢桥面防水黏结层应无堆积、鼓泡、起皱,表面不得沾染油污或其他污物。(JTG F80/1:8.12.3)	□符合 □不符合	
其他				

规范性引用文件如下：
《公路工程质量检验评定标准　第一册　土建工程》(JTG F80/1—2017)
《公路桥涵施工技术规范》(JTG/T 3650—2020)
《江苏省高速公路施工标准化指南　第四分册　路面工程》(苏交建〔2011〕40号)
《江苏省交通工程建设局技术文件汇编》(2019年版)

总体评价：本次检查_____项,符合_____项,不符合_____项,符合率为_____%。

检查单位_____检查人_____检查日期_____

2.3 路面下封层

施工标段＿＿＿＿＿＿＿＿＿＿　　检查部位(工点)＿＿＿＿＿＿＿＿＿＿

检查项目	序号	质量检查要点	检查结果	问题描述
施工准备	2.3.1	基层外形检查合格：高程、中线偏位、宽度、横坡度和平整度。（路面指南：2.6.2.3）	□符合 □不符合	
	2.3.2	基层缺陷检查和修复。（路面指南：2.6.2.3）	□符合 □不符合	
	2.3.3	7~10d 取不出完整芯样，应进行返工处理。（路面指南：2.6.2.3）	□符合 □不符合	
	2.3.4	下封层施工前，应将下卧层表面清扫干净。（路面指南：7.2.5）	□符合 □不符合	
	2.3.5	使表面集料颗粒部分外露。（路面指南：7.2.5）	□符合 □不符合	
	2.3.6	雨后或用水清洗的表面，水分必须蒸发干净、晒干。（路面指南：7.2.5）	□符合 □不符合	
下封层施工	2.3.7	对裂缝两侧各1m范围进行清扫、吹尘和清洗。（汇编 苏高技〔2002〕44号：二、2）	□符合 □不符合	
	2.3.8	对小于或等于5mm的裂缝灌乳化沥青。（汇编 苏高技〔2002〕44号：二、3）	□符合 □不符合	
	2.3.9	对大于5mm的裂缝灌热沥青。（汇编 苏高技〔2002〕44号：二、3）	□符合 □不符合	
	2.3.10	在裂缝两侧各0.75m范围内，按0.5kg/m² 沥青用量喷洒透层乳化沥青。（汇编 苏高技〔2002〕44号：二、4）	□符合 □不符合	
	2.3.11	将土工合成材料平铺在裂缝两侧各0.75m范围内。（汇编 苏高技〔2002〕44号：二、5）	□符合 □不符合	
	2.3.12	土工合成材料必须与基层粘牢。（汇编 苏高技〔2002〕44号：二、5）	□符合 □不符合	
	2.3.13	在裂缝两侧各0.75m范围内按0.3kg/m² 沥青用量洒布黏层乳化沥青。（汇编 苏高技〔2002〕44号：二、6）	□符合 □不符合	

续上表

检查项目	序号	质量检查要点	检查结果	问题描述
下封层施工	2.3.14	待乳化沥青破乳后,按10kg/m² 洒布3~5m石屑,用玻璃纤维网覆盖。(汇编 苏高技[2002]44号:二、6)	□符合 □不符合	
	2.3.15	**下封层的厚度不宜小于6mm。**(JTG F40:6.4.2)	□符合 □不符合	
	2.3.16	**下封层应做到完全密水。**(JTG F40:6.4.2)	□符合 □不符合	
	2.3.17	气温低于10℃或大风条件下不得施工。(路面指南:7.2.1)	□符合 □不符合	
	2.3.18	沥青喷洒温度控制:道路石油沥青155~165℃。(路面指南:7.2.5)	□符合 □不符合	
	2.3.19	沥青喷洒温度控制:SBS改性沥青165~175℃。(路面指南:7.2.5)	□符合 □不符合	
	2.3.20	沥青喷洒温度控制:橡胶沥青180~190℃。(路面指南:7.2.5)	□符合 □不符合	
	2.3.21	沥青喷洒温度控制:乳化沥青常温下喷洒。(路面指南:7.2.5)	□符合 □不符合	
	2.3.22	沥青喷洒温度控制:SBS改性乳化沥青常温下喷洒。(路面指南:7.2.5)	□符合 □不符合	
	2.3.23	洒布沥青和撒布集料应做到均匀,并用总量校核施工用量。(汇编 苏高技[2003]241号:4.7)	□符合 □不符合	
	2.3.24	注意起步、终止及纵向搭接处的喷洒数量,做到既不漏喷也不多喷。(路面指南:7.2.5)	□符合 □不符合	
	2.3.25	集料撒布后,立即用轮胎压路机均匀碾压3遍。(汇编 苏高技[2003]241号:4.5)	□符合 □不符合	
	2.3.26	每次碾压重叠1/3轮宽。(汇编 苏高技[2003]241号:4.5)	□符合 □不符合	
	2.3.27	碾压要求两侧到边,确保有效压实宽度。(汇编 苏高技[2003]241号:4.5)	□符合 □不符合	
	2.3.28	碾压顺序由路肩侧到中分带侧依次碾压。(汇编 苏高技[2003]241号:4.5)	□符合 □不符合	

续上表

检查项目	序号	质量检查要点	检查结果	问题描述
下封层施工	2.3.29	下封层施工结束后,立即进行封闭管理,防止后期污染。(路面指南:7.2.1)	□符合 □不符合	
	2.3.30	碾压完毕后封闭交通,养护7d后方可开放交通。(路面指南:7.2.5)	□符合 □不符合	
外观质量	2.3.31	外观均匀一致,与基层表面牢固黏结。(汇编 苏高技〔2003〕241号:表4)	□符合 □不符合	
	2.3.32	不起皮、无油包、无基层外露现象、无多余沥青。(汇编 苏高技〔2003〕241号:表4)	□符合 □不符合	
其他				

规范性引用文件如下:
《公路沥青路面施工技术规范》(JTG F40—2004)
《江苏省高速公路施工标准化指南 第四分册 路面工程》(苏交建〔2011〕40号)
《江苏省交通工程建设局技术文件汇编》(2019年版)

总体评价:本次检查_____项,符合_____项,不符合_____项,符合率为_____%。

检查单位_____ 检查人_____ 检查日期_____

2.4 沥青路面黏层

施工标段_____　　　　检查部位(工点)_____

检查项目	序号	质量检查要点	检查结果	问题描述
施工准备	2.4.1	沥青面层之间如不是连续施工,必须喷洒黏层油。(路面指南:7.3.1)	□符合 □不符合	
	2.4.2	下卧层表面污染物应清除干净。(路面指南:7.3.2)	□符合 □不符合	
	2.4.3	雨后或用水清洗的面层,水分必须蒸发干净、晒干。(汇编 苏高技〔2003〕107号:3)	□符合 □不符合	
	2.4.4	桥面及通道表面应清除调平层的杂物和浮灰。(汇编 苏高技〔2003〕107号:3)	□符合 □不符合	
	2.4.5	清除排水孔灰浆杂物,彻底洗刷干净。(汇编 苏高技〔2003〕107号:3)	□符合 □不符合	
黏层施工	2.4.6	路缘石、雨水口、检查井等构造物与新铺沥青混合料接触的侧面必须喷洒黏层油。(JTG F40:9.2.1)	□符合 □不符合	
	2.4.7	黏层材料应采用SBS改性乳化沥青。(路面指南:7.3.3)	□符合 □不符合	
	2.4.8	黏层油所使用的基质沥青标号宜与主层沥青混合料相同。(JTG F40:9.2.2)	□符合 □不符合	
	2.4.9	洒布数量宜通过试验确定,一般宜为$0.2 \sim 0.3 kg/m^2$,对于隔年施工的面层应取高限。(路面指南:7.3.4)	□符合 □不符合	
	2.4.10	通道表面和搭板的表面喷洒数量折算成纯沥青为$0.4 \sim 0.5 kg/m^2$。(汇编 苏高技〔2003〕107号:2)	□符合 □不符合	
	2.4.11	气温低于10℃时不得喷洒黏层油。(JTG F40:9.2.4)	□符合 □不符合	
	2.4.12	寒冷季节施工不得不喷洒时可以分成两次喷洒。(JTG F40:9.2.4)	□符合 □不符合	
	2.4.13	喷洒的黏层油必须呈均匀雾状。(JTG F40:9.2.5)	□符合 □不符合	

续上表

检查项目	序号	质量检查要点	检查结果	问题描述
黏层施工	2.4.14	在路面全宽度内均匀分布成一薄层,不得有洒花漏空或呈条状,不得有堆积。(JTG F40:9.2.5)	□符合 □不符合	
	2.4.15	喷洒不足的要补洒,喷洒过量处应予以刮除。(JTG F40:9.2.5)	□符合 □不符合	
	2.4.16	沥青洒布车喷嘴的轴线应与路面垂直,保证所有喷嘴的角度一致。(路面指南:7.3.4)	□符合 □不符合	
	2.4.17	保证洒布管的高度,尽量使同一地点能够接收到2个或3个喷洒嘴喷洒的沥青。(路面指南:7.3.4)	□符合 □不符合	
	2.4.18	为防止黏层沥青发生粘轮现象,沥青面层上的黏层沥青应在面层施工2~3d前洒布。(汇编 苏高技〔2003〕107号:5)	□符合 □不符合	
	2.4.19	桥面上的黏层沥青应在面层施工前4~5d洒布。(汇编 苏高技〔2003〕107号:5)	□符合 □不符合	
	2.4.20	喷洒黏层油后,严禁运料车外的其他车辆和行人通过。(JTG F40:9.2.5)	□符合 □不符合	
	2.4.21	黏层沥青施工每天上午、下午各检测一次洒布量。(汇编 苏高技〔2003〕107号:6)	□符合 □不符合	
外观质量	2.4.22	随时检查洒布的均匀性。(汇编 苏高技〔2003〕107号:6)	□符合 □不符合	
	2.4.23	外观均匀一致,与下卧层表面黏结牢固、不起皮。(路面指南:7.3.5)	□符合 □不符合	
其他				

规范性引用文件如下:
《公路沥青路面施工技术规范》(JTG F40—2004)
《江苏省高速公路施工标准化指南 第四分册 路面工程》(苏交建〔2011〕40号)
《江苏省交通工程建设局技术文件汇编》(2019年版)

总体评价:本次检查_____项,符合_____项,不符合_____项,符合率为_____%。

检查单位_____检查人_____检查日期_____

2.5 沥青路面中、下面层

施工标段＿＿＿＿＿＿＿＿＿＿　　检查部位(工点)＿＿＿＿＿＿＿＿＿＿

检查项目	序号	质量检查要点	检查结果	问题描述
拌和站建设	2.5.1	在拌和站内宜设视频监控系统。(建设指南:6.1.2)	□符合 □不符合	
	2.5.2	拌和站应采用封闭式管理。(建设指南:6.1.5)	□符合 □不符合	
	2.5.3	场地四周宜设通透式围栏。(建设指南:6.1.5)	□符合 □不符合	
	2.5.4	材料堆放区、拌和生产区应相对独立。(建设指南:6.1.5)	□符合 □不符合	
	2.5.5	生活及生产污水、垃圾应及时处理,防止污染环境。(建设指南:6.1.6)	□符合 □不符合	
	2.5.6	拌和站场内道路,必须保证重型车辆在晴、雨天都能正常通行,便道宽度不小于5m。(建设指南:6.2.2)	□符合 □不符合	
	2.5.7	拌和站的拌和生产区、碎石材料堆放区必须进行混凝土硬化处理。(建设指南:6.2.2)	□符合 □不符合	
	2.5.8	拌和站混凝土硬化处理结构层方式(一):原地面翻松不小于25cm,掺5%石灰,再填一层不小于20cm的5%灰土,压实度不小于92%。(建设指南:6.2.2)	□符合 □不符合	
	2.5.9	拌和站混凝土硬化处理结构层(二):在原地面压实后,填筑不小于40cm的5%灰土,压实度不小于92%。(建设指南:6.2.2)	□符合 □不符合	
	2.5.10	碎石垫层不小于10cm。(建设指南:6.2.2)	□符合 □不符合	
	2.5.11	C20混凝土硬化处理不小于12cm。(建设指南:6.2.2)	□符合 □不符合	
	2.5.12	地坪中间高,四周低,排水坡度不小于0.5%。(建设指南:6.2.2)	□符合 □不符合	
	2.5.13	场地四周应设置排水沟。(建设指南:6.2.2)	□符合 □不符合	

续上表

检查项目	序号	质量检查要点	检查结果	问题描述
拌和站建设	2.5.14	排水沟采用M7.5砂浆进行抹面。(建设指南:6.2.2)	□符合 □不符合	
	2.5.15	冷料仓的装料坡道及搅拌设备出料口位置混凝土面层厚度宜适当加厚。(建设指南:6.2.4)	□符合 □不符合	
	2.5.16	在保证足够净高的情况下,应尽可能将出料口位置抬高,防止积水。(建设指南:6.2.4)	□符合 □不符合	
	2.5.17	拌和楼四周应有完善的排水设施。(建设指南:6.2.4)	□符合 □不符合	
料仓	2.5.18	便于装载机完成从堆场一端装料,另一端堆放新到场集料的操作程序,做到集料先到场先用,满足到场集料的检验要求。(建设指南:6.2.5)	□符合 □不符合	
	2.5.19	用于工程的石料应根据材料品种、级配范围分仓存放。(建设指南:6.2.5)	□符合 □不符合	
	2.5.20	不得混堆或交叉堆放。(建设指南:6.2.5)	□符合 □不符合	
	2.5.21	设置明显标识。(建设指南:6.2.5)	□符合 □不符合	
	2.5.22	集料的堆高不宜超过4m。(建设指南:6.2.5)	□符合 □不符合	
	2.5.23	堆放集料过程中应避免发生离析。(建设指南:6.2.5)	□符合 □不符合	
	2.5.24	堆料场分料仓采用"37"砖墙或块石砌墙。(建设指南:6.2.5)	□符合 □不符合	
	2.5.25	宜在外墙的外侧每隔4~5m设支撑墩。(建设指南:6.2.5)	□符合 □不符合	
	2.5.26	分料仓的内外墙高度控制在1.5~2m。(建设指南:6.2.5)	□符合 □不符合	
	2.5.27	堆料场地面设不小于0.5%的地面坡度。(建设指南:6.2.5)	□符合 □不符合	
	2.5.28	内外墙下部预留孔洞,以便排水。(建设指南:6.2.5)	□符合 □不符合	

续上表

检查项目	序号	质量检查要点	检查结果	问题描述
料仓	2.5.29	沥青路面所用集料堆放场宜搭设轻型钢结构顶棚。（建设指南：6.2.5）	□符合 □不符合	
	2.5.30	沥青路面所用细集料不得露天堆放。（建设指南：6.2.5）	□符合 □不符合	
	2.5.31	钢结构顶棚高度不低于7m。（建设指南：6.2.5）	□符合 □不符合	
	2.5.32	添加剂库房采用搭设轻型钢结构顶棚。（建设指南：6.2.6）	□符合 □不符合	
	2.5.33	添加剂库房地面应采用混凝土硬化。（建设指南：6.2.6）	□符合 □不符合	
	2.5.34	添加剂存放应采用在砖砌体上搭5cm厚木板，使其离地不小于30cm。（建设指南：6.2.6）	□符合 □不符合	
	2.5.35	不同批次、不同品种、不同生产日期的添加剂应分开存放。（建设指南：6.2.6）	□符合 □不符合	
	2.5.36	根据不同的检验状态和结果，采用统一的材料标识牌进行标识。（建设指南：6.2.6）	□符合 □不符合	
拌和楼	2.5.37	沥青拌和机性能应保持良好，其生产能力不低于320t/h。（建设指南：6.3.3）	□符合 □不符合	
	2.5.38	沥青混合料采用间歇式拌和机拌和。（建设指南：6.3.3）	□符合 □不符合	
	2.5.39	配备计算机及打印设备。（建设指南：6.3.3）	□符合 □不符合	
	2.5.40	应配备混合料生产管控设备。（Q/JTECB 20517：5.4）	□符合 □不符合	
	2.5.41	沥青混凝土冷料仓的数量应满足配合比需要，不应少于5个。（建设指南：6.3.4）	□符合 □不符合	
	2.5.42	每套拌和楼配备不小于80m³的热储料仓。（建设指南：6.3.4）	□符合 □不符合	
	2.5.43	沥青拌和站应具有容积不小于400t的散装沥青储存罐。（建设指南：6.3.4）	□符合 □不符合	

续上表

检查项目	序号	质量检查要点	检查结果	问题描述
拌和楼	2.5.44	在拌和机操作房前醒目位置,应悬挂配合比标识牌。(建设指南:6.4.2)	□符合 □不符合	
	2.5.45	标识牌采用镀锌铁皮制作,尺寸800mm×600mm,油漆喷涂,确保不褪色。(建设指南:6.4.2)	□符合 □不符合	
	2.5.46	数字采用彩笔填写,字迹工整清晰。(建设指南:6.4.2)	□符合 □不符合	
	2.5.47	拌和站出入口、拌和楼控制室,应设置禁止、警告、指令标志。(建设指南:6.4.3)	□符合 □不符合	
	2.5.48	油罐应远离生活区。(建设指南:6.5.1)	□符合 □不符合	
	2.5.49	油罐周围应采用围墙或通透式围栏进行隔离,并设置禁止、警告标志。(建设指南:6.5.1)	□符合 □不符合	
	2.5.50	油罐应按设计规定装油,不得混装。(建设指南:6.5.1)	□符合 □不符合	
	2.5.51	油罐区内禁止存放危险品、爆炸品和其他易燃物资。(建设指南:6.5.1)	□符合 □不符合	
	2.5.52	沥青拌和楼排出的粉尘、热料仓的溢料和被机油污染的石料等不符合要求的废弃矿料,应堆至专门料场,明确标记,并及时清除。(建设指南:6.5.3)	□符合 □不符合	
	2.5.53	拌和站生产过程中,应及时洒水降尘。(建设指南:6.5.3)	□符合 □不符合	
	2.5.54	每天施工结束后应及时清扫堆料场地,防止集料二次污染。(建设指南:6.5.3)	□符合 □不符合	
	2.5.55	每天应清理,以保持拌和站内清洁。(建设指南:6.5.3)	□符合 □不符合	
前场准备	2.5.56	下封层与基层表面牢固黏结不起皮、无油包、基层无外露。(Q/JTECB 20517:6.2.2)	□符合 □不符合	
	2.5.57	下封层表面浮动集料应扫至路面以外,杂物应清扫干净。(Q/JTECB 20517:6.2.4)	□符合 □不符合	
	2.5.58	在进行中面层施工前,应检查黏层洒布情况,如出现多洒、少洒和漏洒等缺陷,应进行处理。(路面指南:2.6.2.5)	□符合 □不符合	

续上表

检查项目	序号	质量检查要点	检查结果	问题描述
前场准备	2.5.59	检查桥面防水黏结层。对局部外露和两侧宽度不足部分,应按施工要求进行补洒。(路面指南:2.6.2.5)	□符合 □不符合	
	2.5.60	应对沥青混合料拌和机、摊铺机、压路机等施工机械和设备进行调试。(路面指南:8.2)	□符合 □不符合	
	2.5.61	应准备施工过程中所需要的记录表格和现场温度、厚度检测设备。(路面指南:8.2)	□符合 □不符合	
	2.5.62	**当下卧层已被污染时,必须清洗或经铣刨处理后,方可铺筑沥青混合料。**(路面指南:8.2)	□符合 □不符合	
	2.5.63	中面层桥头处和下面层摊铺前,中分带、路肩外侧直线段宜每10m设一边桩,平曲线段宜每5m设一个边桩。(路面指南:8.2)	□符合 □不符合	
	2.5.64	中面层在中分带、路肩外边缘设置指示标志,应明显标记出施工桩号,用白灰画出各结构层的边缘线。(路面指南:8.2)	□符合 □不符合	
混合料拌制	2.5.65	集料上料过程中,装载机从底部按顺序竖直装料,减小集料离析。(路面指南:8.6.1)	□符合 □不符合	
	2.5.66	下面层沥青加热温度:160~170℃,下面层混合料出场温度150~165℃。中面层沥青加热温度:165~175℃,中面层混合料出场温度170~175℃。(Q/JTECB 20517:9.2.1)	□符合 □不符合	
	2.5.67	集料温度应比沥青温度高10~15℃。[Q/JTECB 20516(20517):9.2.1]	□符合 □不符合	
	2.5.68	每个台班结束时打印出一个台班的统计量,进行沥青混合料生产质量及铺筑厚度的总量检验。(路面指南:8.6.1)	□符合 □不符合	
	2.5.69	拌和机宜备有保温性能好的成品储料仓。(路面指南:8.6.1)	□符合 □不符合	
	2.5.70	在储存过程中,混合料降温不得大于10℃,且不能有沥青滴漏的现象。(路面指南:8.6.1)	□符合 □不符合	
	2.5.71	拌和机必须有二级除尘装置。(路面指南:8.6.1)	□符合 □不符合	
	2.5.72	二级除尘的粉尘不宜使用,直接湿排处理。(路面指南:8.6.1)	□符合 □不符合	
	2.5.73	目测检查混合料有无异常,如是否存在混合料出现花白、冒青烟和离析等现象。(路面指南:8.6.1)	□符合 □不符合	

续上表

检查项目	序号	质量检查要点	检查结果	问题描述
混合料拌制	2.5.74	沥青混合料出厂时,应逐车检测沥青混合料的质量和温度,记录出厂时间。(路面指南:8.6.1)	□符合 □不符合	
	2.5.75	在施工过程中,不得随意变更经设计确定的标准配合比。(路面指南:8.1)	□符合 □不符合	
混合料运输	2.5.76	摊铺机前方应有不小于5辆运料车等候卸料为宜。(路面指南:8.6.2)	□符合 □不符合	
	2.5.77	运输车辆在每天使用前后,要检验其完好性,装料前应将车厢清洗干净,涂抹适量的隔离剂。(路面指南:8.6.2)	□符合 □不符合	
	2.5.78	采用数字显示插入式热电偶温度计检测沥青混合料的出厂温度和运到现场温度,插入深度要大于150mm。(路面指南:8.6.2)	□符合 □不符合	
	2.5.79	在运料卡车侧面中部设专用检测孔,孔口距车厢底面约300mm。(路面指南:8.6.2)	□符合 □不符合	
	2.5.80	拌和机或储料仓向运料车放料时,料车应"前、后、中"移动,分多次装料。[Q/JTECB 20516(20517):9.3.2]	□符合 □不符合	
	2.5.81	运料车进入摊铺现场时,轮胎上不得粘有泥土等可能污染路面的脏物。(路面指南:8.6.2)	□符合 □不符合	
	2.5.82	必要时应用水洗净轮胎后,方可进入施工现场。(路面指南:8.6.2)	□符合 □不符合	
	2.5.83	运料车应采用厚苫布覆盖严密,苫布至少应下挂到车厢板的1/2。(路面指南:8.6.2)	□符合 □不符合	
	2.5.84	卸料过程中仍继续覆盖,直到卸料结束。(路面指南:8.6.2)	□符合 □不符合	
	2.5.85	在气温较低时,运料车车厢侧面应加装保温层,确保混合料温度稳定。(路面指南:8.6.2)	□符合 □不符合	
	2.5.86	在卸料过程中,运料车在摊铺机前10~30cm处停住,运料车不得撞击摊铺机。(路面指南:8.6.2)	□符合 □不符合	
	2.5.87	卸料过程中,运料车应挂空挡,靠摊铺机推动前进。(路面指南:8.6.2)	□符合 □不符合	
	2.5.88	运输到摊铺现场的混合料,如温度不符合要求或遭雨淋,应作废弃处理。(路面指南:8.6.2)	□符合 □不符合	

续上表

检查项目	序号	质量检查要点	检查结果	问题描述
混合料摊铺	2.5.89	沥青面层应在不低于10℃气温下进行施工。（路面指南:8.1）	□符合 □不符合	
	2.5.90	严禁在雨天、路面潮湿的情况下施工。（路面指南:8.1）	□符合 □不符合	
	2.5.91	单幅一次性摊铺采用两台梯队同时摊铺作业或一台摊铺机摊铺。（路面指南:8.6.3）	□符合 □不符合	
	2.5.92	摊铺机同一机型,新旧程度和性能相近,以保证铺筑均匀、一致。（路面指南:8.6.3）	□符合 □不符合	
	2.5.93	熨平板温度不低于100℃。（路面指南:8.6.3）	□符合 □不符合	
	2.5.94	摊铺时熨平板应采用中强夯等级。[Q/JTECB 20516(20517):9.4.3]	□符合 □不符合	
	2.5.95	熨平板连接应紧密,避免摊铺的混合料出现划痕。（路面指南:8.6.3）	□符合 □不符合	
	2.5.96	**下面层摊铺和桥面上下铺装层摊铺时,应采用钢丝引导控制高程的方式。**（路面指南:8.6.3）	□符合 □不符合	
	2.5.97	钢丝为扭绕式,直径不小于6mm,钢丝拉力大于800N,每10m设一钢丝支架。（路面指南:8.6.3）	□符合 □不符合	
	2.5.98	后面摊铺机右侧架设钢丝,左侧在摊铺好的层面上走"雪橇"控制高程。（路面指南:8.6.3）	□符合 □不符合	
	2.5.99	**中面层应采用非接触式平衡梁控制摊铺厚度。**（路面指南:8.6.3）	□符合 □不符合	
	2.5.100	**两台摊铺机摊铺层的纵向热接缝,应采用斜接缝,避免出现缝痕。**（路面指南:8.6.3）	□符合 □不符合	
	2.5.101	摊铺机梯队摊铺时,应在前部已摊铺混合料部分留下10~20cm宽暂不碾压作为后高程基准面,并有5~10cm的摊铺层重叠,最后以热接缝形式作跨接缝碾压,以消除缝迹。（Q/JTECB 20517:9.6.1.1）	□符合 □不符合	
	2.5.102	**两台摊铺机前后距离不应超过10m**。（路面指南:8.6.3）	□符合 □不符合	
	2.5.103	螺旋布料器内混合料表面以略高于螺旋布料器2/3高度为宜。（路面指南:8.6.3）	□符合 □不符合	

续上表

检查项目	序号	质量检查要点	检查结果	问题描述
混合料摊铺	2.5.104	熨平板挡板前混合料的高度应在全宽范围内保持一致,减少离析现象。(路面指南:8.6.3)	□符合 □不符合	
	2.5.105	摊铺机作业方向应与路面车辆行驶方向一致。(路面指南:8.6.3)	□符合 □不符合	
	2.5.106	摊铺速度应控制在 2~3m/min 之间。(路面指南:8.6.3)	□符合 □不符合	
	2.5.107	做到每天仅在收工时停机一次。(路面指南:8.6.3)	□符合 □不符合	
	2.5.108	面层压实前,禁止人员踩踏。(路面指南:8.6.3)	□符合 □不符合	
	2.5.109	一般不宜人工整修,若出现局部离析等特殊情况,应在技术人员指导下,由施工人员进场找补或更换混合料。(路面指南:8.6.3)	□符合 □不符合	
	2.5.110	在桥隧过渡段,应提前做好工作面准备,处理好欠压实、松散、不平整等问题,并扫除松散材料和所有杂物。(路面指南:8.6.3)	□符合 □不符合	
	2.5.111	在摊铺过程中,应随时检测松铺厚度。(路面指南:8.6.3)	□符合 □不符合	
	2.5.112	中央分隔带路缘石应在摊铺面层前完工。(路面指南:8.6.3)	□符合 □不符合	
	2.5.113	摊铺遇雨时,立即停止施工,并清除已摊铺、尚未压实成形的混合料。(路面指南:8.6.3)	□符合 □不符合	
碾压	2.5.114	正常情况下面层初压碾压温度不低于130℃。(Q/JTECB 20517:9.5.1)	□符合 □不符合	
	2.5.115	低温情况下面层初压温度不低于145℃。(Q/JTECB 20517:9.5.1)	□符合 □不符合	
	2.5.116	下面层碾压终了表面温度不低于70℃。(Q/JTECB 20517:9.5.1)	□符合 □不符合	
	2.5.117	正常情况中面层初压碾压温度不低于150℃。(Q/JTECB 20516:9.5.1)	□符合 □不符合	
	2.5.118	低温情况中面层初压温度不低于130℃。(Q/JTECB 20516:9.5.1)	□符合 □不符合	

续上表

检查项目	序号	质量检查要点	检查结果	问题描述
碾压	2.5.119	中面层碾压终了表面温度不低于90℃。(Q/JTECB 20516：9.5.2)	□符合 □不符合	
	2.5.120	压路机不得出现漏油现象，碾压时驱动轮应朝向摊铺机。(路面指南：8.6.4)	□符合 □不符合	
	2.5.121	碾压路线及方向不应突然改变，压路机折回位置应呈阶梯状，不应在同一横断面。(路面指南：8.6.4)	□符合 □不符合	
	2.5.122	在当天碾压完成的沥青面层上，不得停放压路机及其他施工设备。(路面指南：8.6.4)	□符合 □不符合	
	2.5.123	初压、复压、终压段落应设置明显标志。(路面指南：8.6.4)	□符合 □不符合	
	2.5.124	禁止使用柴油、机油等作为压路机隔离剂。(路面指南：8.6.4)	□符合 □不符合	
	2.5.125	压实完成12h后且表面温度低于50℃，允许施工车辆通行。[Q/JTECB 20516(20517)：9.5.8]	□符合 □不符合	
	2.5.126	摊铺机梯队摊铺时，应在前部已摊铺混合料部分留下10~20cm宽暂不碾压，作为后高程基准面。[Q/JTECB 20516(20517)：9.6.1.1]	□符合 □不符合	
	2.5.127	有5~10cm的摊铺层重叠。[Q/JTECB 20516(20517)：9.6.1.1]	□符合 □不符合	
纵向施工缝	2.5.128	最后以热接缝形式作跨接缝碾压，以消除缝迹。[Q/JTECB 20516(20517)：9.6.1.1]	□符合 □不符合	
	2.5.129	中面层与下面层纵缝错开不小于15cm。(Q/JTECB 20516：9.6.1.3)	□符合 □不符合	
横向施工缝	2.5.130	全部采用平接缝。[Q/JTECB 20516(20517)：9.6.2.1]	□符合 □不符合	
	2.5.131	横向施工缝应远离桥梁伸缩缝20m以外。[Q/JTECB 20516(20517)：9.6.2.2]	□符合 □不符合	
	2.5.132	中面层与下面层横缝应错开1m以上。(Q/JTECB 20516：9.6.2.3)	□符合 □不符合	
外观质量	2.5.133	表面裂缝、松散、推挤、碾压轮迹、油丁、泛油、离析的累计长度不得超过50m。(JTG F80/1：7.3.3)	□符合 □不符合	

续上表

检查项目	序号	质量检查要点	检查结果	问题描述
外观质量	2.5.134	搭接处烫缝应无枯焦。(JTG F80/1:7.3.3)	□符合 □不符合	
	2.5.135	路面应无积水。(JTG F80/1:7.3.3)	□符合 □不符合	
其他				

规范性引用文件如下：
《公路工程质量检验评定标准 第一册 土建工程》(JTG F80/1—2017)
《江苏省高速公路施工标准化指南 第一分册 工地建设》(苏交建[2011]40号)
《江苏省高速公路施工标准化指南 第四分册 路面工程》(苏交建[2011]40号)
《沥青路面道路石油沥青Superpave25面层施工技术指南》(Q/JTECB 20517—2020)
《沥青路面SBS改性沥青Superpave20面层施工技术指南》(Q/JTECB 20516—2020)

总体评价：本次检查_____项，符合_____项，不符合_____项，符合率为_____%。

检查单位_____ 检查人_____ 检查日期_____

2.6 沥青路面上面层

施工标段_____　　　　检查部位(工点)_____

检查项目	序号	质量检查要点	检查结果	问题描述
混合料拌制	2.6.1	沥青加热温度:165~175℃。(Q/JTECB 20515:9.2.1)	□符合 □不符合	
	2.6.2	集料温度比沥青加热温度高10~15℃。(Q/JTECB 20515:9.2.1)	□符合 □不符合	
	2.6.3	沥青混合料出场温度170~185℃。(Q/JTECB 20515:9.2.1)	□符合 □不符合	
	2.6.4	沥青混合料在储料仓储存的温度下降不应超过10℃。(Q/JTECB 20515:9.2.1)	□符合 □不符合	
	2.6.5	集料上料过程中,装载机从底部按顺序竖直装料,减少集料离析。(路面指南:8.6.1)	□符合 □不符合	
	2.6.6	拌和机必须有二级除尘装置。(路面指南:8.6.1)	□符合 □不符合	
	2.6.7	拌和机宜备有保温性能好的成品储料仓。(路面指南:8.6.1)	□符合 □不符合	
	2.6.8	在储存过程中,不能有沥青滴漏的现象。(路面指南:8.6.1)	□符合 □不符合	
	2.6.9	SMA混合料只限当天使用。(路面指南:8.6.1)	□符合 □不符合	
	2.6.10	目测检查混合料有无异常,如是否存在混合料出现花白、冒青烟和离析等现象。(路面指南:8.6.1)	□符合 □不符合	
	2.6.11	沥青混合料出厂时,应逐车检测沥青混合料的质量和温度,记录出厂时间。(路面指南:8.6.1)	□符合 □不符合	
	2.6.12	在施工过程中,不得随意变更经设计确定的标准配合比。(路面指南:8.1)	□符合 □不符合	
	2.6.13	絮状木质纤维应在混合料中充分分散,拌和均匀。(Q/JTECB 20515:9.2.1)	□符合 □不符合	

续上表

检查项目	序号	质量检查要点	检查结果	问题描述
混合料运输	2.6.14	沥青混合料运输到现场温度不低于165℃。(Q/JTECB 20515:9.3.1)	□符合 □不符合	
	2.6.15	在运料卡车侧面中部设专用检测孔,孔口距车厢底面约300mm。(路面指南:8.6.2)	□符合 □不符合	
	2.6.16	拌和机或储料仓向运料车放料时,料车应"前、后、中"移动,分多次装料。(Q/JTECB 20515:9.3.2)	□符合 □不符合	
	2.6.17	摊铺机前方应有不小于5辆运料车等候卸料。(Q/JTECB 20515:9.3.3)	□符合 □不符合	
	2.6.18	运输车辆在每天使用前后,要检验其完好性,装料前应将车厢清洗干净,涂抹适量的隔离剂。(路面指南:8.6.2)	□符合 □不符合	
	2.6.19	采用数字显示插入式热电偶温度计检测沥青混合料的出厂温度和运到现场温度,插入深度要大于150mm。(路面指南:8.6.2)	□符合 □不符合	
	2.6.20	运料车进入摊铺现场时,轮胎上不得粘有泥土等可能污染路面的脏物。(路面指南:8.6.2)	□符合 □不符合	
	2.6.21	运料车应采用厚苫布覆盖严密,苫布至少应下挂到车厢板的1/2。(路面指南:8.6.2)	□符合 □不符合	
	2.6.22	卸料过程中仍继续覆盖,直到卸料结束。(路面指南:8.6.2)	□符合 □不符合	
	2.6.23	在气温较低时,运料车车厢侧面应加装保温层,确保混合料温度稳定。(路面指南:8.6.2)	□符合 □不符合	
	2.6.24	在卸料过程中,运料车在摊铺机前10~30cm处停住,运料车不得撞击摊铺机。(路面指南:8.6.2)	□符合 □不符合	
	2.6.25	卸料过程中,运料车应挂空挡,靠摊铺机推动前进。(路面指南:8.6.2)	□符合 □不符合	
	2.6.26	运输到摊铺现场的混合料,如温度不符合要求或遭雨淋,应作废弃处理。(路面指南:8.6.2)	□符合 □不符合	
混合料摊铺	2.6.27	严禁在雨天、路面潮湿的情况下施工。(路面指南:8.1)	□符合 □不符合	
	2.6.28	摊铺机同一机型,新旧程度和性能相近,以保证铺筑均匀、一致。(路面指南:8.6.3)	□符合 □不符合	
	2.6.29	摊铺温度不低于160℃。(Q/JTECB 20515:9.4.1)	□符合 □不符合	

续上表

检查项目	序号	质量检查要点	检查结果	问题描述
混合料摊铺	2.6.30	摊铺机开工前,应提前0.5~1h预热熨平板。(路面指南:8.6.3)	□符合 □不符合	
	2.6.31	熨平板温度不低于100℃。(路面指南:8.6.3)	□符合 □不符合	
	2.6.32	**摊铺速度宜控制在2~3m/min。**(Q/JTECB 20515:9.4.2)	□符合 □不符合	
	2.6.33	摊铺时熨平板应采用中强夯等级。(Q/JTECB 20515:9.4.3)	□符合 □不符合	
	2.6.34	采用非接触式平衡梁控制摊铺厚度。(Q/JTECB 20515:9.4.4)	□符合 □不符合	
	2.6.35	**两台摊铺机摊铺层的纵向热接缝,应采用斜接缝,避免出现缝痕。**(路面指南:8.6.3)	□符合 □不符合	
	2.6.36	后台摊铺机跨缝5~10cm摊铺。(Q/JTECB 20515:9.4.4)	□符合 □不符合	
	2.6.37	**两台摊铺机前后距离不应超过10m。**(路面指南:8.6.3)	□符合 □不符合	
	2.6.38	面层压实前,禁止人员踩踏。(路面指南:8.6.3)	□符合 □不符合	
	2.6.39	螺旋布料器内混合料表面以略高于螺旋布料器2/3高度为宜。(路面指南:8.6.3)	□符合 □不符合	
	2.6.40	熨平板挡板前混合料的高度应在全宽范围内保持一致,减少离析现象。(路面指南:8.6.3)	□符合 □不符合	
	2.6.41	**摊铺机作业方向应与路面车辆行驶方向一致。**(路面指南:8.6.3)	□符合 □不符合	
	2.6.42	中央分隔带路缘石应在摊铺面层前完工。(路面指南:8.6.3)	□符合 □不符合	
	2.6.43	运料车辆在卸料更换时应做到快捷、有序,保证摊铺机料斗不脱料。(路面指南:8.6.3)	□符合 □不符合	
	2.6.44	尽量减少摊铺机料斗在摊铺过程中拢料。(路面指南:8.6.3)	□符合 □不符合	
	2.6.45	摊铺遇雨时,立即停止施工,并清除已摊铺、尚未压实成形的混合料。(路面指南:8.6.3)	□符合 □不符合	

续上表

检查项目	序号	质量检查要点	检查结果	问题描述
碾压	2.6.46	压路机不得出现漏油现象。(路面指南:8.6.4)	□符合 □不符合	
	2.6.47	初压开始温度不低于150℃。(Q/JTECB 20515:9.5.1)	□符合 □不符合	
	2.6.48	复压最低温度不低于130℃。(Q/JTECB 20515:9.5.1)	□符合 □不符合	
	2.6.49	碾压终了温度不低于110℃。(Q/JTECB 20515:9.5.1)	□符合 □不符合	
	2.6.50	碾压时驱动轮应朝向摊铺机(路面指南:8.6.4)	□符合 □不符合	
	2.6.51	初压段的长度宜控制在20~30m。(Q/JTECB 20515:9.5.3)	□符合 □不符合	
	2.6.52	复压段的长度宜控制在30~50m。(Q/JTECB 20515:9.5.3)	□符合 □不符合	
	2.6.53	采用振动碾压改性沥青SMA-13S路面时,压路机轮迹的重叠宽度不应超过20cm。(Q/JTECB 20515:9.5.4)	□符合 □不符合	
	2.6.54	当采用静压时,压路机的轮迹应重叠1/4~1/3碾压宽度。(Q/JTECB 20515:9.5.4)	□符合 □不符合	
	2.6.55	压路机折回位置应呈阶梯状,不应在同一横断面。(路面指南:8.6.4)	□符合 □不符合	
	2.6.56	在当天碾压完成的沥青面层上,不得停放压路机及其他施工设备。(路面指南:8.6.4)	□符合 □不符合	
	2.6.57	初压、复压、终压段落应设置明显标志。(路面指南:8.6.4)	□符合 □不符合	
	2.6.58	初压速度2~4km/h。(Q/JTECB 20515:9.5.6)	□符合 □不符合	
	2.6.59	复压速度4~5km/h。(Q/JTECB 20515:9.5.6)	□符合 □不符合	
	2.6.60	终压速度2.5~5km/h(静压)。(Q/JTECB 20515:9.5.6)	□符合 □不符合	

续上表

检查项目	序号	质量检查要点	检查结果	问题描述
碾压	2.6.61	禁止使用柴油、机油等作为压路机隔离剂。(路面指南:8.6.4)	□符合 □不符合	
	2.6.62	压实完成12h后且表面温度低于50℃,允许施工车辆通行。(Q/JTECB 20515;9.5.10)	□符合 □不符合	
纵向施工缝	2.6.63	摊铺机梯队摊铺时,应在前部已摊铺混合料部分留下10~20cm宽暂不碾压,作为后高程基准面。(Q/JTECB 20515;9.6.1.1)	□符合 □不符合	
	2.6.64	有5~10cm左右的摊铺层重叠。(Q/JTECB 20515;9.6.1.1)	□符合 □不符合	
	2.6.65	最后以热接缝形式作跨接缝碾压,以消除缝迹。(Q/JTECB 20515;9.6.1.1)	□符合 □不符合	
	2.6.66	上面层与中面层纵缝错开不少于15cm。(Q/JTECB 20515;9.6.1.3)	□符合 □不符合	
横向施工缝	2.6.67	全部采用平接缝。(Q/JTECB 20515;9.6.2.1)	□符合 □不符合	
	2.6.68	横向施工缝应远离桥梁伸缩缝20m以外。(Q/JTECB 20515;9.6.2.2)	□符合 □不符合	
	2.6.69	上面层与中面层横缝应错开1m以上。(Q/JTECB 20515;9.6.2.3)	□符合 □不符合	
外观质量	2.6.70	表面裂缝、松散、推挤、碾压轮迹、油丁、泛油、离析的累计长度不得超过50m。(JTG F80/1;7.3.3)	□符合 □不符合	
	2.6.71	搭接处烫缝应无枯焦。(JTG F80/1;7.3.3)	□符合 □不符合	
	2.6.72	路面应无积水。(JTG F80/1;7.3.3)	□符合 □不符合	
其他				

规范性引用文件如下:
《公路工程质量检验评定标准 第一册 土建工程》(JTG F80/1—2017)
《江苏省高速公路施工标准化指南 第四分册 路面工程》(苏交建〔2011〕40号)
《沥青路面SBS改性沥青SMA-13上面层施工技术指南》(Q/JTECB 20515—2020)

总体评价:本次检查_____项,符合_____项,不符合_____项,符合率为_____%。

检查单位_____ 检查人_____ 检查日期_____

2.7 桥面沥青铺装层

施工标段_____ 检查部位(工点)_____

检查项目	序号	质量检查要点	检查结果	问题描述
水泥混凝土桥面铺装	2.7.1	桥面伸缩缝预留槽下部应采用碎石填塞。(路面指南:10.4.3)	□符合 □不符合	
	2.7.2	应按设计做好桥面碎石盲沟的预留,保证桥面排水系统的完善。(路面指南:10.4.3)	□符合 □不符合	
	2.7.3	混合料摊铺速度以正常路面段的80%为宜。(路面指南:10.4.3)	□符合 □不符合	
	2.7.4	严禁运输车辆在桥面上掉头、紧急制动。(路面指南:10.4.3)	□符合 □不符合	
钢桥面铺装	2.7.5	涂刷防水层前应对钢板焊缝和吊钩残留物仔细平整,彻底除锈,清扫,干燥。(JTG F40:10.5.3)	□符合 □不符合	
	2.7.6	铺设过程中必须保持桥面整洁,不得堆放与施工无关的材料、机械、杂物。(JTG F40:10.5.6)	□符合 □不符合	
	2.7.7	应在黏结层洒布完成后设计要求的时间内完成沥青混凝土铺装,黏结层表面应干净、干燥。(JTG F80/1:8.12.4)	□符合 □不符合	
外观质量	2.7.8	表面裂缝、松散、推挤、碾压轮迹、油丁、泛油、离析的累计长度不得超过50m。(JTG F80/1:7.3.3)	□符合 □不符合	
	2.7.9	路面应无积水。(JTG F80/1:7.3.3)	□符合 □不符合	
	2.7.10	桥面沥青铺装层与路面连接部位,应连接平顺。(路面指南:10.4.4)	□符合 □不符合	
其他				

规范性引用文件如下:
《公路工程质量检验评定标准 第一册 土建工程》(JTG F80/1—2017)
《公路沥青路面施工技术规范》(JTG F40—2004)
《江苏省高速公路施工标准化指南 第四分册 路面工程》(苏交建〔2011〕40号)

总体评价:本次检查_____项,符合_____项,不符合_____项,符合率为_____%。

检查单位_____ 检查人_____ 检查日期_____

2.8 水泥混凝土面层(收费广场)

施工标段_____   检查部位(工点)_____

检查项目	序号	质量检查要点	检查结果	问题描述
施工准备	2.8.1	恢复路面中心、边缘等全部基本标桩。(JTG/T F30:5.1.7)	□符合 □不符合	
	2.8.2	超出允许范围的部分应削除并重做沥青下封层。(路面指南:9.2.3)	□符合 □不符合	
	2.8.3	低于允许范围的部分,不得使用其他材料填补。(路面指南:9.2.3)	□符合 □不符合	
	2.8.4	在水泥混凝土面层摊铺施工之前,应清扫下卧层的表面,并检查其裂缝情况。(路面指南:9.2.3)	□符合 □不符合	
	2.8.5	当出现有不规则的严重裂缝时,应将该段基层切割废弃。(路面指南:9.2.3)	□符合 □不符合	
	2.8.6	重新铺筑基层废弃段基层的切缝断面应整齐,且应与路线中线垂直。(路面指南:9.2.3)	□符合 □不符合	
	2.8.7	基层的单条裂缝可进行灌缝处理,并骑缝布设加筋玻璃纤维格栅。(路面指南:9.2.3)	□符合 □不符合	
	2.8.8	对布设的加筋玻璃纤维格栅应采用热沥青粘贴,并采用U形钢钉将玻璃纤维格栅钉牢于基层表面。(路面指南:9.2.3)	□符合 □不符合	
	2.8.9	铺筑的水泥混凝土路面板上应设一条横向缩缝与基层上的人为切缝对齐。(路面指南:9.2.3)	□符合 □不符合	
	2.8.10	基层、封层表面应清扫干净、洒水湿润,但不得积水。(路面指南:9.6.3)	□符合 □不符合	
	2.8.11	摊铺前,按设计图纸准确放样钢筋网的设置位置、面层板块、地梁和接缝位置等。(路面指南:9.6.6)	□符合 □不符合	

续上表

检查项目	序号	质量检查要点	检查结果	问题描述
施工准备	2.8.12	现场降雨,风力大于6级,不得施工。(路面指南:9.1.5)	□符合 □不符合	
	2.8.13	风速在10.8m/s以上的强风天气,不得施工。(路面指南:9.1.5)	□符合 □不符合	
	2.8.14	现场气温高于40℃或拌合物摊铺温度高于35℃,不得施工。(路面指南:9.1.5)	□符合 □不符合	
	2.8.15	摊铺现场连续5昼夜平均气温低于5℃,不得施工。(路面指南:9.1.5)	□符合 □不符合	
	2.8.16	最低气温低于-3℃,不得施工。(路面指南:9.1.5)	□符合 □不符合	
混凝土拌和	2.8.17	拌合物出料温度宜控制在10~35℃之间。(JTG/T F30:6.3.12)	□符合 □不符合	
	2.8.18	拌合物应均匀一致。(JTG/T F30:6.3.12)	□符合 □不符合	
	2.8.19	生料、干料、严重离析的拌合物,不得用于路面摊铺。(JTG/T F30:6.3.12)	□符合 □不符合	
	2.8.20	有外加剂团块、粉煤灰团块的拌合物,不得用于路面摊铺。(JTG/T F30:6.3.12)	□符合 □不符合	
	2.8.21	拌合物的坍落度偏差应小于10mm。(JTG/T F30:6.3.12)	□符合 □不符合	
混凝土运输	2.8.22	运送混凝土的车辆装料前,应清洁车厢或车罐,洒水润壁,排干积水。(JTG/T F30:6.4.3)	□符合 □不符合	
	2.8.23	混凝土运输过程中应防止漏浆、漏料和污染,防止拌合物离析。(JTG/T F30:6.4.4)	□符合 □不符合	
	2.8.24	车辆行驶和卸料过程中,当碰撞了模板或基准线时,应重新测量纠偏。(JTG/T F30:6.4.5)	□符合 □不符合	
模板	2.8.25	横断面板厚测量值的算数平均值不应小于设计板厚。(JTG/T F30:7.3.8)	□符合 □不符合	
	2.8.26	横断面板厚极小值不应薄于质量控制极值(-15mm)。(JTG/T F30:7.3.8)	□符合 □不符合	

续上表

检查项目	序号	质量检查要点	检查结果	问题描述
模板	2.8.27	纵向以200m为单元,全部板厚总平均值不应小于设计板厚。(JTG/T F30;7.3.8)	□符合 □不符合	
	2.8.28	顺直度、张紧度或板厚不满足要求时,应重新测量架设基准线。(JTG/T F30;7.3.9)	□符合 □不符合	
钢筋及传力杆	2.8.29	当面层传力杆、胀缝钢筋采用前置架法施工时,应在表面先准确安装和固定支架。(JTG/T F30;7.3.10)	□符合 □不符合	
	2.8.30	保证传力杆中部对中缩缝切割位置,且不会因布料、摊铺而导致推移。(JTG/T F30;7.3.10)	□符合 □不符合	
	2.8.31	应按设计图纸加工焊接边缘补强钢筋支架。(JTG/T F30;7.3.11)	□符合 □不符合	
	2.8.32	边缘补强中部底筋与封层表面距离宜为30~50mm。(JTG/T F30;7.3.11)	□符合 □不符合	
	2.8.33	两端弯起筋与面层表面的距离不应小于50mm。(JTG/T F30;7.3.11)	□符合 □不符合	
	2.8.34	外侧钢筋到板边距离宜为100~150mm。(JTG/T F30;7.3.11)	□符合 □不符合	
	2.8.35	边缘补强钢筋两端弯起处应各有不少于2根锚固筋与支架相焊接。(JTG/T F30;7.3.11)	□符合 □不符合	
	2.8.36	其他部位每延米不宜少于1根锚固钢筋。(JTG/T F30;7.3.11)	□符合 □不符合	
	2.8.37	发针状角隅补强钢筋片宜采用焊接制成。(JTG/T F30;7.3.12)	□符合 □不符合	
	2.8.38	发针状角隅补强钢筋安装位置应根据设计图纸确定,且距两锐角边距离不宜小于50mm。(JTG/T F30;7.3.12)	□符合 □不符合	
	2.8.39	设置双层钢筋时,应严格控制钢筋保护层厚度。(JTG/T F30;7.5.3)	□符合 □不符合	
	2.8.40	钢筋混凝土面层缩缝传杆与拉杆可借助钢筋网安装。(JTG/T F30;7.5.3)	□符合 □不符合	
	2.8.41	应严格控制传力杆位置,其端部不得顶推钢筋。(JTG/T F30;7.5.3)	□符合 □不符合	

续上表

检查项目	序号	质量检查要点	检查结果	问题描述
钢筋及传力杆	2.8.42	钢筋网应采用钢筋支架架设,不得使用垫块架设。(JTG/T F30;7.5.3)	□符合 □不符合	
	2.8.43	钢筋片与基层锚固点不宜少于5个。(JTG/T F30;7.3.12)	□符合 □不符合	
混凝土振捣	2.8.44	振捣棒应均匀排列,间距宜为300~450mm(JTG/T F30;7.4.1)	□符合 □不符合	
	2.8.45	两侧最边缘振捣棒与摊铺边缘距离不宜大于200m。(JTG/T F30;7.4.1)	□符合 □不符合	
	2.8.46	不得在支架顶面直接卸料。(JTG/T F30;7.4.2)	□符合 □不符合	
	2.8.47	传力杆以下的混凝土宜在摊铺前采用手持振捣棒振实。(JTG/T F30;7.4.2)	□符合 □不符合	
	2.8.48	表面砂浆厚度不宜大于3mm。(JTG/T F30;7.4.12)	□符合 □不符合	
施工缝、胀缝	2.8.49	水泥混凝土面层缩缝应使用切缝机按设计深度、形状切割而成。(JTG/T F30;11.1.1)	□符合 □不符合	
	2.8.50	横向施工缝应与其他横向接缝合并设置。(JTG/T F30;11.1.2)	□符合 □不符合	
	2.8.51	各种接缝均填缝密封,填缝材料不得开裂、挤出或缺失。(JTG/T F30;11.1.3)	□符合 □不符合	
	2.8.52	填缝材料开裂、挤出或缺失的接缝均应局部清除,重新填缝密封。(JTG/T F30;11.1.3)	□符合 □不符合	
	2.8.53	横向施工缝与胀缝重合时,应按胀缝施工。(JTG/T F30;11.2.5)	□符合 □不符合	
	2.8.54	胀缝板应与路中心线垂直,并连续贯通整个面板宽度,缝中完全不连浆。(JTG/T F30;11.2.8)	□符合 □不符合	
	2.8.55	胀缝板应连续完整,胀缝板两侧的混凝土不得相连。(JTG/T F30;11.2.10)	□符合 □不符合	
	2.8.56	纵、横缩缝切割顺直度应小于10mm。(JTG/T F30;11.2.14)	□符合 □不符合	

续上表

检查项目	序号	质量检查要点	检查结果	问题描述
施工缝、胀缝	2.8.57	相邻板的纵、横缩缝切口应接顺。(JTG/T F30:11.2.14)	□符合 □不符合	
	2.8.58	灌缝前缝内及缝壁清洁、干燥,以擦不出水、泥浆或灰尘为可灌缝标准。(JTG/T F30:11.2.17)	□符合 □不符合	
	2.8.59	灌缝应饱满、均匀、厚度一致,并连续贯通。(JTG/T F30:11.2.19)	□符合 □不符合	
	2.8.60	填缝料不得缺失、开裂和渗水。(JTG/T F30:11.2.19)	□符合 □不符合	
	2.8.61	高温期灌缝时,顶面应与板面刮齐平。(JTG/T F30:11.2.19)	□符合 □不符合	
	2.8.62	一般气温时,应填刮为凹液面形,中心宜低于板面3mm。(JTG/T F30:11.2.19)	□符合 □不符合	
	2.8.63	常温施工式填缝料的养护期,低温期宜为24h,高温期宜为10h。(JTG/T F30:11.2.20)	□符合 □不符合	
	2.8.64	加热施工式填缝料的养护期,低温期宜为2h,高温期宜为6h。(JTG/T F30:11.2.20)	□符合 □不符合	
	2.8.65	在灌缝料固化期间应封闭交通。(JTG/T F30:11.2.20)	□符合 □不符合	
	2.8.66	胀缝填缝前,应凿除胀缝板顶部临时嵌入的木条。(JTG/T F30:11.2.21)	□符合 □不符合	
	2.8.67	清理干净,涂黏结剂后,嵌入专用多孔橡胶条,或灌进适宜填缝料。(JTG/T F30:11.2.21)	□符合 □不符合	
	2.8.68	当胀缝宽度与多孔橡胶条宽度不一致或有啃边、掉角等现象时,应采用灌料填缝,不得采用多孔橡胶条填缝。(JTG/T F30:11.2.21)	□符合 □不符合	
抗滑构造	2.8.69	应采用刻槽法制作宏观抗滑构造。(JTG/T F30:11.3.2)	□符合 □不符合	
	2.8.70	刻槽机最小刻槽宽度不应小于500mm。(JTG/T F30:11.3.4)	□符合 □不符合	

续上表

检查项目	序号	质量检查要点	检查结果	问题描述
抗滑构造	2.8.71	衔接距离与槽间距相同。(JTG/T F30:11.3.4)	□符合 □不符合	
	2.8.72	刻槽过程中避免槽口边角损坏,不得中途抬起刻槽机或改变刻槽方向。(JTG/T F30:11.3.4)	□符合 □不符合	
	2.8.73	刻槽不得刻穿纵、横缩缝。(JTG/T F30:11.3.4)	□符合 □不符合	
养生	2.8.74	刻槽后表面随即冲洗干净,并恢复路面的养护。(JTG/T F30:11.3.4)	□符合 □不符合	
	2.8.75	宜采用养护剂加覆膜养护。(JTG/T F30:11.4.2)	□符合 □不符合	
	2.8.76	面层养护初期,车辆不得通行。(JTG/T F30:11.4.7)	□符合 □不符合	
	2.8.77	达到设计弯拉强度40%后,可允许行人通行。(JTG/T F30:11.4.7)	□符合 □不符合	
	2.8.78	面层达到设计弯拉强度后,方可开放交通。(JTG/T F30:11.4.9)	□符合 □不符合	
外观质量	2.8.79	不应出现超过0.2mm的裂缝、孔洞、露筋。(JTG F80/1:7.2.3)	□符合 □不符合	
	2.8.80	不应出现超过面积大于0.02m² 单个蜂窝。(JTG F80/1:7.2.3)	□符合 □不符合	
	2.8.81	蜂窝总面积不得超过所在面面积的1%。(JTG F80/1:7.2.3)	□符合 □不符合	
	2.8.82	蜂窝深度不得超过10mm及1/2保护层厚度。(JTG F80/1:7.2.3)	□符合 □不符合	
	2.8.83	疏松总面积不得超过所在面面积的1%。(JTG F80/1:7.2.3)	□符合 □不符合	
	2.8.84	任何一处疏松面积不得大于0.02m²。(JTG F80/1:7.2.3)	□符合 □不符合	

续上表

检查项目	序号	质量检查要点	检查结果	问题描述
外观质量	2.8.85	疏松深度不得超过 10mm 及 1/2 保护层厚度。（JTG F80/1：7.2.3）	□符合 □不符合	
	2.8.86	麻面总面积不得超过所在面面积的 3%。（JTG F80/1：7.2.3）	□符合 □不符合	
	2.8.87	啃边、崩角的深度不得超过 1/2 保护层厚度。（JTG F80/1：7.2.3）	□符合 □不符合	
	2.8.88	掉皮不得超过所在面面积的 3%。（JTG F80/1：7.2.3）	□符合 □不符合	
	2.8.89	起砂不得超过所在面面积的 3%。（JTG F80/1：7.2.3）	□符合 □不符合	
	2.8.90	污染不得超过所在面面积的 3%。（JTG F80/1：7.2.3）	□符合 □不符合	
	2.8.91	面板不应有坑穴、鼓包和掉角。（JTG F80/1：7.2.3）	□符合 □不符合	
	2.8.92	接缝填注不得漏填、松脱，不应污染路面。（JTG F80/1：7.2.3）	□符合 □不符合	
	2.8.93	路面应无积水。（JTG F80/1：7.2.3）	□符合 □不符合	
其他				

规范性引用文件如下：
《公路水泥混凝土路面施工技术细则》（JTG/T F30—2014）
《公路工程质量检验评定标准 第一册 土建工程》（JTG F80/1—2017）
《江苏省高速公路施工标准化指南 第四分册 路面工程》（苏交建〔2011〕40号）

总体评价：本次检查_____项，符合_____项，不符合_____项，符合率为_____%。

检查单位_____ 检查人_____ 检查日期_____

2.9 中央分隔带及路面排水

施工标段_____　　　　检查部位(工点)_____

检查项目	序号	质量检查要点	检查结果	问题描述
施工准备	2.9.1	严格检查路缘石钢模板的尺寸,钢模尺寸和形状应一致。(通病手册:2.5.1)	□符合 □不符合	
路缘石	2.9.2	保持湿润养护不少于7d。(通病手册:2.5.2)	□符合 □不符合	
	2.9.3	严禁野蛮装卸路缘石,破损的路缘石不得使用。(通病手册:2.5.2)	□符合 □不符合	
	2.9.4	直顺度15mm。(JTG F80/1:7.10.2)	□符合 □不符合	
	2.9.5	相邻两块高差3mm。(JTG F80/1:7.10.2)	□符合 □不符合	
	2.9.6	相邻两块缝宽±3mm。(JTG F80/1:7.10.2)	□符合 □不符合	
	2.9.7	基层表面应预先湿润,路缘石下坐浆应饱满。(通病手册:2.5.3)	□符合 □不符合	
	2.9.8	逐段测量放样,拉线安装。(通病手册:2.5.3)	□符合 □不符合	
	2.9.9	路缘石与路线线形一致。(JTG F40:10.7.2)	□符合 □不符合	
	2.9.10	应防止中央分隔带的雨水进入路面结构层。(JTG F40:10.7.2)	□符合 □不符合	
渗沟 (盲沟)	2.9.11	土工布搭接长度应符合设计要求。(通病手册:2.6)	□符合 □不符合	
	2.9.12	土工布应进行固定,不得出现皱折和松动。(通病手册:2.6)	□符合 □不符合	
	2.9.13	纵坡不应小于1%。(招标文件:207.04-9)	□符合 □不符合	
	2.9.14	出水口底面高程,应高出沟外最高水位0.2m。(招标文件:207.04-9)	□符合 □不符合	

续上表

检查项目	序号	质量检查要点	检查结果	问题描述
渗沟 （盲沟）	2.9.15	中央分隔带内填土前,应按图纸要求在其路基、路面及路缘带内侧表面做好沥青油毡防水层。（招标文件:314.03-2）	□符合 □不符合	
	2.9.16	中央分隔带内应按图纸规定设置向内倾的横向坡度,使表面水流向分隔带中央低凹处的渗沟。（招标文件:314.03-2）	□符合 □不符合	
排水沟 （管）	2.9.17	沟底纵坡不应小于0.3%。（招标文件:314.03-1,314.03-3）	□符合 □不符合	
	2.9.18	纵向排水管与横向排水管及竖向排水管接头部位,均应按图纸规定设胶泥隔水层。（招标文件:314.03-1）	□符合 □不符合	
	2.9.19	超高路段横向排水管进水口应埋设于集水井,并用水泥砂浆灌注接缝。（招标文件:314.03-1）	□符合 □不符合	
	2.9.20	在超高路段中央分隔带上侧边缘设置的纵向雨水沟,其起讫桩号、高程及尺寸均应符合图纸规定。（招标文件:314.03-3）	□符合 □不符合	
集水井	2.9.21	中央分隔带超高路段应按图纸规定位置准确定位后,在开挖路槽的同时,开挖集水井及横向排水管基坑。（招标文件:314.03-4）	□符合 □不符合	
	2.9.22	衔接于横向排水管的集水井按图纸规定高程尺寸立模现浇,横向排水管管节嵌入集水井壁内。（招标文件:314.03-4）	□符合 □不符合	
	2.9.23	严格按图纸做好防水处理。（招标文件:314.03-4）	□符合 □不符合	
外观质量	2.9.24	路缘石不应破损。（JTG F80/1:7.10.3）	□符合 □不符合	
	2.9.25	排水沟纵坡顺直,曲线线形圆滑。（招标文件:207.05-1）	□符合 □不符合	
	2.9.26	沟壁平整、稳定,无贴坡。（招标文件:207.05-1）	□符合 □不符合	
	2.9.27	沟底平整,排水畅通,无冲刷和阻水现象。（招标文件:207.05-1）	□符合 □不符合	
	2.9.28	沟内不应有杂物,无排水不畅。（招标文件:207.05-1）	□符合 □不符合	

续上表

检查项目	序号	质量检查要点	检查结果	问题描述
外观质量	2.9.29	渗沟(盲沟)反滤层应层次分明。(招标文件:207.05-3)	□符合 □不符合	
	2.9.30	渗沟(盲沟)进出口应排水通畅。(招标文件:207.05-3)	□符合 □不符合	
	2.9.31	井框、井盖安装不应松动,井口周围不得有积水。(招标文件:207.05-4;JTG F80/1:5.4.3)	□符合 □不符合	
	2.9.32	集水井内不得有杂物。(通病手册:2.6)	□符合 □不符合	
	2.9.33	中央分隔带施工不应污染沥青路面。(通病手册:2.6)	□符合 □不符合	
其他				

规范性引用文件如下:
《公路工程标准施工招标文件》(2018年版·第二册)(交通运输部公告2017年第51号)
《公路沥青路面施工技术规范》(JTG F40—2004)
《公路工程质量检验评定标准 第一册 土建工程》(JTG F80/1—2017)
《高速公路建设质量通病防治手册》,人民交通出版社,2012

总体评价:本次检查_____项,符合_____项,不符合_____项,符合率为_____%。

检查单位_____检查人_____检查日期_____

2.10 路　　肩

施工标段＿＿＿＿＿＿＿＿＿＿＿＿　　　检查部位(工点)＿＿＿＿＿＿＿＿＿＿＿＿

检查项目	序号	质量检查要点	检查结果	问题描述
施工准备	2.10.1	拦水带施工应准确架设基准线。(JTG/T F30:7.10.1)	□符合 □不符合	
	2.10.2	基准线桩纵向间距直线段不宜大于 10m。(JTG/T F30:7.3.6)	□符合 □不符合	
	2.10.3	竖曲线和平曲线路段宜为 5~10m,大纵坡与急弯道可加密布置。(JTG/T F30:7.3.6)	□符合 □不符合	
	2.10.4	基准线桩最小距离不宜小于 2.5m。(JTG/T F30:7.3.6)	□符合 □不符合	
	2.10.5	基层顶面到夹线臂的高度宜为 450~750mm。(JTG/T F30:7.3.6)	□符合 □不符合	
	2.10.6	基准线桩夹线臂夹口到桩的水平距离宜为 300mm。(JTG/T F30:7.3.6)	□符合 □不符合	
	2.10.7	基准线桩应固定牢固。(JTG/T F30:7.3.6)	□符合 □不符合	
	2.10.8	单根基准线的最大长度不宜大于 450m。(JTG/T F30:7.3.6)	□符合 □不符合	
	2.10.9	架设长度不宜大于 300m。(JTG/T F30:7.3.6)	□符合 □不符合	
	2.10.10	基准线宜使用钢绞线。(JTG/T F30:7.3.6)	□符合 □不符合	
	2.10.11	采用直径 2.0mm 的钢绞线时,张线拉力不宜小于 1000N。(JTG/T F30:7.3.6)	□符合 □不符合	
	2.10.12	采用直径 3.0mm 钢绞线时,不宜小于 2000N。(JTG/T F30:7.3.6)	□符合 □不符合	
	2.10.13	基准线设置后,应避免扰动、碰撞和振动。(JTG/T F30:7.3.6)	□符合 □不符合	

续上表

检查项目	序号	质量检查要点	检查结果	问题描述
施工准备	2.10.14	多风季节施工,宜缩小基准线桩间距。(JTG/T F30;7.3.6)	□符合 □不符合	
	2.10.15	架设完成的基准线,不得存在眼睛可见的拐点及下垂,并应逐段校验其顺直度及张紧度。(JTG/T F30;7.3.7)	□符合 □不符合	
滑模施工	2.10.16	滑模摊铺机推进前,应保证振动仓内料位充足。(JTG/T F30;7.10.3)	□符合 □不符合	
	2.10.17	滑模摊铺时,应先振捣密实,再起步前进,保证混凝土挤压成形效果满足要求。(JTG/T F30;7.10.3)	□符合 □不符合	
	2.10.18	突起路缘石或浅碟形排水沟与边坡排水沟相连接部位,应在混凝土硬化前挖掉路缘石或浅碟形排水沟外侧,并抹成与泄水槽顺接的喇叭口。(JTG/T F30;7.10.4)	□符合 □不符合	
	2.10.19	连接部位应排水通畅、接口圆滑,不得积水与阻水。(JTG/T F30;7.10.4)	□符合 □不符合	
	2.10.20	现场浇筑路缘石、路肩石与浅碟形排水沟时,应在浇筑段和起终点设置稳固的模板。(JTG/T F30;7.10.5)	□符合 □不符合	
	2.10.21	硬路肩与路缘石连体滑模铺筑时,路缘石横缝应与硬路肩一次连续切成。(JTG/T F30;7.10.6)	□符合 □不符合	
	2.10.22	滑模摊铺路缘石、路肩石与浅碟形排水沟时,应设置横向缩缝。(JTG/T F30;7.10.6)	□符合 □不符合	
	2.10.23	路缘石紧贴硬路肩拼装的纵缝,宜使用与路面相同的填缝料填缝。(JTG/T F30;7.10.6)	□符合 □不符合	
	2.10.24	浅碟形排水沟切缝形状、尺寸和填缝料宜与路面相同(JTG/T F30;7.10.6)	□符合 □不符合	
路肩填土	2.10.25	路肩表面应平整密实,无积水。(JTG F80/1;7.11.1)	□符合 □不符合	
	2.10.26	路肩宽度满足设计要求。(JTG F80/1;7.11.2)	□符合 □不符合	
	2.10.27	肩线应直顺,曲线圆滑。(JTG F80/1;7.11.1)	□符合 □不符合	

续上表

检查项目	序号	质量检查要点	检查结果	问题描述
外观质量	2.10.28	拦水带不应阻水。(JTG F80/1:7.10.3)	□符合 □不符合	
	2.10.29	路肩应无阻水、无杂物。(JTG F80/1:7.11.3)	□符合 □不符合	
其他				

规范性引用文件如下：
《公路水泥混凝土路面施工技术细则》(JTG/T F30—2014)
《公路工程质量检验评定标准 第一册 土建工程》(JTG F80/1—2017)

总体评价：本次检查_____项，符合_____项，不符合_____项，符合率为_____%。

检查单位_____检查人_____检查日期_____

3 桥梁工程

3.1 钢　　筋

施工标段＿＿＿＿＿＿＿＿＿＿　　　检查部位(工点)＿＿＿＿＿＿＿＿＿＿

检查项目	序号	质量检查要点	检查结果	问题描述
钢筋存放	3.1.1	在工地存放时,应按不同品种、规格,分批分别堆置整齐,不得混杂,并应设立识别标志,存放时间宜不超过6个月。(JTG/T 3650:4.1.4)	□符合 □不符合	
	3.1.2	**钢筋应储存于地面以上0.5m的平台、垫木或其他支承上,应保护其不受机械损伤,并避免暴露在可使钢筋生锈的环境中。**(招标文件:403.04-1)	□符合 □不符合	
	3.1.3	对集中加工、整体安装的半成品钢筋和钢筋骨架,在运输时应采用适宜的装载工具,并应采取增加刚度、防止其扭曲变形的措施。(JTG/T 3650:4.4.2)	□符合 □不符合	
钢筋加工	3.1.4	钢筋的表面应洁净、无损伤,使用前应将表面的油渍、漆皮、鳞锈等清除干净,带有颗粒状或片状老锈的钢筋不得使用。(JTG/T 3650:4.2.1)	□符合 □不符合	
	3.1.5	钢筋应平直、无局部弯折,成盘的钢筋和弯曲的钢筋在加工前均应调直。(JTG/T 3650:4.2.2)	□符合 □不符合	
	3.1.6	主钢筋的弯制和端部的弯钩应符合设计要求,设计未要求时,弯曲部位在末端的HPB300钢筋,弯曲角度为180°时,弯曲直径应不小于钢筋直径的2.5倍,平直段长度应不小于钢筋直径的3倍。HRB400的钢筋,弯曲角度为135°时,弯曲直径和平直段长度均不小于钢筋直径的5倍,弯曲角度为90°时,弯曲直径应不小于钢筋直径的5倍,平直段长度应不小于钢筋直径的10倍。(JTG/T 3650:4.2.4)	□符合 □不符合	
	3.1.7	主钢筋的弯制和端部的弯钩应符合设计要求,设计未要求时,弯曲部位在中间的,弯曲直径应不小于钢筋直径的20倍(不限钢筋种类)。(JTG/T 3650:4.2.4)	□符合 □不符合	
	3.1.8	箍筋的末端应做弯钩,弯钩的形状应符合设计规定。弯钩的弯曲直径应大于被箍受力主钢筋的直径,且HPB300钢筋应不小于箍筋直径的2.5倍,HRB400钢筋应不小于箍筋直径的5倍。弯钩平直部分的长度,一般结构应不小于箍筋直径的5倍;有抗震要求的结构,应不小于箍筋直径的10倍。(JTG/T 3650:4.2.5)	□符合 □不符合	
	3.1.9	钢筋弯曲加工时,应按设计一次弯曲成型,不得反复折弯,严禁热弯成型。(桥梁指南:3.1.2)	□符合 □不符合	

续上表

检查项目	序号	质量检查要点	检查结果	问题描述
钢筋加工	3.1.10	钢筋加工的允许偏差应符合下列规定：受力钢筋顺长度方向加工后的全长允许偏差为 ±10mm；弯起钢筋各部分尺寸允许偏差为 ±20mm；箍筋、螺旋筋各部分尺寸允许偏差为 ±5mm。（JTG/T 3650:4.2.6）	□符合 □不符合	
	3.1.11	受力钢筋的连接接头应设置在内力较小区段，并错开布置。例如：对于简支梁桥、悬浇梁桥宜设置在墩顶处，对于连续桥梁宜设置在距离墩顶 $L/5$ 处。（JTG/T 3650:4.3.2）	□符合 □不符合	
	3.1.12	受力钢筋的焊接接头和机械连接接头，在接头长度区段内，同一根钢筋不得有两个接头；对绑扎接头，两接头间的距离应不小于1.3倍搭接长度。（JTG/T 3650:4.3.2）	□符合 □不符合	
	3.1.13	配置在接头长度区段内的受力钢筋，受拉区主钢筋绑扎接头的截面面积不得超过总截面面积的25%，受压区主钢筋绑扎接头的截面面积不得超过总截面面积的50%；受拉区主钢筋焊接接头的截面面积不得超过总截面面积的50%，受压区主钢筋焊接接头的截面面积无限制。（JTG/T 3650:4.3.2）	□符合 □不符合	
	3.1.14	焊接时，对施焊场地应有适当的防风、雨、雪、严寒的设施。（JTG/T 3650:4.3.2）	□符合 □不符合	
	3.1.15	采用搭接电弧焊时，两钢筋搭接端部应预先折向一侧，两接合钢筋的轴线应保持一致。（JTG/T 3650:4.3.2）	□符合 □不符合	
	3.1.16	采用帮条电弧焊时，帮条应采用与主筋相同强度等级的钢筋，其总截面面积应不小于被焊接钢筋的截面面积。（JTG/T 3650:4.3.2）	□符合 □不符合	
	3.1.17	电弧焊接头的焊缝长度，对双面焊缝应不小于 $5d$（d 为钢筋直径），单面焊缝应不小于 $10d$。（JTG/T 3650:4.3.2）	□符合 □不符合	
	3.1.18	电弧焊接与钢筋弯曲处的距离应不小于 $10d$，且不宜位于构件的最大弯矩处。（JTG/T 3650:4.3.2）	□符合 □不符合	
	3.1.19	电弧焊接头的外观质量检查结果，应符合下列要求： (1) 焊缝表面应平整，不得有凹陷或焊瘤。 (2) 焊接接头区域不得有肉眼可见的裂纹。 (3) 咬边深度、气孔、夹渣等缺陷允许值及接头尺寸的允许偏差，应符合：横向咬边深度不超过 0.5mm；在长 $2d$ 焊缝表面上的气孔数量不得超过 2 个，夹渣面积不得超过 $6mm^2$。（JTG/T 3650:A.3.2）	□符合 □不符合	

续上表

检查项目	序号	质量检查要点	检查结果	问题描述
钢筋加工	3.1.20	气压焊接头的外观质量检查结果,应符合下列要求: (1)接头处的轴线偏移 e 不得大于钢筋直径的0.1倍,且不得大于1mm;当不同直径钢筋焊接时,应按较小钢筋直径计算。当大于上述规定值,但在钢筋直径的0.3倍以下时,可加热矫正;当大于0.3倍时,应切除重焊。 (2)接头处表面不得有肉眼可见的裂纹。 (3)接头处的弯折角不得大于2°;当大于规定值时,应重新加热矫正。 (4)镦粗长度 L 不得小于钢筋直径的1.0倍,且凸起部分应平缓圆滑;当小于上述规定值时,应重新加热镦长。(JTG/T 3650:A.5.2)	□符合 □不符合	
	3.1.21	钢筋机械连接接头的等级应选用Ⅰ级或Ⅱ级。钢筋机械连接件的最小混凝土保护层厚度,应符合设计受力主筋混凝土保护层厚度的规定,且不得小于20mm;连接件之间或连接件与钢筋之间的横向净距应不小于25mm。(JTG/T 3650:4.3.4)	□符合 □不符合	
	3.1.22	连接套筒、锁母、丝头等在运输和储存过程中应采取防护措施,防止雨淋、沾污和损伤。(JTG/T 3650:4.3.4)	□符合 □不符合	
	3.1.23	螺纹套筒的外观应符合以下要求: (1)套筒外表面可为加工表面或无缝钢管、圆钢的自然表面。 (2)应无肉眼可见裂纹或其他缺陷。 (3)套筒表面允许有锈斑或浮锈,不应有锈皮。 (4)套筒外圆及内孔应有倒角。 (5)套筒表面应有符合标准规定的标记和标志。(JG/T 163:5.2.1)	□符合 □不符合	
	3.1.24	挤压套筒的外观应符合以下要求: (1)套筒表面可为加工表面或无缝钢管、圆钢的自然表面。 (2)应无肉眼可见裂纹。 (3)套筒表面不应有明显起皮的严重锈蚀。 (4)套筒外圆及内孔应有倒角。 (5)套筒表面应有挤压标识和符合标准规定的标记和标志。(JG/T 163:5.2.2)	□符合 □不符合	
	3.1.25	镦粗套丝或直接套丝的钢筋端部必须采用带锯、砂轮锯或带圆弧形刀片的专用切断机切平,严禁用气割或其他热加工方法切断钢筋。下料切割断面应与钢筋轴线垂直,切割后断面必须平整,不得有马蹄形或变形,且在端部500mm长度范围内应圆直,不允许弯曲。(汇编 苏锡常指工〔2018〕58号:第七条)	□符合 □不符合	

续上表

检查项目	序号	质量检查要点	检查结果	问题描述
钢筋加工	3.1.26	钢筋直螺纹接头的连接安装应符合下列规定： 安装时可采用管钳扳手施拧紧固，被连接钢筋的端头应在套筒中心位置相互顶紧，标准型、正反丝型、异径型的接头在安装后其单侧外露螺纹宜不超过 $2p$（p 为螺纹的螺距）；对无法对顶的其他直螺纹连接接头，应采取附加锁紧螺母、顶紧凸台等措施紧固。安装完成后，应采用扭力扳手校核其拧紧扭矩。(JTG/T 3650:4.3.6)	□符合 □不符合	
	3.1.27	采用直螺纹机械连接时，内螺纹不得有缺牙、错牙、污染、生锈、机械损伤等现象。(桥梁指南:3.1.3)	□符合 □不符合	
	3.1.28	采用直螺纹机械连接时，丝头端面应平整、垂直；严格控制丝头长度，每加工 10 个丝头应采用通、止环规检查一次，丝头检验合格后应加护套防护，丝头不得有污染、生锈、机械损伤等现象。(桥梁指南:3.1.3)	□符合 □不符合	
	3.1.29	钢筋套筒挤压接头的连接安装应符合下列规定： 被连接钢筋的端部不得有局部弯曲、严重锈蚀和附着物。 钢筋端部应有挤压套筒后可检查钢筋插入深度的明显标记，钢筋端头与套筒长度中点的距离宜不超过 10mm。 挤压连接后，压痕处的套筒外径应为原套筒外径的 0.80～0.90 倍，套筒长度应为原套筒长度的 1.10～1.15 倍，且套筒不应有可见裂纹。(JTG/T 3650:4.3.7)	□符合 □不符合	
	3.1.30	钢筋的绑扎接头应符合下列规定： (1) 绑扎接头的末端距钢筋弯折处的距离，应不小于钢筋直径的 10 倍，接头不宜位于构件的最大弯矩处。 (2) 受拉钢筋绑扎接头的搭接长度，对于 HPB300 的钢筋，混凝土强度等级为 C25 时，搭接长度不小于 $40d$，混凝土强度等级大于或等于 C30 时，搭接长度不小于 $35d$；对于 HRB400 的钢筋，混凝土强度等级大于或等于 C30 时，搭接长度不小于 $45d$。受压钢筋绑扎接头的搭接长度，应取受拉钢筋绑扎接头搭接长度的 0.7 倍。 (3) 受拉区内 HPB300 钢筋绑扎接头的末端应做弯钩；HRB400、HRBF400、HRB500 和 RRB400 钢筋的绑扎接头末端可不做弯钩；直径不大于 12mm 的受压 HPB300 钢筋的末端可不做弯钩，但搭接长度应不小于钢筋直径的 30 倍。钢筋搭接处，应在其中心和两端用绑丝扎牢。(JTG/T 3650:4.3.8)	□符合 □不符合	
	3.1.31	焊丝表面应光滑，无毛刺、划痕、锈蚀、氧化皮等缺陷，也不应有其他不利于焊接操作或对焊缝金属有不良影响的杂质。铜镀焊丝的镀层应均匀牢固，不应出现起鳞与剥离。(GB/T 25775:5.2)	□符合 □不符合	

续上表

检查项目	序号	质量检查要点	检查结果	问题描述
钢筋绑扎与安装	3.1.32	钢筋的绑扎钢筋的交叉点宜采用直径0.7~2.0mm的铁丝扎牢,必要时可采用点焊焊牢。(JTG/T 3650:4.4.1)	□符合 □不符合	
	3.1.33	绑扎宜采取逐点改变绕丝方向的8字形方式交错扎结,对直径25mm及以上的钢筋,宜采取双对角线的十字形方式扎结。(JTG/T 3650:4.4.1)	□符合 □不符合	
	3.1.34	结构或构件拐角处的钢筋交叉点应全部绑扎;中间平直部分的交叉点可交错绑扎,但绑扎的交叉点宜占全部交叉点的40%以上。(JTG/T 3650:4.4.1)	□符合 □不符合	
	3.1.35	扎丝绑扎时丝头朝结构内弯,防止丝头进入混凝土保护层,产生锈蚀。(桥梁指南3.1.4)	□符合 □不符合	
	3.1.36	防撞墙钢筋宜一次性整体预埋到位,并与梁体钢筋点焊固定。(桥梁指南:3.1.4)	□符合 □不符合	
	3.1.37	混凝土浇筑后,对外露时间较长的预留(埋)钢筋,应采取有效的防锈措施。(桥梁指南:3.1.4)	□符合 □不符合	
	3.1.38	钢筋骨架的保护层宜使用梅花饼形、圆饼形等高强砂浆垫块,其强度不得低于混凝土强度。(桥梁指南:3.1.4)	□符合 □不符合	
	3.1.39	安装箱梁腹板和底板、顶板钢筋时,应将腹板和底板、顶板钢筋连接牢固,且宜采用焊接方式,顶板底层横向钢筋宜采用通长钢筋。(桥梁指南:3.1.4)	□符合 □不符合	
	3.1.40	所有钢筋应准确安设。当浇筑混凝土时,用支承将钢筋牢固固定。钢筋应可靠地系紧在一起,不允许在浇筑混凝土时安设或插入钢筋。(招标文件:403.04-4)	□符合 □不符合	
	3.1.41	桥面板钢筋的所有交叉点均应绑扎或焊接,以避免在浇筑混凝土时钢筋移位。但两个方向的钢筋中距均小于300mm时,则可隔一个交叉点进行绑扎或焊接。(招标文件:403.04-4)	□符合 □不符合	
	3.1.42	用于保证钢筋固定于正确位置的预制混凝土垫块,用1.3mm直径的退火软铁丝预埋于垫块内,以便与钢筋绑扎。不得用卵石、碎石或碎砖、金属管及木块作为钢筋的垫块。(招标文件:403.04-4)	□符合 □不符合	
	3.1.43	钢筋的垫块间距在纵横向均不得大于1.2m。桥面板混凝土的钢筋安设按照图纸要求,在竖向不应有大于±5mm的偏差。(招标文件:403.04-4)	□符合 □不符合	
	3.1.44	垫块应相互错开、分散设置在钢筋与模板之间。(JTG/T 3650:4.4.4)	□符合 □不符合	

续上表

检查项目	序号	质量检查要点	检查结果	问题描述
钢筋绑扎与安装	3.1.45	垫块在结构或构件侧面和底面所布设的数量应不少于4个/m^2，重要部位宜适当加密。(JTG/T 3650:4.4.4)	□符合 □不符合	
	3.1.46	垫块应与钢筋绑扎牢固，且绑丝及其丝头均不应进入混凝土保护层内。(JTG/T 3650:4.4.4)	□符合 □不符合	
	3.1.47	灌注桩钢筋骨架外侧应设置控制混凝土保护层厚度的垫块，垫块的间距在竖向应不大于2m，在横向圆周应不少于4处。垫块厚度应不小于40mm。(桥梁指南:3.1.4)	□符合 □不符合	
	3.1.48	钢筋网片间或钢筋网格间，应相互搭接，使其能保持强度均匀，且应在端部及边缘牢固连接。其边缘搭接长度应不小于一个网眼。(招标文件:403.04-4)	□符合 □不符合	
	3.1.49	**钢筋安装应保证设计要求的钢筋根数。**(JTG F80/1:8.3.1)	□符合 □不符合	
	3.1.50	受力钢筋间距允许偏差：两排以上排距的允许偏差为±5mm，梁、板、拱肋及拱上建筑允许偏差为±10mm，基础、锚碇、墩台身、墩柱允许偏差为±20mm。对于箍筋、构造钢筋、螺旋筋间距的允许偏差为±10mm。(JTG F80/1:8.3.1)	□符合 □不符合	
	3.1.51	钢筋的保护层厚度应在模板安装完成后混凝土浇筑前检查。保护层厚度的允许偏差：梁、板、拱肋及拱上建筑为±5mm；基础、锚碇、墩台身、墩柱为±10mm。(JTG F80/1:8.3.1)	□符合 □不符合	
	3.1.52	架立钢筋或短钢筋的端头不得伸入混凝土保护层内。(JTG/T 3650:4.4.3)	□符合 □不符合	
	3.1.53	半成品钢筋和钢筋骨架采用整体方式安装时，宜设置专用胎架或卡具等进行辅助定位。安装过程中应采取保证整体刚度及防止变形的措施。(JTG/T 3650:4.4.3)	□符合 □不符合	
	3.1.54	钢筋骨架的焊接拼装应在坚固的工作台上进行。拼装时，在需要焊接的位置宜采用楔形卡卡紧，防止焊接时局部变形。(JTG/T 3650:4.4.5)	□符合 □不符合	
	3.1.55	钢筋骨架焊接时，不同直径钢筋的中心线应在同一平面上。(JTG/T 3650:4.4.5)	□符合 □不符合	
	3.1.56	灌注桩钢筋骨架制作时应采取必要措施，保证骨架的刚度，主筋的接头应错开布置。(JTG/T 3650:4.4.7)	□符合 □不符合	
	3.1.57	灌注桩钢筋骨架在安装时，其顶端应设置吊环。(JTG/T 3650:4.4.7)	□符合 □不符合	

续上表

检查项目	序号	质量检查要点	检查结果	问题描述
钢筋绑扎与安装	3.1.58	灌注桩钢筋安装允许偏差:主筋间距±10mm;箍筋或螺旋筋间距±20mm;骨架外径或厚、宽±10mm;钢筋骨架长度±100mm;保护层厚度(-10mm,+20mm)。(JTG F80/1:表8.3.1-4)	□符合 □不符合	
	3.1.59	吊挂钢筋骨架的吊环应采用未经冷拉的热轧光圆钢筋制作。(桥梁指南:4.1.4)	□符合 □不符合	
	3.1.60	绑扎或焊接的钢筋骨架和钢筋网不得有变形、松脱和开焊。(JTG/T 3650:4.4.8)	□符合 □不符合	
其他				

规范性引用文件如下:
《公路工程标准施工招标文件》(2018年版·第二册)(交通运输部公告2017年第51号)
《焊接材料供货技术条件 产品类型、尺寸、公差和标志》(GB/T 25775—2010)
《公路工程质量检验评定标准 第一册 土建工程》(JTG F80/1—2017)
《公路桥涵施工技术规范》(JTG/T 3650—2020)
《钢筋机械连接用套筒》(JG/T 163—2013)
《江苏省高速公路施工标准化指南 第五分册 桥梁工程》(苏交建〔2011〕40号)
《江苏省交通工程建设局技术文件汇编》(2019年版)

总体评价:本次检查_____项,符合_____项,不符合_____项,符合率为_____%。

检查单位_____ 检查人_____ 检查日期_____

3.2 模板、支架

施工标段_____ 检查部位(工点)_____

检查项目	序号	质量检查要点	检查结果	问题描述
一般规定	3.2.1	模板的板面应平整,接缝处应严密且不漏浆;模板与混凝土的接触面应涂刷隔离剂,但不得采用废机油等油料,且不得污染钢筋及混凝土的施工缝。(JTG/T 3650:5.1.2)	□符合 □不符合	
	3.2.2	在模板上设置的吊环应采用**HPB300钢筋,严禁采用冷加工钢筋制作**。(JTG/T 3650:5.1.4)	□符合 □不符合	
	3.2.3	模板内应无污物、砂浆及其他杂物。(招标文件:402.04-5)	□符合 □不符合	
模板的安装	3.2.4	安装侧模板时,支撑应牢固,应防止模板在浇筑混凝土时产生移位。(JTG/T 3650:5.3.2)	□符合 □不符合	
	3.2.5	模板安装完成后,其尺寸、平面位置和顶部高程等应符合设计要求,节点联系应牢固。(JTG/T 3650:5.3.2)	□符合 □不符合	
	3.2.6	梁、板等结构的底模板宜根据需要设置预拱度。(JTG/T 3650:5.3.2)	□符合 □不符合	
	3.2.7	固定在模板上的预埋件和预留孔洞均不得遗漏,安装应牢固,位置应准确。(JTG/T 3650:5.3.2)	□符合 □不符合	
	3.2.8	模板安装使用的对拉杆应外套聚氯乙烯(PVC)管。(桥梁指南:3.2.3)	□符合 □不符合	
	3.2.9	模板开孔时应采用机械钻孔且应布置规则、整齐,不得采用焊割或氧割。(桥梁指南:3.2.3)	□符合 □不符合	
	3.2.10	模板安装后如不能立即浇筑混凝土时,应预留出渣口,应在混凝土浇筑前清理板内杂物。(桥梁指南:3.2.3)	□符合 □不符合	
	3.2.11	模板安装的检查项目中,模板尺寸允许偏差为:上部结构的所有构件:(0mm, +5mm);基础±30mm;墩台±20mm。(JTG/T 3650:5.3.6-2表)	□符合 □不符合	

续上表

检查项目	序号	质量检查要点	检查结果	问题描述
支架的安装	3.2.12	支架应按施工图设计的要求进行安装。立柱应垂直,节点连接应可靠。(JTG/T 3650:5.4.2)	□符合 □不符合	
	3.2.13	**高支架应设置足够的斜向连接、扣件或缆风绳,横向稳定应有保证措施。**(JTG/T 3650:5.4.2)	□符合 □不符合	
	3.2.14	支架在安装完成后,应对其平面位置、顶部高程、节点连接及纵、横向稳定性进行全面检查,符合要求后,方可进行下一工序。(JTG/T 3650:5.4.2)	□符合 □不符合	
	3.2.15	在浇筑混凝土及砌筑拱圈过程中,承包人应随时测量和记录拱架和支架的变形及沉降量。(招标文件:402.04-9)	□符合 □不符合	
	3.2.16	**现浇混凝土的梁(板)结构,在支架架设后,应对支架进行预压,加载支架上的预压荷载应不小于梁(板)自重。**(招标文件:402.04-12)	□符合 □不符合	
	3.2.17	支架应结合模板的安装一并考虑设置预拱度和卸落装置。(JTG/T 3650:5.4.4)	□符合 □不符合	
模板、支架的拆除	3.2.18	模板、支架的拆除应遵循"后支先拆、先支后拆"的顺序进行。墩、台的模板宜在其上部结构施工前拆除。(JTG/T 3650:5.5.6)	□符合 □不符合	
	3.2.19	拆除梁、板等结构的承重模板时,在横向应同时、在纵向应对称均衡卸落。(JTG/T 3650:5.5.7)	□符合 □不符合	
	3.2.20	简支梁、连续梁结构的模板宜从跨中向支座方向依次循环卸落;悬臂梁结构的模板宜从悬臂端开始顺序卸落。(JTG/T 3650:5.5.7)	□符合 □不符合	
	3.2.21	模板拆模不宜过早,尤其在昼夜温差大于15℃时,应延迟1~2d,且尽量在升温阶段拆模。(桥梁指南:3.2.5)	□符合 □不符合	
	3.2.22	**模板、支架拆除时,不得损伤混凝土结构。**(JTG/T 3650:5.5.8)	□符合 □不符合	
其他				

规范性引用文件如下:
《公路工程标准施工招标文件》(2018年版·第二册)(交通运输部公告2017年第51号)
《公路桥涵施工技术规范》(JTG/T 3650—2020)
《江苏省高速公路施工标准化指南 第五分册 桥梁工程》(苏交建〔2011〕40号)

总体评价:本次检查_____项,符合_____项,不符合_____项,符合率为_____%。

检查单位_____ 检查人_____ 检查日期_____

3.3 混 凝 土

施工标段_____ 检查部位(工点)_____

检查项目	序号	质量检查要点	检查结果	问题描述
材料存储	3.3.1	混凝土用水泥、矿物掺合料等应采用散料仓分别存储。袋装粉状材料在运输和存放期间应用专用库房存放,不得露天堆放,且应特别注意防潮。(DB32/T 1717:8.1.3)	□符合 □不符合	
	3.3.2	用于工程的砂石料,应根据材料品种、级配范围分仓存放,不得混堆或交叉堆放,并应设置明显标识。(建设指南:3.2.5)	□符合 □不符合	
	3.3.3	包括拌和设备储料斗在内的所有粗、细集料堆放场,应架设轻型钢结构顶棚,钢结构顶棚高度应不低于7m,并能满足施工需要。夏季施工时,应配备水及降温设备。(建设指南:3.2.5)	□符合 □不符合	
	3.3.4	集料堆场应事先进行硬化处理,并设置必要的排水设施。(DB32/T 1717:8.1.5)	□符合 □不符合	
	3.3.5	外加剂应按生产厂家、品种分别储存,并应具有防止其劣化变质的措施。(DB32/T 1717:8.1.6)	□符合 □不符合	
原材料	3.3.6	细集料不得采用海砂。(JTG/T 3650:6.3.1)	□符合 □不符合	
	3.3.7	混凝土用水中不应有漂浮明显的油脂和泡沫,且不应有明显的颜色和异味。(JTG/T 3650:6.5.2)	□符合 □不符合	
	3.3.8	在钢筋混凝土和预应力混凝土中,均不得掺用氯化钙、氯化钠等氯盐。(JTG/T 3650:6.8.5)	□符合 □不符合	
混凝土的拌制	3.3.9	混凝土应采用带有自动计量、进料和控制搅拌时间的强制式搅拌机进行拌制。(桥梁指南:3.3.9)	□符合 □不符合	
	3.3.10	计量器具应定期检定,搅拌机经大修、中修或迁移至新的地点后,也应进行检定;混凝土生产单位应每月自检一次。(桥梁指南:3.3.9)	□符合 □不符合	
	3.3.11	拌制混凝土所用的各项固体原材料应按质量进行计量投料,水和液体外加剂可按体积进行计量投料。配料数量的允许质量偏差对于水泥、干燥状态的掺合料为±1%,粗、细集料为±2%,水、外加剂为±1%。(JTG/T 3650:6.9.1)	□符合 □不符合	

续上表

检查项目	序号	质量检查要点	检查结果	问题描述
混凝土的拌制	3.3.12	混凝土拌合物应搅拌均匀、颜色一致,不得有离析和泌水现象。(JTG/T 3650:6.9.4)	□符合 □不符合	
	3.3.13	自密实混凝土应采用集中搅拌方式生产,搅拌时间应不少于60s。(JTG/T 3650:6.13.5)	□符合 □不符合	
	3.3.14	配制高强混凝土必须准确控制用水量。除事先规定的部分用水可留在现场补加外,严禁在材料出机后再加水。(招标文件:410.10-4)	□符合 □不符合	
	3.3.15	配制高强混凝土加入减水剂后,混凝土拌合料在搅拌机中继续搅拌的时间,当用粉剂时不得少于60s,当用溶液时不得少于30s。(招标文件:410.10-4)	□符合 □不符合	
	3.3.16	高性能混凝土搅拌时,宜先投入细集料和掺合料干拌均匀,再加水泥和部分拌和用水搅拌,最后加入粗集料、外加剂溶液及剩余拌和用水,搅拌至均匀为止。上述每一阶段的搅拌时间均应不少于30s,总搅拌时间应比常规混凝土延长40s以上。(JTG/T 3650:6.15.11)	□符合 □不符合	
	3.3.17	混凝土中掺加钢筋阻锈剂溶液时,拌合物的搅拌时间应延长1min,采用粉剂时应延长3min。(JTG/T 3650:6.15.11)	□符合 □不符合	
	3.3.18	混凝土拌合物的坍落度:应在搅拌地点和浇筑地点分别取样检测,每一工作班或每一单元结构物不应少于两次。评定时应以浇筑地点的测量值为准。(桥梁指南:3.3.9)	□符合 □不符合	
混凝土的运输	3.3.19	对寒冷、严寒或炎热的天气情况,搅拌运输车的搅拌罐和泵送管应有保温或隔热措施。(JTG/T 3650:6.10.1)	□符合 □不符合	
	3.3.20	采用吊斗或其他方式运输时,运输距离不宜超过100m且不得使混凝土产生离析。(JTG/T 3650:6.10.1)	□符合 □不符合	
	3.3.21	混凝土的供应宜使输送混凝土的泵连续工作,泵送的间歇时间不宜超过15min。(JTG/T 3650:6.10.3)	□符合 □不符合	
	3.3.22	输送管应顺直,转弯处应圆缓,接头应严密、不漏气。向低处泵送混凝土时,应采取必要措施,防止混凝土离析或堵塞输送管。(JTG/T 3650:6.10.3)	□符合 □不符合	
混凝土的浇筑	3.3.23	浇筑混凝土前应对支架、模板、钢筋和预埋件等进行检查,模板内的杂物、积水及钢筋上的污物应清理干净。模板如有缝隙或孔洞时,应堵塞严密且不漏浆。(JTG/T 3650:6.11.1)	□符合 □不符合	

续上表

检查项目	序号	质量检查要点	检查结果	问题描述
混凝土的浇筑	3.3.24	浇筑混凝土前应对混凝土的均匀性和坍落度等性能进行检测。（JTG/T 3650:6.11.1）	□符合 □不符合	
	3.3.25	混凝土在浇筑前,混凝土的温度应维持10~32℃之间。（招标文件:410.10-1）	□符合 □不符合	
	3.3.26	泵送混凝土在浇筑之前,先泵送一部分水泥砂浆,以润滑管道。而后,最先泵出的混凝土应废弃,直到排出监理人认可的、质量一致的、和易性好的混凝土为止。（招标文件:410.10-2）	□符合 □不符合	
	3.3.27	泵机开始工作后,中途不得停机,如非停机不可,停机时间一般不应超过30min,炎热气候下停机不能超过10min。停机期间应每隔一定时间启动泵机,防止混凝土凝结堵塞管道。（招标文件:410.10-2）	□符合 □不符合	
	3.3.28	自高处向模板内倾卸混凝土时,应防止混凝土离析。直接倾卸时,其自由倾落高度宜不超过2m;超过2m时,应通过串筒、溜管（槽）或振动溜管（槽）等设施下落;倾落高度超过10m时,应设置减速装置。（JTG/T 3650:6.11.2）	□符合 □不符合	
	3.3.29	混凝土应按一定厚度、顺序和方向分层浇筑,且应在下层混凝土初凝或重塑前浇筑完成上层混凝土。（JTG/T 3650:6.11.3）	□符合 □不符合	
	3.3.30	混凝土上下层同时浇筑时,上层与下层的前后浇筑距离应保持1.5m以上。（JTG/T 3650:6.11.3）	□符合 □不符合	
	3.3.31	在倾斜面上浇筑混凝土时,应从低处开始逐层扩展升高,并保持水平分层。（JTG/T 3650:6.11.3）	□符合 □不符合	
	3.3.32	**混凝土分层浇筑厚度**:对于采用插入式和附着式振动器,浇筑厚度宜不超过**300mm**;采用表面振动器,无筋或配筋稀疏时,浇筑厚度宜不超过**250mm**,配筋较密时,宜不超过**150mm**。（JTG/T 3650:6.11.3）	□符合 □不符合	
	3.3.33	混凝土的运输、浇筑及间歇的全部时间宜不超出以下规定:混凝土强度等级≤C30,气温≤25℃时,不宜超出210min,气温>25℃时,不宜超出180min;混凝土强度等级>C30,气温≤25℃时,不宜超出180min,气温>25℃时,不宜超出150min;超出时应按浇筑中断处理,并应留置施工缝,同时应做记录。（JTG/T 3650:6.11.5）	□符合 □不符合	
	3.3.34	浇筑混凝土期间,应随时检查支架、模板、钢筋、预应力管道和预埋件等的稳固情况,并应及时填写混凝土施工记录。（JTG/T 3650:6.11.7）	□符合 □不符合	

续上表

检查项目	序号	质量检查要点	检查结果	问题描述
混凝土的浇筑	3.3.35	对大体积混凝土宜采用遮盖原材料、材料提前入仓、冷水拌制等方式降低原材料温度。(桥梁指南 3.3.13)	□符合 □不符合	
	3.3.36	大体积混凝土分层浇筑时,在上层混凝土浇筑之前应对下层混凝土的顶面进行凿毛处理,且新浇筑混凝土与下层已浇筑混凝土的温差宜小于20℃,并应采取措施将各层间的浇筑间歇期控制在7d以内。(JTG/T 3650:6.13.2)	□符合 □不符合	
	3.3.37	大体积混凝土分块浇筑时,块与块之间的竖向接缝面应平行于结构物的短边,并应在浇筑完成拆模后按施工缝的要求进行凿毛处理。(JTG/T 3650:6.13.2)	□符合 □不符合	
	3.3.38	大体积混凝土分块施工所形成的后浇段,应在对大体积混凝土实施温度控制且其温度场趋于稳定后方可浇筑;后浇段宜采用微膨胀混凝土,并应一次浇筑完成。(JTG/T 3650:6.13.2)	□符合 □不符合	
	3.3.39	大体积混凝土的浇筑宜在气温较低时进行,但混凝土的入模温度应不低于5℃;热期施工时,宜采取措施降低混凝土的入模温度,且其入模温度宜不高于28℃。(JTG/T 3650:6.13.2)	□符合 □不符合	
	3.3.40	自密实混凝土浇筑时的最大水平流动距离应根据浇筑部位的具体情况确定,且最大不宜超过7m。(JTG/T 3650:6.13.5)	□符合 □不符合	
	3.3.41	自密实混凝土的最大自由倾落高度:浇筑基础、实心墩、承台等无筋或少筋结构时,宜不大于9m。(JTG/T 3650:6.13.5)	□符合 □不符合	
	3.3.42	自密实混凝土的最大自由倾落高度:浇筑薄壁墩、梁等钢筋较密的结构时,宜不大于5m,超过时应采用串筒、溜槽或溜管等辅助装置进行浇筑。(JTG/T 3650:6.13.5)	□符合 □不符合	
	3.3.43	高性能混凝土入模温度宜不超过28℃,新浇混凝土与已浇并硬化混凝土或岩土介质之间的温差应不大于20℃,混凝土表面的接触物与混凝土表面温度之差应不大于15℃。(JTG/T 3650:6.15.13)	□符合 □不符合	
	3.3.44	高性能混凝土的浇筑应连续进行,在振捣过程中应控制混凝土的均匀性和密实性,同时应在浇筑及静置过程中采取防止裂缝的有效措施,对混凝土的沉降及塑性干缩产生的表面裂纹,应及时予以处理。(JTG/T 3650:6.15.13)	□符合 □不符合	
	3.3.45	应根据施工对象及混凝土拌合物性质选择适当的混凝土振捣器,振动时间不宜过长,以表面呈现水泥浆且明显无气泡为止。(DB32/T 1717:8.6.6)	□符合 □不符合	

续上表

检查项目	序号	质量检查要点	检查结果	问题描述
混凝土的浇筑	3.3.46	严禁通过洒水辅助抹面。(JTG/T 3650:6.15.13)	□符合 □不符合	
	3.3.47	混凝土初凝至达到拆模强度之前,模板不得振动,伸出的钢筋不得承受外力。(招标文件:410.10-1)	□符合 □不符合	
	3.3.48	外观质量检查前,结构混凝土的表面不得进行涂饰。(JTG F80/1:附录 P.0.2)	□符合 □不符合	
施工缝的设置和处理	3.3.49	施工缝的位置应在混凝土浇筑之前确定,且宜设置在结构受剪力和弯矩较小且便于施工的部位。(JTG/T 3650:6.11.6)	□符合 □不符合	
	3.3.50	施工缝处混凝土表面的光滑表层、松弱层应予凿除,凿毛的最小深度应不小于8mm。经凿毛处理后的混凝土面,新混凝土浇筑前,应采用洁净水冲洗干净。(JTG/T 3650:6.11.6)	□符合 □不符合	
	3.3.51	不得采用混凝土表面(混凝土终凝前)划痕或插捣等方式代替凿毛。(桥梁指南:3.3.11)	□符合 □不符合	
	3.3.52	施工缝处混凝土应保持潮湿状态,直到浇筑新混凝土。(招标文件:410.14-3)	□符合 □不符合	
	3.3.53	在浇筑新混凝土时,老混凝土强度必须达到1.2MPa,如为钢筋混凝土,须达到2.5MPa。同时在老混凝土面上水平缝抹一层厚10~20mm 的1:2水泥砂浆,竖直缝抹一层薄纯水泥浆。(招标文件:410.14-4)	□符合 □不符合	
	3.3.54	对重要部位及有抗震要求的混凝土结构或钢筋稀疏的钢筋混凝土结构,宜在施工缝处补插适量的锚固钢筋。(JTG/T 3650:6.11.6)	□符合 □不符合	
	3.3.55	补插的锚固钢筋直径可比结构主筋小一个规格,间距宜不小于150mm,插入和外露的长度均不宜小于300mm。(JTG/T 3650:6.11.6)	□符合 □不符合	
	3.3.56	有抗渗要求的混凝土,其施工缝宜做成凹形、凸形或设置止水带;施工缝为斜面时应浇筑成或凿成台阶状。(JTG/T 3650:6.11.6)	□符合 □不符合	
	3.3.57	施工缝混凝土的浇筑应连续进行,暴露在可见面的施工缝边线,应特别注意加以修饰,做到线条及高度整齐。(招标文件:410.14-6)	□符合 □不符合	

续上表

检查项目	序号	质量检查要点	检查结果	问题描述
混凝土的养护	3.3.58	混凝土浇筑完成后,应在其收浆后尽快予以覆盖并洒水保湿养护。(JTG/T 3650:6.12.2)	□符合 □不符合	
	3.3.59	对干硬性混凝土、高强度和高性能混凝土、炎热天气浇筑的混凝土以及桥面等大面积裸露的混凝土,应加强初始保湿养护,具备条件的可在浇筑完成后立即加设棚罩,待收浆后再予以覆盖和洒水养护,覆盖时不得损伤或污染混凝土表面。(JTG/T 3650:6.12.2)	□符合 □不符合	
	3.3.60	混凝土表面有模板覆盖时,应在养护期间使模板保持湿润。(JTG/T 3650:6.12.3)	□符合 □不符合	
	3.3.61	拆除模板后,仍应对混凝土进行覆盖和洒水养护,直至达到规定的养护期限。(JTG/T 3650:6.12.3)	□符合 □不符合	
	3.3.62	在低温、干燥或大风环境下拆除模板时,应采取必要的覆盖、保温等措施,防止混凝土表面产生裂缝。(JTG/T 3650:6.12.3)	□符合 □不符合	
	3.3.63	混凝土的养护严禁采用海水。混凝土的洒水保湿养护时间应不少于7d。(JTG/T 3650:6.12.4)	□符合 □不符合	
	3.3.64	对重要工程或有特殊要求的混凝土,应根据环境湿度、温度、水泥品种,以及掺用的外加剂和掺合料等情况,酌情延长养护时间,并应使混凝土表面始终保持湿润状态。(JTG/T 3650:6.12.4)	□符合 □不符合	
	3.3.65	当气温低于5℃,应采取保温养护措施,不得向混凝土表面洒水。(JTG/T 3650:6.12.4)	□符合 □不符合	
	3.3.66	新浇筑的混凝土与流动的地表水或地下水接触时,应采取临时防护措施,保证混凝土在7d以内且强度达到设计强度的50%以前,不受水的冲刷侵袭。(JTG/T 3650:6.12.5)	□符合 □不符合	
	3.3.67	当环境水具有侵蚀作用时,应保证混凝土在10d以内且强度达到设计强度的70%以前,不受水的侵袭。(JTG/T 3650:6.12.5)	□符合 □不符合	
	3.3.68	混凝土处于冻融循环作用的环境时,宜在结冰期到来4周前完成浇筑施工,且混凝土强度未达到设计强度等级的80%前不得受冻。(JTG/T 3650:6.12.5)	□符合 □不符合	

续上表

检查项目	序号	质量检查要点	检查结果	问题描述
混凝土的养护	3.3.69	大体积混凝土的温度控制宜按照"内降外保"的原则,对混凝土内部采取设置冷却水管通循环水冷却措施,对混凝土外部采取覆盖蓄热或蓄水保温等措施。在混凝土内部通水降温时,进出口水的温差宜小于或等于10℃,且水温与内部混凝土的温差宜不大于20℃,降温速率宜不大于2℃/d;利用冷却水管中排出的降温用水在混凝土顶面蓄水保温养护时,养护水温度与混凝土表面温度的差值应不大于15℃。(JTG/T 3650:6.13.2)	□符合 □不符合	
	3.3.70	大体积混凝土采用硅酸盐水泥或普通硅酸盐水泥时,其浇筑后的养护时间不宜少于14d,采用其他品种水泥时不宜少于21d。在寒冷天气或遇气温骤降天气时浇筑的混凝土,除应对其外部加强覆盖保温外,尚宜适当延长养护时间。(JTG/T 3650:6.13.2)	□符合 □不符合	
	3.3.71	自密实混凝土的养护时间应不少于14d。(JTG/T 3650:6.13.5)	□符合 □不符合	
外观质量	3.3.72	梁、板、拱、墩台身、盖梁、塔柱、防撞护栏、挡块、伸缩装置锚固块、封锚、小型预制构件等不得存在宽度超过设计规定限值的非受力裂缝;全预应力及A类预应力混凝土构件不得存在受力裂缝,B类预应力构件和钢筋混凝土构件不得存在宽度超过设计和相关规范限值的受力裂缝。(JTG F80/1:附录P.0.3)	□符合 □不符合	
	3.3.73	不得存在孔洞、露筋。主要受力部位不得存在蜂窝;其他部位:不得存在单个蜂窝面积大于$0.02m^2$,或蜂窝总面积超过所在面面积的1%,或深度超过10mm及1/2保护层厚度的蜂窝。(JTG F80/1:附录P.0.3)	□符合 □不符合	
	3.3.74	预制构件:麻面总面积不得超过所在面面积的2%。其他结构或构件:麻面总面积不得超过所在面面积的3%。(JTG F80/1:附录P.0.3)	□符合 □不符合	
	3.3.75	不得有影响结构使用功能或构件安装的外形缺陷,不得有深度超过1/2保护层厚度的啃边、崩角。(JTG F80/1:附录P.0.3)	□符合 □不符合	
	3.3.76	预制构件:掉皮、起砂、污染不得超过所在面面积的2%。其他构件:掉皮、起砂、污染不得超过所在面面积的3%。(JTG F80/1:附录P.0.3)	□符合 □不符合	

续上表

检查项目	序号	质量检查要点	检查结果	问题描述
其他				

规范性引用文件如下：
《公路工程标准施工招标文件》(2018年版·第二册)(交通运输部公告2017年第51号)
《公路工程质量检验评定标准 第一册 土建工程》(JTG F80/1—2017)
《公路桥涵施工技术规范》(JTG/T 3650—2020)
《大跨径桥梁高性能混凝土质量控制》(DB32/T 1717—2011)
《江苏省高速公路施工标准化指南 第一分册 工地建设》(苏交建〔2011〕40号)
《江苏省高速公路施工标准化指南 第五分册 桥梁工程》(苏交建〔2011〕40号)

总体评价：本次检查_____项，符合_____项，不符合_____项，符合率为_____%。

检查单位_____ 检查人_____ 检查日期_____

3.4 预应力

施工标段_____ 检查部位(工点)_____

检查项目	序号	质量检查要点	检查结果	问题描述
预应力筋及制作	3.4.1	预应力筋应保持清洁,在存放和搬运过程中应避免使其产生机械损伤和有害的锈蚀。(JTG/T 3650:7.2.3)	□符合 □不符合	
	3.4.2	**预应力筋的下料,应采用切断机或砂轮锯切断,严禁采用电弧切割。**(JTG/T 3650:7.2.4)	□符合 □不符合	
	3.4.3	制作挤压锚时,模具与挤压锚应配套使用,挤压锚具的外表面应涂润滑介质,挤压力和挤压操作应符合产品使用说明书的规定。(JTG/T 3650:7.2.6)	□符合 □不符合	
	3.4.4	挤压后的预应力筋外端应露出挤压套筒 2～5mm。(JTG/T 3650:7.2.6)	□符合 □不符合	
	3.4.5	钢绞线压花锚挤压成型时,表面应清洁、无油污,梨形头的尺寸和直线段长度应不小于设计值。(JTG/T 3650:7.2.6)	□符合 □不符合	
	3.4.6	环氧涂层钢绞线不得用于制作压花锚。(JTG/T 3650:7.2.6)	□符合 □不符合	
	3.4.7	预应力筋由多根钢丝或钢绞线组成,且当采取整束穿入孔道内时应预先编束,编束时应将钢丝或钢绞线逐根理顺,防止缠绕,并应每隔 1～1.5m 捆绑一次,使其绑扎牢固、顺直。(JTG/T 3650:7.2.7)	□符合 □不符合	
锚具、夹具和连接器	3.4.8	锚具、夹具和连接器在存放、搬运及使用期间均应妥善防护,避免锈蚀、沾污、遭受机械损伤、混淆和散失,临时性的防护措施应不影响其安装和永久性防腐的实施。(JTG/T 3650:7.3.7)	□符合 □不符合	
	3.4.9	**预应力筋用锚具产品应配套使用,同一结构或构件中应采用同一生产厂的产品,工作锚不得作为工具锚使用。**夹片式锚具的限位板和工具锚宜采用与工作锚同一生产厂的配套产品。(JTG/T 3650:7.3.8)	□符合 □不符合	
管道	3.4.10	设置于混凝土中的刚性或半刚性管道不应有漏浆现象。(JTG/T 3650:7.4.1)	□符合 □不符合	

续上表

检查项目	序号	质量检查要点	检查结果	问题描述
管道	3.4.11	刚性管道应是壁厚不小于2mm的平滑钢管,且应具有光滑的内壁并可被弯曲成适当的形状而不出现卷曲或被压扁;半刚性管道应是波纹状的金属管或高密度聚乙烯塑料管,且金属波纹管宜采用镀锌钢带制作,壁厚宜不小于0.3mm。(JTG/T 3650:7.4.2)	□符合 □不符合	
	3.4.12	塑料波纹管的外观应光滑、色泽均匀,内外壁不允许有隔体破裂、气泡、裂口及影响使用的划伤。(招标文件:411.03-3)	□符合 □不符合	
	3.4.13	波纹管在搬运时应采用非金属绳捆扎,或采用专用框架装载,不得抛掷或在地面上拖拉。(JTG/T 3650:7.4.4)	□符合 □不符合	
	3.4.14	波纹管在存放时应远离热源及可能遭受各种腐蚀性气体、介质影响的地方,存放时间宜不超过6个月,在室外存放时不得直接堆于地面,应支垫并遮盖。(JTG/T 3650:7.4.4)	□符合 □不符合	
	3.4.15	**管道应安装牢固,接头密合,弯曲圆顺。锚垫板平面应与孔道轴线垂直。**(招标文件:411.11-1)	□符合 □不符合	
	3.4.16	浇筑混凝土前,应对预埋于混凝土中的锚具、管道和钢筋等进行全面检查验收,符合要求后方可开始浇筑。(JTG/T 3650:7.5.1)	□符合 □不符合	
施加预应力	3.4.17	预应力筋的张拉宜采用穿心式双作用千斤顶,整体张拉或放张宜采用具有自锚功能的千斤顶;张拉千斤顶的额定张拉力宜为所需张拉力的1.5倍,且不得小于1.2倍。(JTG/T 3650:7.6.1)	□符合 □不符合	
	3.4.18	与千斤顶配套使用的压力表应选用防振型产品,其最大读数应为张拉力的1.5~2.0倍,标定精度应不低于1.0级。张拉机具设备应与锚具产品配套使用,并应在使用前进行校正、检验和标定。(JTG/T 3650:7.6.1)	□符合 □不符合	
	3.4.19	张拉用的千斤顶与压力表应配套标定、配套使用,标定应在经国家授权的法定计量技术机构定期进行,标定时千斤顶活塞的运行方向应与实际张拉工作状态一致。(JTG/T 3650:7.6.1)	□符合 □不符合	
	3.4.20	当张拉用的千斤顶与压力表处于下列情况之一时,应重新进行标定:①使用时间超过6个月;②张拉次数超过200次;③使用过程中千斤顶或压力表出现异常情况;④千斤顶检修或更换配件后。(招标文件:411.03-4)	□符合 □不符合	

续上表

检查项目	序号	质量检查要点	检查结果	问题描述
施加预应力	3.4.21	锚具安装正确,结构或构件混凝土已达到要求的强度和弹性模量(或龄期)。(JTG/T 3650:7.6.2)	□符合 □不符合	
	3.4.22	预应力钢绞线在千斤顶穿心孔内应顺直,锚具锥孔内不得有污物。(桥梁指南:3.4.4)	□符合 □不符合	
	3.4.23	千斤顶安装时,工具锚应与前端的工作锚对正,工具锚和工作锚之间的各根预应力筋不得错位、扭绞。实施张拉时,千斤顶与预应力筋、锚具的中心线应位于同一轴线上。(JTG/T 3650:7.6.3)	□符合 □不符合	
	3.4.24	预应力筋的张拉顺序和张拉控制应力应符合设计规定。当施工中需要对预应力筋实施超张拉或计入锚圈口预应力损失时,可比设计规定提高5%,但在任何情况下不得超过设计规定的最大张拉控制应力。(JTG/T 3650:7.6.3)	□符合 □不符合	
	3.4.25	预应力筋采用应力控制方法张拉时,应以伸长值进行校核。实际伸长值与理论伸长值的差值应符合设计规定;设计未规定时,其偏差应控制在±6%以内,否则应暂停张拉,待查明原因并采取措施予以调整后,方可继续张拉。对环形筋、U形筋等曲率半径较小的预应力束,其实际伸长值与理论伸长值的偏差宜通过试验确定。(JTG/T 3650:7.6.3)	□符合 □不符合	
	3.4.26	预应力筋张拉时,应先调整到初应力σ_0,该初应力宜为张拉控制应力σ_{con}的10%~25%,伸长值应从初应力时开始量测。(JTG/T 3650:7.6.3)	□符合 □不符合	
	3.4.27	预应力筋张拉控制应力的精度宜为±1.5%。(JTG/T 3650:7.6.3)	□符合 □不符合	
	3.4.28	预应力钢丝采用墩头锚时,墩头应圆整,不得有斜歪或破裂现象。(招标文件:411.11-1)	□符合 □不符合	
	3.4.29	张拉锚固后,建立在锚下的实际有效预应力与设计张拉控制应力的相对偏差不超过±5%,且同一断面中预应力束的有效预应力的不均匀度应不超过±2%。(JTG/T 3650:7.6.3)	□符合 □不符合	
	3.4.30	在预应力筋张拉、锚固过程中及锚固完成后,均不得大力敲击或振动锚具。预应力筋锚固后需要放松时,对夹片式锚具宜采用专门的放松装置松开;对支撑式锚具可采用张拉设备缓慢地松开。(JTG/T 3650:7.6.3)	□符合 □不符合	
	3.4.31	预应力筋在实施张拉或放张作业时,应采取有效的安全防护措施,预应力筋两端的正面严禁站人和穿越。(JTG/T 3650:7.6.3)	□符合 □不符合	

续上表

检查项目	序号	质量检查要点	检查结果	问题描述
施加预应力	3.4.32	施加预应力时宜采用信息化数据处理系统对各项张拉参数进行采集。(JTG/T 3650:7.6.3)	□符合 □不符合	
先张法	3.4.33	预应力筋的安装宜自下而上进行,并应采取措施,防止其被台座上涂刷的隔离剂污染。(JTG/T 3650:7.7.2)	□符合 □不符合	
	3.4.34	同时张拉多根预应力筋时,应预先调整其单根力筋的初应力,使相互之间的应力一致,再整体张拉。张拉过程中,应使活动横梁与固定横梁始终保持平行,并应检查预应力筋的预应力值,其偏差的绝对值不得超过按一个构件全部预应力筋预应力总值的5%。(JTG/T 3650:7.7.3)	□符合 □不符合	
	3.4.35	张拉时,预应力筋的断丝数量:对于钢丝、钢绞线,同一构件内断丝数不得超过钢丝总数的百分比为1%;对于螺纹钢筋则不容许有断丝。(JTG/T 3650:7.7.3)	□符合 □不符合	
	3.4.36	预应力筋张拉完毕后,其位置与设计位置的偏差应不大于5mm,同时应不大于构件最短边长的4%,且宜在4h内浇筑混凝土。(JTG/T 3650:7.7.3)	□符合 □不符合	
	3.4.37	在预应力筋放张之前,应将限制位移的侧模、翼缘模板或内模拆除。(JTG/T 3650:7.7.4)	□符合 □不符合	
	3.4.38	预应力筋的放张顺序应符合设计规定;设计未规定时,应分阶段、均匀、对称、相互交错放张。(JTG/T 3650:7.7.4)	□符合 □不符合	
	3.4.39	多根整批预应力筋的放张,采用砂箱放张时,放张速度应均匀一致;采用千斤顶放张时,放张宜分数次完成;单根钢筋采用拧松螺母的方法放张时,宜先两侧后中间,并不得一次将一根力筋松完。(JTG/T 3650:7.7.4)	□符合 □不符合	
	3.4.40	放张后,预应力筋在构件端部的内缩值宜不大于1.0mm。(JTG/T 3650:7.7.4)	□符合 □不符合	
	3.4.41	预应力筋放张后,对钢丝和钢绞线,应采用机械切割的方式进行切断。(JTG/T 3650:7.7.4)	□符合 □不符合	
	3.4.42	长线台座上预应力筋的切断顺序,应由放张端开始,依次向另一端切断。(JTG/T 3650:7.7.4)	□符合 □不符合	

续上表

检查项目	序号	质量检查要点	检查结果	问题描述
后张法	3.4.43	锚垫板孔应与管道同轴线,其端面应与管道轴线垂直,不得错位。采锚垫板下应设置配套的螺旋钢筋,波纹管宜用U形定位筋固定,直线段每0.8m设置一道,曲线段每0.4m设置一道。(桥梁指南:3.4.2)	□符合 □不符合	
	3.4.44	对于塑料波纹管,应采用专用焊接机进行热熔焊接或采用具有密封性能的塑料结构连接器连接。当采用真空辅助压浆工艺进行孔道压浆时,管道的所有接头均应具有可靠的密封性能,并应满足真空度的要求。(JTG/T 3650:7.8.1)	□符合 □不符合	
	3.4.45	所有管道均应在每个顶点设排气孔,以及需要时在每个低点设排水孔,在每个顶点和两端设检查孔。(JTG/T 3650:7.8.1)	□符合 □不符合	
	3.4.46	压浆管、排气管和排水管应是最小内径为20mm的标准管或适宜的塑性管,与管道之间的连接应采用金属或塑料结构扣件,长度应足以从管道引出结构物以外。(JTG/T 3650:7.8.1)	□符合 □不符合	
	3.4.47	采用金属或塑料管道构成后张预应力混凝土结构或构件的孔道时,管道安装完毕后,其端口应采取可靠措施临时封堵,防止水或其他杂物进入。(JTG/T 3650:7.8.1)	□符合 □不符合	
	3.4.48	预应力筋可在浇筑混凝土之前或之后穿入孔道,穿束前应检查锚垫板和孔道,锚垫板的位置应准确。孔道内应畅通,无水和其他杂物。(JTG/T 3650:7.8.3)	□符合 □不符合	
	3.4.49	宜将一根钢束中的全部预应力筋编束后整体穿入孔道中。整体穿束时,束的前端宜设置穿束网套或特制的牵引头,应保持预应力筋顺直,且仅应前后拖动,不得扭转。对钢绞线,可采用穿束机逐根将其穿入孔道内,但应保证其在孔道内不发生相互缠绕。(JTG/T 3650:7.8.3)	□符合 □不符合	
	3.4.50	对在混凝土浇筑之前安装在孔道中但在规范规定时限内未压浆的预应力筋,应采取防止锈蚀或其他防腐蚀措施,直至压浆。(JTG/T 3650:7.8.3)	□符合 □不符合	
	3.4.51	预应力筋安装在管道中后,应将管道端部开口密封,防止湿气进入。采用蒸汽养护混凝土时,在养护完成之前不应安装预应力筋。(JTG/T 3650:7.8.3)	□符合 □不符合	
	3.4.52	在任何情况下,当在安装有预应力筋的结构或构件附近进行电焊作业时,均应对全部预应力筋、管道和附属构件进行保护,防止溅上焊渣或造成其他损坏。(JTG/T 3650:7.8.3)	□符合 □不符合	

续上表

检查项目	序号	质量检查要点	检查结果	问题描述
后张法	3.4.53	对在混凝土浇筑之前穿束的管道,预应力筋安装完成后,应进行全面检查,查出可能被损坏的管道。在混凝土浇筑之前,应将管道上所有非有意留的孔、开口或损坏之处修复,并应在浇筑混凝土过程中随时检查预应力筋能否在管道内自由移动。(JTG/T 3650:7.8.3)	□符合 □不符合	
	3.4.54	锚具、夹具和连接器在安装前,应擦拭干净。(JTG/T 3650:7.8.4)	□符合 □不符合	
	3.4.55	锚具和连接器的安装位置应准确,且应与孔道对中。锚垫板上设置有对中止口时,应防止锚具偏出止口。安装夹片时,应使夹片的外露长度基本一致。(JTG/T 3650:7.8.4)	□符合 □不符合	
	3.4.56	采用螺母锚固的支撑式锚具,安装时应逐个检查螺纹的配合情况,应保证在张拉和锚固过程中能顺利旋合拧紧。(JTG/T 3650:7.8.4)	□符合 □不符合	
	3.4.57	**张拉时,结构或构件混凝土的强度、弹性模量(或龄期)应符合设计规定;设计未规定时,混凝土的强度应不低于设计强度等级值的 80%,弹性模量应不低于混凝土强度 28d 弹性模量的 80%,当采用混凝土龄期代替弹性模量控制时应不少于 5d。** (JTG/T 3650:7.8.5)	□符合 □不符合	
	3.4.58	预应力筋张拉端的设置应符合设计要求;当设计未要求时,对钢束长度小于 20m 的直线预应力筋可在一端张拉,对曲线预应力筋或钢束长度大于或等于 20m 的直线预应力筋,应采用两端张拉。(JTG/T 3650:7.8.5)	□符合 □不符合	
	3.4.59	当同一截面中有多束一端张拉的预应力筋时,张拉端宜分别交错设置在结构或构件的两端。(JTG/T 3650:7.8.5)	□符合 □不符合	
	3.4.60	预应力筋采用两端张拉时,宜两端同时张拉,或先在一端张拉锚固后,再在另一端补足预应力值进行锚固。(JTG/T 3650:7.8.5)	□符合 □不符合	
	3.4.61	两端张拉时,各千斤顶之间同步张拉力的允许误差宜为 ±2%。(JTG/T 3650:7.8.5)	□符合 □不符合	
	3.4.62	预应力钢材张拉后,应测定预应力钢材的回缩与锚具变形量,对于钢制锥形锚具和夹片锚具,均不得大于 6mm,对于墩头锚具不得大于 1mm。如果大于上述允许值,应重新张拉,或更换锚具后重新张拉。(招标文件:411.08-3)	□符合 □不符合	

续上表

检查项目	序号	质量检查要点	检查结果	问题描述
后张法	3.4.63	后张预应力筋断丝及滑移的数量不得超过规范要求。对于钢丝束、钢绞线束,每束钢丝断丝或滑丝不得超过1根;每束钢绞线断丝或滑丝不得超过1丝;每个断面断丝之和不超过该断面钢丝总数的1%。对于螺纹钢筋,则不容许断筋或滑移。(JTG/T 3650:7.8.5)	□符合 □不符合	
	3.4.64	预应力筋在张拉控制应力达到稳定后方可锚固。对夹片式锚具,锚固后夹片顶面应平齐,其相互间的错位宜不大于2mm,且露出锚具外的高度应不大于4mm。(JTG/T 3650:7.8.5)	□符合 □不符合	
	3.4.65	锚固完毕并经检验确认合格后,方可切割端头多余的预应力筋。切割时应采用砂轮锯,严禁采用电弧进行切割,同时不得损伤锚具。(JTG/T 3650:7.8.5)	□符合 □不符合	
	3.4.66	切割后预应力筋的外露长度应不小于30mm,且应不小于1.5倍预应力筋直径。锚具应采用封端混凝土保护,当需长期外露时,应采取防止锈蚀的措施。(JTG/T 3650:7.8.5)	□符合 □不符合	
后张孔道压浆及封锚	3.4.67	预应力筋张拉锚固后,孔道应尽早压浆,且应在48h内完成,否则应采取避免预应力筋锈蚀的措施。(JTG/T 3650:7.9.1)	□符合 □不符合	
	3.4.68	后张预应力孔道应采用专用压浆料或专用压浆剂配制的浆液进行压浆。(JTG/T 3650:7.9.2)	□符合 □不符合	
	3.4.69	用于后张孔道压浆的搅拌机的转速应不低于1000r/min。(JTG/T 3650:7.9.4)	□符合 □不符合	
	3.4.70	用于临时储存浆液的储料罐亦应具有搅拌功能,且应设置网格尺寸不大于3mm的过滤网。(JTG/T 3650:7.9.4)	□符合 □不符合	
	3.4.71	压浆机应采用活塞式可连续作业的压浆泵,其压力表的最小分度值应不大于0.1MPa,最大量程应使实际工作压力在其25%~75%的量程范围内。不得采用风压式压浆泵进行孔道压浆。(JTG/T 3650:7.9.4)	□符合 □不符合	
	3.4.72	真空辅助压浆工艺中采用的真空泵应能达到0.10MPa的负压力。(JTG/T 3650:7.9.4)	□符合 □不符合	
	3.4.73	应对压浆设备进行清洗,清洗后的设备内不应有残渣和积水。(JTG/T 3650:7.9.5)	□符合 □不符合	
	3.4.74	压浆时,对曲线孔道和竖向孔道应从最低点的压浆孔压入;对结构或构件中以上下分层设置的孔道,应按先上层后下层的顺序进行压浆。(JTG/T 3650:7.9.6)	□符合 □不符合	

续上表

检查项目	序号	质量检查要点	检查结果	问题描述
后张孔道压浆及封锚	3.4.75	同一孔道的压浆应连续进行，一次完成。压浆应缓慢、均匀进行，不得中断，并应将所有最高点的排气孔依次打开和关闭，使孔道内排气畅通。（JTG/T 3650：7.9.6）	□符合 □不符合	
	3.4.76	浆液自拌制完成至压入孔道的延续时间宜不超过40min，且在使用前和压注过程中应连续搅拌。对因延迟使用所致流动度降低的水泥浆，不得额外加水增加其流动度。（JTG/T 3650：7.9.7）	□符合 □不符合	
	3.4.77	对超长孔道，最大压力宜不超过1.0MPa，当超过时可采用分段的方式进行压浆。（JTG/T 3650：7.9.8）	□符合 □不符合	
	3.4.78	压浆的充盈度应达到孔道另一端饱满且排气孔排出与规定流动度相同的水泥浆为止。（JTG/T 3650：7.9.8）	□符合 □不符合	
	3.4.79	关闭出浆孔后，宜保持一个不小于0.5MPa的稳压期，该稳压期的保持时间宜为3~5min。（JTG/T 3650：7.9.8）	□符合 □不符合	
	3.4.80	采用真空辅助压浆工艺时，在压浆前应对孔道进行抽真空，真空度宜稳定在-0.10~-0.06MPa范围内。真空稳定后，应立即开启孔道压浆端的阀门，同时启动压浆泵进行连续压浆。（JTG/T 3650：7.9.9）	□符合 □不符合	
	3.4.81	压浆过程中及压浆后48h内，结构或构件混凝土的温度及环境温度不得低于5℃，否则应采取保温措施，并应按冬期施工的要求处理，浆体中可适量掺用引气剂，但不得掺用防冻剂。（JTG/T 3650：7.9.11）	□符合 □不符合	
	3.4.82	白天温度大于35℃时，不宜压浆。（桥梁指南：8.3.2）	□符合 □不符合	
	3.4.83	压浆后应通过检查孔抽查压浆的密实情况，如有不密实，应及时进行补压浆处理。（JTG/T 3650：7.9.12）	□符合 □不符合	
	3.4.84	压浆完成后，所有进出浆口均应予以封闭，直至浆液终凝前，所有塞、盖或气门均不得移动或打开。（桥梁指南：3.4.7）	□符合 □不符合	
	3.4.85	压浆完成后，应及时对锚固端按设计要求进行封闭保护或防腐处理。需要封锚的锚具，应在压浆完成后对梁端混凝土凿毛并将其周围冲洗干净，设置钢筋网浇筑封锚混凝土。（JTG/T 3650：7.9.13）	□符合 □不符合	

续上表

检查项目	序号	质量检查要点	检查结果	问题描述
后张孔道压浆及封锚	3.4.86	封锚应采用与结构或构件同强度的无收缩混凝土,并应严格控制封锚后的梁体长度。长期外露的锚具,采取防锈措施。(JTG/T 3650:7.9.13)	□符合 □不符合	
	3.4.87	设伸缩装置的梁端封端时,应严格按设计要求设置伸缩装置的预埋件。(桥梁指南:3.4.8)	□符合 □不符合	
	3.4.88	封端混凝土应认真振捣,保证锚具处的混凝土密实。混凝土浇筑完后宜静置1~2d,带模浇水,养护不少于7d。(桥梁指南:3.4.8)	□符合 □不符合	
	3.4.89	对后张预制构件,在孔道压浆前不得安装就位;压浆后应在浆液强度达到规定的强度后方可移运和吊装。(JTG/T 3650:7.9.14)	□符合 □不符合	
其他				

规范性引用文件如下:
《公路工程标准施工招标文件》(2018年版·第二册)(交通运输部公告2017年第51号)
《公路桥涵施工技术规范》(JTG/T 3650—2020)
《江苏省高速公路施工标准化指南 第五分册 桥梁工程》(苏交建〔2011〕40号)

总体评价:本次检查_____项,符合_____项,不符合_____项,符合率为_____%。

检查单位_____ 检查人_____ 检查日期_____

3.5 钻孔灌注桩

施工标段_____ 检查部位(工点)_____

检查项目	序号	质量检查要点	检查结果	问题描述
护筒设置	3.5.1	护筒宜采用钢板卷制。(JTG/T 3650:9.2.4)	□符合 □不符合	
	3.5.2	在陆上或浅水区筑岛处的护筒和在水中以机械沉设的护筒,其内径和壁厚均应保证其在沉设过程中不变形。(JTG/T 3650:9.2.4)	□符合 □不符合	
	3.5.3	**护筒中心竖直线应与桩中心线重合,除设计另有规定外,一般平面允许误差为 50mm,竖直线倾斜不大于 1%**。(JTG/T 3650:9.2.4)	□符合 □不符合	
	3.5.4	对深水基础中的护筒,在竖直方向的倾斜度宜不大于1/150,平面位置的偏差可适当放宽,但应不大于80mm。(JTG/T 3650:9.2.4)	□符合 □不符合	
	3.5.5	在旱地和筑岛处设置护筒时,护筒的底部和外侧四周应采用黏质土回填并分层夯实,使护筒底口处不致漏失泥浆。(JTG/T 3650:9.2.4)	□符合 □不符合	
	3.5.6	在水中沉设护筒时,护筒焊接连接处的内壁应无突出物,且应耐拉、压,不漏水。(JTG/T 3650:9.2.4)	□符合 □不符合	
	3.5.7	**护筒顶宜高于地面0.3m 或水面1.0~2.0m,同时应高于桩顶设计高程1m**。(JTG/T 3650:9.2.4)	□符合 □不符合	
	3.5.8	护筒的埋置深度在旱地或筑岛处宜为 2~4m,在水中或特殊情况下应根据设计要求或桩位的水文、地质情况经计算确定。(JTG/T 3650:9.2.4)	□符合 □不符合	
	3.5.9	对有冲刷影响的河床,护筒宜沉入施工期局部冲刷线以下1.0~1.5m,且宜采取防止河床在施工期过度冲刷的防护措施。(JTG/T 3650:9.2.4)	□符合 □不符合	
钻孔施工	3.5.10	钻孔时,相邻两桩孔不得同时施工,应间隔交错进行作业。(JTG/T 3650:9.1.7)	□符合 □不符合	
	3.5.11	**相邻5m 以内的钻孔桩,应待相邻桩混凝土灌注完成24h,且桩顶混凝土达2.5MPa 后,再进行钻进**。(桥梁指南:4.1.6)	□符合 □不符合	

续上表

检查项目	序号	质量检查要点	检查结果	问题描述
钻孔施工	3.5.12	钢制固定式施工平台应牢固、稳定,应能承受钻孔桩施工期间的全部静荷载和动荷载。平台应进行专项施工设计,平台的顶面应平整,各连接处应牢固。(JTG/T 3650:9.2.2)	□符合 □不符合	
	3.5.13	采用冲击钻成孔时,钢护筒不宜兼作工作平台。(JTG/T 3650:9.2.2)	□符合 □不符合	
	3.5.14	钻机安装后,其底座和顶端应平稳。(JTG/T 3650:9.2.5)	□符合 □不符合	
	3.5.15	不论采用何种方法钻孔,开孔的孔位必须准确。(JTG/T 3650:9.2.5)	□符合 □不符合	
	3.5.16	钻机在钻进施工时不应产生位移或沉陷。(JTG/T 3650:9.2.5)	□符合 □不符合	
	3.5.17	钻孔应连续进行,不得中断。(招标文件:405.06-2)	□符合 □不符合	
	3.5.18	软土地段的钻孔,首先应进行地基加固。(招标文件:405.06-3)	□符合 □不符合	
	3.5.19	分级扩孔钻进施工时应保持桩轴线一致。(JTG/T 3650:9.2.5)	□符合 □不符合	
	3.5.20	冲击钻进过程中,应采取有效措施防止坍孔;掏取钻渣和停钻时,应及时向孔内补浆,保持水头高度。(JTG/T 3650:9.2.5)	□符合 □不符合	
	3.5.21	为防止冲击振动使邻孔孔壁坍塌,或影响邻孔已灌混凝土的凝固,应待邻孔混凝土灌注完毕,并达到2.5MPa抗压强度后,才能开钻,以免影响邻桩混凝土质量。(招标文件:405.06-1)	□符合 □不符合	
	3.5.22	采用全护筒法钻进时,钻机应安装平正,压进的首节护筒应竖直。(JTG/T 3650:9.2.5)	□符合 □不符合	
	3.5.23	钻孔开始后应随时检测护筒的水平位置和竖直线,如发现偏移超出容许范围,应将护筒拔出,调整后重新压入钻进。(JTG/T 3650:9.2.5)	□符合 □不符合	
	3.5.24	采用旋挖钻机钻孔时,钻进过程中应采取有效措施严格控制钻进速度。泥浆初次注入时,应垂直向桩孔中间进行注浆。(JTG/T 3650:9.2.5)	□符合 □不符合	
	3.5.25	在钻孔排渣、提钻头除土或因故停钻时,应保持孔内具有规定的水位及要求的泥浆相对密度和黏度。处理孔内事故或因故停钻时,必须将钻头提出孔外。(JTG/T 3650:9.2.5)	□符合 □不符合	

续上表

检查项目	序号	质量检查要点	检查结果	问题描述
钻孔施工	3.5.26	钻孔过程中,应随时对孔内泥浆的性能进行检测,不符合要求时应及时调整。(JTG/T 3650:9.2.6)	□符合 □不符合	
清孔	3.5.27	钻孔深度达到设计高程后,应对孔径、孔深和孔的倾斜度进行检验,符合要求后方可清孔。(JTG/T 3650:9.2.7)	□符合 □不符合	
	3.5.28	**不论采用何种清孔方法,在清孔排渣时,必须保持孔内水头,防止坍孔。**(JTG/T 3650:9.2.7)	□符合 □不符合	
	3.5.29	清孔后,泥浆的相对密度宜控制在1.03~1.10,对冲击成孔的桩,其可适当提高,但不宜超过1.15,黏度宜为17~20Pa·s,含砂率宜小于2%,胶体率宜大于98%。(JTG/T 3650:9.2.7)	□符合 □不符合	
	3.5.30	清孔后,孔底沉淀厚度应不大于设计规定;设计未规定时,对**桩径≤1.5m**的摩擦桩宜不大于**200mm**,对桩径>1.5m或桩长大于40m以及土质较差的摩擦桩宜不大于**300mm**,对支承桩宜不大于**50mm**。(JTG/T 3650:9.2.7)	□符合 □不符合	
	3.5.31	不得采用加深钻孔深度的方式代替清孔。(JTG/T 3650:9.2.7)	□符合 □不符合	
钢筋骨架安装	3.5.32	桩的钢筋骨架,应紧接在混凝土灌注前,整体放入孔内。如果混凝土不能紧接在钢筋骨架放入之后灌注,则钢筋骨架应从孔内移去。(招标文件:405.09-1)	□符合 □不符合	
	3.5.33	安装钢筋骨架时,不得直接将钢筋骨架支承在孔底,应将其吊挂在孔口的钢护筒上,或在孔口地面上设置扩大受力面积的装置进行吊挂,且不应采用钢丝绳或其他容易变形的材料进行吊挂。(JTG/T 3650:9.2.8)	□符合 □不符合	
	3.5.34	安装钢筋骨架时,应采取有效的定位措施,减少钢筋骨架中心与桩中心的偏位,使钢筋骨架的混凝土保护层满足要求。(JTG/T 3650:9.2.8)	□符合 □不符合	
灌注水下混凝土	3.5.35	在吊入钢筋骨架后,灌注水下混凝土之前,应再次检查孔内泥浆的性能指标和孔底沉淀厚度。如超过本章3.5.30的规定,应进行第二次清孔,符合要求后方可灌注水下混凝土。(JTG/T 3650:9.2.7)	□符合 □不符合	
	3.5.36	混凝土一般用钢导管灌注。导管管径视桩径大小而定,内径一般为200~350mm,导管的连接构造应安全、可靠,连接方便。使用前导管应进行水密承压和接头抗拉试验,严禁用压气试压。(招标文件:405.10-5)	□符合 □不符合	

续上表

检查项目	序号	质量检查要点	检查结果	问题描述
灌注水下混凝土	3.5.37	水下混凝土的灌注时间不得超过首批混凝土的初凝时间。（JTG/T 3650:9.2.11）	□符合 □不符合	
	3.5.38	首批灌注混凝土的数量应能满足导管首次埋置深度1.0m以上的需要。（JTG/T 3650:9.2.11）	□符合 □不符合	
	3.5.39	首批混凝土入孔后，应连续灌注，不得中断。（JTG/T 3650:9.2.11）	□符合 □不符合	
	3.5.40	在灌注过程中，应保持孔内的水头高度。导管的埋置深度宜控制在2~6m，并应随时测探桩孔内混凝土面的位置，及时调整导管埋深。（JTG/T 3650:9.2.11）	□符合 □不符合	
	3.5.41	在确保能将导管顺利提升的前提下，方可根据现场的实际情况适当放宽导管的埋深，但最大埋深应不超过9m。（JTG/T 3650:9.2.11）	□符合 □不符合	
	3.5.42	**混凝土灌注时应采取措施，防止钢筋骨架上浮。**（JTG/T 3650:9.2.11）	□符合 □不符合	
	3.5.43	采用全护筒钻机施工的桩在灌注水下混凝土时，应边灌注、边排水，并应保持护筒内的水位稳定。（JTG/T 3650:9.2.11）	□符合 □不符合	
	3.5.44	在灌注将近结束时，应核对混凝土的灌入数量，确定所测混凝土的灌注高度是否正确。（JTG/T 3650:9.2.11）	□符合 □不符合	
	3.5.45	灌注桩桩顶高程应比设计高程高出不小于0.5m，当存在地质较差、孔内泥浆密度过大、桩径较大等情况时，应适当提高其超灌的高度。（JTG/T 3650:9.2.11）	□符合 □不符合	
	3.5.46	超灌的多余部分在承台施工前或接桩前应凿除，凿除后的桩头应密实、无松散层，混凝土应达到设计规定的强度等级。（JTG/T 3650:9.2.11）	□符合 □不符合	
其他				

规范性引用文件如下：
《公路工程标准施工招标文件》（2018年版·第二册）（交通运输部公告2017年第51号）
《公路桥涵施工技术规范》（JTG/T 3650—2020）
《江苏省高速公路施工标准化指南 第五分册 桥梁工程》（苏交建〔2011〕40号）

总体评价：本次检查_____项，符合_____项，不符合_____项，符合率为_____%。

检查单位_____ 检查人_____ 检查日期_____

3.6 沉　　井

施工标段_____　　　　检查部位(工点)_____

检查项目	序号	质量检查要点	检查结果	问题描述
沉井制作	3.6.1	水中筑岛的尺寸应满足沉井制作及抽垫等施工的要求,对无围堰的筑岛,应在沉井周围设置不小于1.5m宽的护道。(JTG/T 3650:11.2.2)	□符合 □不符合	
	3.6.2	水中筑岛材料应采用透水性好、易于压实的砂性土或碎石土等,且不应含有影响岛体受力及抽垫下沉的块体。(JTG/T 3650:11.2.2)	□符合 □不符合	
	3.6.3	在斜坡上筑岛时应进行设计计算,并应有抗滑措施;在淤泥等软土上筑岛时,应将软土挖除、换填或采取其他加固措施。(JTG/T 3650:11.2.2)	□符合 □不符合	
	3.6.4	水中筑岛的岛面及地基承载力应满足设计要求;无围堰筑岛的临水面坡度宜为1:3~1:1.75。在施工期内,应采取必要的防护措施,保证岛体的稳定,坡面、坡脚不被水冲刷损坏。(JTG/T 3650:11.2.2)	□符合 □不符合	
	3.6.5	在支垫上立模制作钢筋混凝土沉井底节时,支垫的布置应满足设计要求并应使抽垫方便。支垫顶面应与钢刃脚底面紧贴,应使沉井重力均匀分布于各支垫上。(JTG/T 3650:11.2.3)	□符合 □不符合	
	3.6.6	在支垫上立模制作钢筋混凝土沉井底节时,内隔墙与井壁连接处的支垫应连成整体,底模应支承于支垫上,并应防止不均匀沉陷;外模应平直且光滑。(JTG/T 3650:11.2.3)	□符合 □不符合	
	3.6.7	在沉井刃脚底面下的支垫木的下面,应用砂垫层填实,砂垫层厚度一般为0.3~0.5m。在支垫木之间应用砂填平。(招标文件:409.03-2)	□符合 □不符合	
	3.6.8	沉井的混凝土强度满足抽垫后受力的要求时,方可将支垫抽除。支垫应分区、依次、对称、同步地向沉井外抽出,并应随抽随用砂土回填捣实;抽垫时应防止沉井偏斜。定位支点处的支垫,应按设计要求的顺序尽快抽出。(JTG/T 3650:11.2.3)	□符合 □不符合	
	3.6.9	混凝土浇筑前应检查沉井纵、横向中轴线位置是否符合设计要求。(JTG/T 3650:11.2.4)	□符合 □不符合	

续上表

检查项目	序号	质量检查要点	检查结果	问题描述
沉井制作	3.6.10	钢沉井的分段、分块吊装单元应在胎架上组装、施焊。(JTG/T 3650:11.2.5)	□符合 □不符合	
	3.6.11	首节钢沉井应在坚固的台座上或支垫上进行整体拼装,台座表面的高度误差应小于4mm,并应有足够的承载能力,在拼装过程中不得发生不均匀沉降。(JTG/T 3650:11.2.5)	□符合 □不符合	
沉井质量检查	3.6.12	沉井平面尺寸允许偏差(mm):长、宽 ±0.5%B,B>24m 时 ±120;半径 ±0.5%R,R>12m 时 ±60;非圆形沉井对角线差角线差对角线长度的 ±1%,最大 ±180mm;井壁厚度,混凝土(+40mm,-30mm);钢壳和钢筋混凝土 15mm;竖直度 ≤ H/100。(B 为边长,R 为半径,H 为井高)(JTG F80/1:表 8.5.6)	□符合 □不符合	
	3.6.13	井壁应无渗漏,井壁外侧应无鼓胀外凸。(JTG F80/1:8.5.6)	□符合 □不符合	
浮运、定位与着床	3.6.14	在浮运、定位的任何时间内,沉井露出水面的高度应不小于 **1.5m**。(JTG/T 3650:11.3.3)	□符合 □不符合	
	3.6.15	浮式沉井悬浮状态下接高,在灌水、排气或排水、补气及灌注接高混凝土过程中,应均匀、对称进行。(招标文件:409.03-3)	□符合 □不符合	
	3.6.16	浮式沉井准确定位并接高后,应向井壁腔格内对称、均衡地灌水,使沉井迅速落河(海)床着床。(JTG/T 3650:11.3.4)	□符合 □不符合	
下沉与接高	3.6.17	沉井下沉前,应对周边的堤防、建筑物和施工设备采取有效的防护措施,并应在下沉过程中对其沉降及位移进行监测。(JTG/T 3650:11.1.3)	□符合 □不符合	
	3.6.18	沉井正常下沉时,应自井孔中间向刃脚处均匀对称除土。(JTG/T 3650:11.4.1)	□符合 □不符合	
	3.6.19	采用吸泥吹砂法等方法下沉时,必须备有向井内补水的设施。吸泥吹砂在井内应均匀进行。(JTG/T 3650:11.4.1)	□符合 □不符合	
	3.6.20	下沉时应随时进行纠偏,保持竖直下沉。每下沉 1m 至少应检查一次。下沉至设计高程以上 2m 左右时,应适当放慢下沉速度并控制井内的除土量和除土位置,使沉井能平稳下沉,正确就位。(JTG/T 3650:11.4.1)	□符合 □不符合	
	3.6.21	特大型沉井在下沉时,宜对沉井井壁的中心点进行高程监测。(JTG/T 3650:11.4.1)	□符合 □不符合	

续上表

检查项目	序号	质量检查要点	检查结果	问题描述
下沉与接高	3.6.22	接高前应纠正沉井的倾斜。沉井接高时,各节的竖向中轴线应与第一节竖向中轴线相重合。(JTG/T 3650:11.4.2)	□符合 □不符合	
	3.6.23	接高沉井用的模板,不得直接支承于地面上。(招标文件:409.03-4)	□符合 □不符合	
	3.6.24	沉井接高前,不得将刃脚掏空。(招标文件:409.03-4)	□符合 □不符合	
	3.6.25	沉井接高应均匀、对称进行。(JTG/T 3650:11.4.2)	□符合 □不符合	
	3.6.26	陆上沉井在地面上接高时,井顶露出地面应不小于 0.5m;水中沉井在水上接高时,井顶露出水面高度应不小于 1.5m。(JTG/T 3650:11.4.2)	□符合 □不符合	
	3.6.27	沉井下沉中不得出现开裂。(招标文件:409.03-4)	□符合 □不符合	
基底检验与处理	3.6.28	基底检验完毕后,应对基底面进行整平,清除浮泥;当基底为岩层时,清除残留物(碎岩块、卵石、砂);清除沉井内井壁、隔墙、刃脚与封底混凝土接触处的泥污。(招标文件:409.04)	□符合 □不符合	
	3.6.29	沉井基底检验合格及沉降稳定后,方可封底。(JTG/T 3650:11.5.2)	□符合 □不符合	
混凝土封底	3.6.30	沉井的水下混凝土封底宜全断面一次连续灌注完成;对特大型沉井,可划分区域进行封底,但任一区域的封底工作应一次连续灌注完成。(JTG/T 3650:11.5.3)	□符合 □不符合	
	3.6.31	**围壁处不得出现空洞,不得渗漏水。**(招标文件:409.07)	□符合 □不符合	
	3.6.32	水下混凝土面的最终灌注高度,应比设计值高出 150mm 以上。(JTG/T 3650:11.5.4)	□符合 □不符合	
	3.6.33	水下压浆混凝土封底压注的水泥砂浆,在进入压注管前,其稠度为 15~20s,压注度不小于 5,黏度应为 0.46~0.68Pa·s。(招标文件:409.05)	□符合 □不符合	
	3.6.34	封底混凝土不得出现上浮、破碎。(招标文件:409.07)	□符合 □不符合	
	3.6.35	封底混凝土与井壁结合应无缝隙。(招标文件:409.07)	□符合 □不符合	

续上表

检查项目	序号	质量检查要点	检查结果	问题描述
井孔填充	3.6.36	井孔填充如采用片石混凝土,应符合如下规定:①片石一般为用爆破或楔劈法开采的石块,厚度不小于150mm(卵形和薄片者不得使用),其抗压强度不小于30MPa,并不得低于混凝土强度。②填充片石的数量不宜超过混凝土体积的25%。③片石在使用前应清扫、冲洗干净。④片石应均匀放置于刚浇筑的混凝土上,其净距不小于100mm;片石表面离开井壁及封底的表面距离不得小于150mm;片石不得接触钢筋或预埋件。(招标文件:409.06)	□符合 □不符合	
其他				

规范性引用文件如下:
《公路工程标准施工招标文件》(2018年版·第二册)(交通运输部公告2017年第51号)
《公路工程质量检验评定标准 第一册 土建工程》(JTG F80/1—2017)
《公路桥涵施工技术规范》(JTG/T 3650—2020)

总体评价:本次检查_____项,符合_____项,不符合_____项,符合率为_____%。

检查单位_____检查人_____检查日期_____

3.7 承台、系梁

施工标段_____　　　检查部位(工点)_____

检查项目	序号	质量检查要点	检查结果	问题描述
围堰	3.7.1	土石围堰应选用透水性较小的土,应先对围堰位置进行清淤。(桥梁指南:4.4.4)	□符合 □不符合	
	3.7.2	土石围堰的填筑应分层进行,碾压密实,减少渗漏,并应满足堰身强度和整体稳定的要求。(JTG/T 3650:13.2.1)	□符合 □不符合	
	3.7.3	土围堰在筑堰之前,应将堰底河床处的树根、石块及其他杂物清除干净。(JTG/T 3650:13.2.2)	□符合 □不符合	
	3.7.4	围堰钢结构的制造应保证其在施工过程中防水严密,不渗漏。(JTG/T 3650:14.3.2)	□符合 □不符合	
	3.7.5	钢围堰在灌注封底混凝土之前,应将桩身和堰壁上附着的泥浆冲洗干净,检验合格后方可进行封底混凝土的施工。(JTG/T 3650:14.3.2)	□符合 □不符合	
	3.7.6	钢板桩围堰施打时应随时检查其位置和垂直度是否准确,不符合要求时应立即纠正或拔起重新施打。施打完成后所有钢板桩的锁口均应闭合。(JTG/T 3650:14.3.3)	□符合 □不符合	
	3.7.7	有底钢套箱在浇筑封底混凝土之前,应对底板和钢护筒的表面进行清理,并应采用适宜的止水装置或材料对底板与桩基之间的缝隙进行封堵。(JTG/T 3650:14.3.5)	□符合 □不符合	
	3.7.8	钢套箱内的排水应在封底混凝土符合设计规定的强度后或达到设计强度的80%及以上时方可进行。(JTG/T 3650:14.3.5)	□符合 □不符合	
	3.7.9	双壁钢围堰下沉至设计高程,在灌注封底混凝土之前,应对河床面进行清理和整平。(JTG/T 3650:14.3.6)	□符合 □不符合	
	3.7.10	围堰外一定范围禁止堆放重物或停放大型机械。(桥梁指南:4.4.6)	□符合 □不符合	
	3.7.11	**严禁在水平支撑上堆放过重物件,避免支撑变形,围堰失稳。**(桥梁指南:4.4.6)	□符合 □不符合	

续上表

检查项目	序号	质量检查要点	检查结果	问题描述
基坑开挖	3.7.12	对危险性较大的基坑,除应按"边开挖、边支护"的原则进行施工外,尚应建立信息化实时监控系统,指导施工。(JTG/T 3650:13.1.3)	□符合 □不符合	
	3.7.13	在土质松软层进行基坑开挖前应先进行支护。深基坑开挖时应进行基坑支护变形监测。(桥梁指南:4.3.4)	□符合 □不符合	
	3.7.14	基坑开挖应连续施工,对有支护的基坑应采取防碰撞措施。(JTG/T 3650:13.3.3)	□符合 □不符合	
	3.7.15	采用机械开挖时应避免超挖,宜在挖至基底前预留一定厚度,再由人工开挖至设计高程。(JTG/T 3650:13.3.3)	□符合 □不符合	
	3.7.16	**基坑若超挖,应将松动部分清除,采用碎石(土质地基)或混凝土(石质地基)回填,严禁超挖后再回填虚土。(桥梁指南:4.3.4)**	□符合 □不符合	
	3.7.17	基坑开挖的土体应及时外运,不得堆放在坑顶。(桥梁指南:4.3.6)	□符合 □不符合	
	3.7.18	基坑开挖施工完成后不得长时间暴露、被水浸泡或被扰动,应及时检验其尺寸、高程和基底承载力,检验合格后应尽快进行基础工程的施工。(JTG/T 3650:13.3.3)	□符合 □不符合	
	3.7.19	对于基坑坑壁,不论采用何种加固方式,均应按设计要求逐层开挖、逐层加固,坑壁或边坡上有明显出水点处应设置导管排水。(JTG/T 3650:13.3.3)	□符合 □不符合	
基坑降排水	3.7.20	基坑开始开挖时,应在坑顶护坡道外设截水沟和排水沟,截水沟应有防渗措施。(桥梁指南:4.3.4)	□符合 □不符合	
	3.7.21	基坑开挖后,在基坑底基础0.5~1.0m外应留有排水沟和集水井,采用水泵将渗水排出基坑。(桥梁指南:4.3.4)	□符合 □不符合	
	3.7.22	采用防水土工膜在围堰外侧铺底防渗时,应将河床面杂物清除干净并整平。土工膜应从围堰外侧的水位以上铺起,并超过堰脚不小于3m;土工布之间的接头应搭接严密。铺底土工膜上应满压不小于300mm厚的砂土袋。(JTG/T 3650:13.4.3)	□符合 □不符合	
破桩头、浇筑垫层	3.7.23	承台施工前桩头应破除到坚硬混凝土处,桩头无松散层。(桥梁指南:4.3.4)	□符合 □不符合	

续上表

检查项目	序号	质量检查要点	检查结果	问题描述
破桩头、浇筑垫层	3.7.24	桩头预留钢筋上的泥土及鳞锈等应清理干净。(JTG/T 3650：14.3.7)	□符合 □不符合	
	3.7.25	桩伸入承台的长度以及边桩外侧与承台边缘的净距应不小于设计规定值。(JTG/T 3650：14.3.8)	□符合 □不符合	
	3.7.26	伸入承台的墩柱(台身)钢筋应准确预埋到位。(桥梁指南：4.3.4)	□符合 □不符合	
现浇承台、系梁	3.7.27	钢筋、模板、支架、混凝土分别见3.1节、3.2节、3.3节	□符合 □不符合	
其他				

规范性引用文件如下：
《公路桥涵施工技术规范》(JTG/T 3650—2020)
《江苏省高速公路施工标准化指南 第五分册 桥梁工程》(苏交建〔2011〕40号)

总体评价：本次检查_____项，符合_____项，不符合_____项，符合率为_____%。

检查单位_____ 检查人_____ 检查日期_____

3.8 墩、台、盖梁

施工标段_____　　检查部位(工点)_____

检查项目	序号	质量检查要点	检查结果	问题描述
现浇桥墩	3.8.1	桥墩施工前,应对其施工范围内基础顶面的混凝土进行凿毛处理,并应将表面的松散层、石屑等清理干净。(JTG/T 3650:15.2.2)	□符合 □不符合	
	3.8.2	对分节段施工的桥墩,其接缝亦应做相同的凿毛和清洁处理。(JTG/T 3650:15.2.2)	□符合 □不符合	
	3.8.3	桥墩高度小于或等于10m时可整体浇筑施工。高度超过10m时,可分节段施工。上一节段施工时,已浇节段的混凝土强度应不低于2.5MPa。(JTG/T 3650:15.2.2)	□符合 □不符合	
	3.8.4	浇筑混凝土时,串筒、溜槽等的布置应便于混凝土的摊铺和振捣,并应明确划分工作区域。(JTG/T 3650:15.2.2)	□符合 □不符合	
	3.8.5	混凝土浇筑完成后,应及时进行养护,养护时间应不少于7d。(JTG/T 3650:15.2.2)	□符合 □不符合	
	3.8.6	高墩分节施工时,每一节段混凝土的养护时间应不少于7d。(JTG/T 3650:15.2.3)	□符合 □不符合	
	3.8.7	采用翻模施工时,模板应具有模数化、通用性,拼缝严密,上下层模板接缝严密平整。(桥梁指南:5.4.2)	□符合 □不符合	
	3.8.8	模板板面应平整,钢模板应无翘曲、无卷边、无毛刺。(桥梁指南:5.4.2)	□符合 □不符合	
	3.8.9	宜先外后内、先下后上、逐节逐块地进行模板的翻升。(桥梁指南:5.4.4)	□符合 □不符合	
	3.8.10	在模板外侧应设置带防护栏杆的施工平台,栏杆外侧至模板底部应设置封闭的安全网。(桥梁指南:5.4.4)	□符合 □不符合	
	3.8.11	对翻模应做到层层清理,层层涂刷脱模剂,对模板及相关部件应进行检查、校正、紧固和修理。模板在翻升过程中应注意清理障碍,在确认对拉螺栓全部拆除、模板装置上部无障碍时方可提升。(桥梁指南:5.4.5)	□符合 □不符合	
	3.8.12	施工过程中应防止水泥浆垢污染已完工的下层节段。(桥梁指南:5.4.6)	□符合 □不符合	

续上表

检查项目	序号	质量检查要点	检查结果	问题描述
现浇桥墩	3.8.13	墩身应尽量避免使用外露预埋件。特殊情况采用预埋件时,应比墩身表面至少低50mm;在切割预埋件后,应补焊钢筋网并及时采用与墩身相同强度等级的细石混凝土材料补填空洞,保证墩身表面色泽一致。(桥梁指南:5.4.6)	□符合 □不符合	
现浇桥台	3.8.14	沉降缝自上而下竖直方向应严格对齐,定位牢固,如发生倾斜、变形,应拆除重做。沉降缝应从上到下保持通缝,并应控制好垂直度和缝宽。(桥梁指南:5.3.5)	□符合 □不符合	
现浇桥台	3.8.15	**肋板式桥台或柱式桥台间的填土应对称进行,填土施工未完成不得进行台帽及上部构造的施工。**(桥梁指南:5.3.5)	□符合 □不符合	
现浇桥台	3.8.16	沉降缝段缝板的外表50mm应剔除,然后可采用沥青麻絮填塞;填缝应填满抹平,规整、顺直,无翘边、变形,且不得污染墙身。(桥梁指南:5.3.5)	□符合 □不符合	
现浇桥台	3.8.17	桥台的耳墙和背墙宜在台背回填之前施工,但在后续的其他工序施工中应采取有效措施对其进行保护,防止产生碰撞、挤压等损伤。(JTG/T 3650:15.3.9)	□符合 □不符合	
现浇墩台帽、盖梁、系梁和挡块	3.8.18	在墩台帽、盖梁和系梁与墩身的连接处,模板与墩台身之间应密贴,不得出现漏浆现象。(JTG/T 3650:15.5.4)	□符合 □不符合	
现浇墩台帽、盖梁、系梁和挡块	3.8.19	钢筋安装施工时,应避免在钢筋的接头处弯起,并应保证钢筋的混凝土保护层厚度。(JTG/T 3650:15.5.4)	□符合 □不符合	
现浇墩台帽、盖梁、系梁和挡块	3.8.20	对支座垫石的预埋钢筋及上部结构所需的预埋件,其位置应准确。(JTG/T 3650:15.5.4)	□符合 □不符合	
现浇墩台帽、盖梁、系梁和挡块	3.8.21	挡块施工时其位置的测量放样定位应准确,模板应牢固且在浇筑混凝土时应不产生移位。(JTG/T 3650:15.5.5)	□符合 □不符合	
现浇墩台帽、盖梁、系梁和挡块	3.8.22	施工过程中应采取措施,防止对墩、台身成品造成损伤和污染。(JTG/T 3650:15.5.6)	□符合 □不符合	
其他				

规范性引用文件如下:
《公路桥涵施工技术规范》(JTG/T 3650—2020)
《江苏省高速公路施工标准化指南 第五分册 桥梁工程》(苏交建〔2011〕40号)

总体评价:本次检查_____项,符合_____项,不符合_____项,符合率为_____%。

检查单位_____ 检查人_____ 检查日期_____

3.9 就地浇筑梁、板

施工标段_____ 检查部位(工点)_____

检查项目	序号	质量检查要点	检查结果	问题描述
现浇支架	3.9.1	支架应稳定、牢固,其地基应有足够的承载力。(JTG/T 3650:17.3.1)	□符合 □不符合	
	3.9.2	满布支架的地基表面应平整,并应有防排水措施。(JTG/T 3650:17.3.1)	□符合 □不符合	
	3.9.3	梁式支架不宜采用拱式结构;必须采用时,应按拱架的要求施工。(JTG/T 3650:17.3.1)	□符合 □不符合	
底模及侧模安装	3.9.4	底模安装前应复核支座的中心位置、轴线偏差、型号及活动支座滑移方向。(桥梁指南:6.4.4)	□符合 □不符合	
	3.9.5	模板安装时其拼接缝应平整、顺直、严密,纵横成线,应避免出现错缝现象。(桥梁指南:6.4.4)	□符合 □不符合	
内模的定位	3.9.6	内模应避免漏浆,内模与底模之间宜每隔1.0m左右设置与底板同厚度的垫块。(桥梁指南:6.4.4)	□符合 □不符合	
	3.9.7	箱梁混凝土全断面一次浇筑时,应采取措施,防止内模产生上浮、下沉或移位。(桥梁指南:6.4.4)	□符合 □不符合	
混凝土浇筑	3.9.8	箱梁混凝土分两次浇筑时,两次浇筑的间歇期不应超过7d,浇筑的分界点宜设在顶板与腹板的交界处。(桥梁指南:6.4.4)	□符合 □不符合	
	3.9.9	梁式桥现浇施工时,梁体混凝土在顺桥向宜从低处向高处进行浇筑,在横桥向宜对称进行浇筑。混凝土浇筑过程中,应对支架的变形、位移、节点和卸架设备的压缩及支架地基的沉降等进行监测。(JTG/T 3650:17.3.2)	□符合 □不符合	
	3.9.10	对单箱多室箱梁,其顶板天窗不应设置在同一横向断面上,天窗开口应为上大下小的倒梯形状,天窗封闭后,应对混凝土进行覆盖养护。(桥梁指南:6.4.4)	□符合 □不符合	
	3.9.11	箱梁翼缘及底板线形应顺畅,不应出现芯模上浮或下沉的现象。(桥梁指南:6.4.4)	□符合 □不符合	
	3.9.12	箱梁底板集料不外露,不露筋,钢筋保护层厚度应符合设计要求。(桥梁指南:6.4.4)	□符合 □不符合	

续上表

检查项目	序号	质量检查要点	检查结果	问题描述
混凝土浇筑	3.9.13	箱梁顶面收光、拉毛良好，平整度良好，无裂纹。（桥梁指南：6.4.4）	□符合 □不符合	
移动模架逐孔现浇	3.9.14	移动模架应在首孔梁的浇筑位置就位后进行荷载试压试验，检验和试压合格后方可正式使用。（JTG/T 3650：17.4.2）	□符合 □不符合	
	3.9.15	模架的支承系统应安全可靠，并应具有足够的承载能力、刚度和稳定性。模架应设置预拱度。（JTG/T 3650：17.4.3）	□符合 □不符合	
	3.9.16	移动模架过孔时，必须严格遵守对称、同步原则。移动模架系统必须具备限位和紧急制动装置，防止模架移动时失控。（桥梁指南：6.5.1）	□符合 □不符合	
	3.9.17	任一孔梁的混凝土浇筑施工完成后，内模中的侧向模板应在混凝土抗压强度达到2.5MPa后，顶面模板应在混凝土抗压强度达到设计强度的75%后，方可拆除；外模架应在梁体建立预应力后方可卸落。（JTG/T 3650：17.4.5）	□符合 □不符合	
	3.9.18	冬季，箱梁混凝土应覆盖养护。覆盖物要采用预埋钢筋的方式将其支撑起来，以防止覆盖物破坏尚未初凝的混凝土表面。另外，移动模架的模板也要做保温处理。（桥梁指南：6.5.4）	□符合 □不符合	
	3.9.19	箱梁施工必须对称进行，对桥梁轴线和高程进行施工监控。（桥梁指南：6.5.5）	□符合 □不符合	
	3.9.20	现浇施工过程控制宜遵循变形和内力双控的原则，且宜以变形控制为主。（桥梁指南：6.5.5）	□符合 □不符合	
	3.9.21	相邻块段的接缝应平整密实，色泽一致，棱角分明，无明显错台。（桥梁指南：6.5.5）	□符合 □不符合	
	3.9.22	线形应平顺，梁顶面应平整，每孔无明显折变。（桥梁指南：6.5.5）	□符合 □不符合	
	3.9.23	预应力筋封端宜采用无收缩混凝土。（桥梁指南：6.5.5）	□符合 □不符合	
其他				

规范性引用文件如下：
《公路桥涵施工技术规范》（JTG/T 3650—2020）
《江苏省高速公路施工标准化指南　第五分册　桥梁工程》（苏交建〔2011〕40号）

总体评价：本次检查_____项，符合_____项，不符合_____项，符合率为_____%。

检查单位_____　检查人_____　检查日期_____

3.10 梁(板)预制、安装

施工标段_____　　检查部位(工点)_____

检查项目	序号	质量检查要点	检查结果	问题描述
预制场地要求	3.10.1	场地应平整、坚实,应根据地基情况和气候条件,设置必要的防排水设施,并应采取有效措施防止场地沉陷。(JTG/T 3650:17.2.2)	□符合 □不符合	
预制台座	3.10.2	预制台座应坚固、稳定、不沉陷。(JTG/T 3650:17.2.3)	□符合 □不符合	
	3.10.3	预制台座的间距应能满足施工作业的要求;台座表面应光滑、平整,在2m长度上平整度的允许偏差应不超过2mm,且应保证底座或底模的挠度不大于2mm。(JTG/T 3650:17.2.3)	□符合 □不符合	
模板	3.10.4	外模应采用整体钢模,钢板厚度不得小于6mm。(桥梁指南:6.1.4)	□符合 □不符合	
	3.10.5	后张法预应力梁内模应采用定型钢模板,钢板厚度应不小于3mm。(桥梁指南:6.2.4)	□符合 □不符合	
钢筋安装	3.10.6	钢筋安装时应准确定位,伸缩装置及防撞护栏预埋筋、翼缘湿接缝环形钢筋应采用辅助措施进行定位。(桥梁指南:6.2.4)	□符合 □不符合	
	3.10.7	空心板梁铰缝钢筋安装时应保证其与模板密贴,并应采取有效措施固定。(桥梁指南:6.1.4)	□符合 □不符合	
	3.10.8	**部分钢筋位置冲突时,严禁随意切割;钢筋避让时,应遵循普通钢筋让预应力钢筋,次要钢筋让主要钢筋的原则。**(桥梁指南:6.2.4)	□符合 □不符合	
混凝土浇筑	3.10.9	中小跨径的空心板浇筑混凝土时,对芯模应有防止上浮和偏位的可靠措施。(JTG/T 3650:17.2.4)	□符合 □不符合	
	3.10.10	料斗移位时,应防止混凝土洒落在顶板内模上形成干灰或灰渣,侧腹板混凝土的下料和振捣应对称、同步进行,以避免内模偏位。(桥梁指南:6.2.4)	□符合 □不符合	
养护	3.10.11	采用蒸汽养护时,蒸汽管道沿梁长布设,高度宜高出梁底15~20cm且与梁体混凝土面距离不少于15cm。板梁、T梁布设应不少于2根,分别布设在梁体两侧;箱梁应不少于3根,分别布设在梁体两侧及箱室内。(T/JSTERA 18:4.2)	□符合 □不符合	

续上表

检查项目	序号	质量检查要点	检查结果	问题描述
养护	3.10.12	蒸汽管道应每隔1m设置1处出气孔,孔径宜3~5mm。使用前,应检查连接管道密闭性,蒸汽管道的畅通性。(T/JSTERA 18:4.2)	□符合 □不符合	
	3.10.13	养护棚棚布宜采用加厚型防水保温帆布,密闭无孔洞。供水设备应具有连续供水功能,供水量应与蒸汽发生量匹配。电蒸汽发生器用水应洁净无杂质。(T/JSTERA 18:3.2)	□符合 □不符合	
	3.10.14	当采用蒸汽养护时,宜分为静停、升温、恒温、降温及自然养护5个阶段。静停阶段养护棚内温度应不低于5℃,在混凝土浇筑完成后保持2~8h;混凝土浇筑完成4h后方可升温,且升温的速度应不大于10℃/h。(JTG/T 3650:17.8.6)	□符合 □不符合	
	3.10.15	恒温温度宜控制在20~40℃,波动范围±5℃,最高温度应不超过60℃。(T/JSTERA 18:5.4)	□符合 □不符合	
	3.10.16	同条件养护试块强度达到设计强度的75%时,可降温。调节电蒸汽发生器档位,缓慢停汽,均匀降温。温度降至与棚外温度差不超过10℃时,停止电蒸汽养护,可拆除养护棚。(T/JSTERA18:5.5)	□符合 □不符合	
	3.10.17	棚内外的环境温度,每昼夜应定时定点测量4次。升温及降温阶段应至少每小时测量1次,静停及恒温阶段应至少每2小时测量1次。(T/JSTERA 18:5.5)	□符合 □不符合	
梁(板)场内移运	3.10.18	在构件上设置的吊环必须采用未经冷拉的HPB300钢筋制作。(JTG/T 3650:17.2.6)	□符合 □不符合	
	3.10.19	吊绳与起吊构件的交角小于60°时,应设置吊架或起吊扁担,使用点垂直受力。(JTG/T 3650:17.2.6)	□符合 □不符合	
	3.10.20	吊移板式构件时,不得吊错上、下面。(JTG/T 3650:17.2.6)	□符合 □不符合	
梁(板)存放	3.10.21	存放台座应坚固稳定,且宜高出地面200mm以上。存放场地应有相应的防排水设施,并应保证梁、板等构件在存放期间不致因支点沉陷而受到损坏。(JTG/T 3650:17.2.7)	□符合 □不符合	
	3.10.22	梁、板构件存放时,其支点应符合设计规定的位置,支点处应采用垫木和其他适宜的材料进行支承,不得将构件直接支承在坚硬的存放台座上;存放时混凝土养护期未满的,应继续养护。(JTG/T 3650:17.2.7)	□符合 □不符合	
	3.10.23	预应力混凝土梁、板的存放时间宜不超过3个月,特殊情况下应不超过5个月;存放时间超过3个月时,应对梁、板的上拱度值进行检测,当上拱度值过大将会严重影响后续桥面铺装施工或梁、板混凝土产生严重开裂时,则不得使用。(JTG/T 3650:17.2.7)	□符合 □不符合	

续上表

检查项目	序号	质量检查要点	检查结果	问题描述
梁(板)存放	3.10.24	当构件多层叠放时,层与层之间应以垫木隔开,各层垫木的位置应设在设计规定的支点处,上下层垫木应在同一条竖直线上。(JTG/T 3650:17.2.7)	□符合 □不符合	
	3.10.25	叠放的高度大型构件以2层为宜,应不超过3层;小型构件宜为6~10层。(JTG/T 3650:17.2.7)	□符合 □不符合	
梁(板)运输	3.10.26	梁的运输应按高度方向竖立放置,并应有防止倾倒的固定措施;装卸梁时,必须在支撑稳妥后,方可卸除吊钩。(JTG/T 3650:17.2.8)	□符合 □不符合	
	3.10.27	采用平板拖车或超长拖车运输大型梁、板构件时,车长应能满足支点间的距离要求,支点处应设活动转盘防止搓伤构件混凝土。(JTG/T 3650:17.2.8)	□符合 □不符合	
	3.10.28	不论采用何种方式运输,均不得使梁体在装卸和运输过程中产生任何形式的损伤及变形。(JTG/T 3650:17.8.10)	□符合 □不符合	
梁(板)安装	3.10.29	装配式梁、板等构件在脱底模、移运、存放和安装时,混凝土的强度应不低于设计规定的吊装强度;设计未规定时,应不低于设计强度的80%。(JTG/T 3650:17.2.1)	□符合 □不符合	
	3.10.30	构件安装前应检查其外形、预埋件的尺寸和位置,允许偏差不得超过设计规定。(JTG/T 3650:17.2.1)	□符合 □不符合	
	3.10.31	预制安装梁、板应无建筑垃圾、杂物和临时预埋件。(JTG F80/1:8.7.2)	□符合 □不符合	
	3.10.32	安装前应将墩、台支座垫层表面及梁底面清理干净。(招标文件:412.03)	□符合 □不符合	
	3.10.33	构件安装就位完毕并经检查校正符合要求后,方可焊接或浇筑混凝土固定构件。(JTG/T 3650:17.2.1)	□符合 □不符合	
	3.10.34	对分层、分段安装的构件,应在先安装的构件可靠固定且受力较大的接头混凝土达到设计强度的80%后,方可继续安装;设计有规定时,应依据其规定。(JTG/T 3650:17.2.1)	□符合 □不符合	
	3.10.35	需与其他混凝土或砌体结合的预制构件的砌筑面,应按施工缝处理。(JTG/T 3650:17.2.1)	□符合 □不符合	
	3.10.36	梁、板就位后,应及时设置锁定装置或支撑,将构件临时固定。对横向自稳性较差的T形梁和I形梁等,应与先安装的构件进行可靠的横向连接,防止倾倒。(JTG/T 3650:17.2.9)	□符合 □不符合	

续上表

检查项目	序号	质量检查要点	检查结果	问题描述
梁(板)安装	3.10.37	安装在同一孔跨的梁、板,其预制施工的龄期差不宜超过10d,特殊情况应不超过30d。(JTG/T 3650:17.2.9)	□符合 □不符合	
	3.10.38	梁、板上有预留相互对接的预应力孔道的,其中心应在同一轴线上,偏差应不大于4mm。梁、板之间的横向湿接缝,应在一孔梁、板全部安装完成后方可进行施工。(JTG/T 3650:17.2.9)	□符合 □不符合	
	3.10.39	梁段之间接缝填充材料的种类、规格和性能应满足设计要求,接缝填充密实;梁段接缝胶结材料不得脱落和开裂。(JTG F80/1:8.7.2)	□符合 □不符合	
	3.10.40	预制板的安装直至形成结构整体各阶段,都不允许板式橡胶支座出现脱空现象,并应逐个进行检查。(招标文件:412.03)	□符合 □不符合	
	3.10.41	预制梁就位后应妥善支承和支撑,直到就地浇筑或焊接的横隔梁强度足以承受荷载。(招标文件:412.03)	□符合 □不符合	
	3.10.42	分段拼装梁的接头混凝土或砂浆,其强度应不低于构件的设计强度;不承受内力的构件的接缝砂浆,其强度等级应不低于M10。(JTG/T 3650:17.2.1)	□符合 □不符合	
	3.10.43	箱梁架设安装后的吊梁孔应采用收缩补偿混凝土封填。(JTG/T 3650:17.8.11)	□符合 □不符合	
端(中)横梁、湿接缝(铰缝)施工	3.10.44	梁端混凝土凿毛应在架梁前完成,梁、板就位后,湿接缝、横隔板应及时浇筑。(桥梁指南:6.8.4)	□符合 □不符合	
	3.10.45	不得将空心板铰缝的混凝土、小箱梁及T梁张拉槽口的混凝土与调平层同时一次浇筑。(桥梁指南:6.8.4)	□符合 □不符合	
	3.10.46	对于预应力空心板梁的铰缝区,在拆模后应及时安排凿毛。(桥梁指南:6.8.4)	□符合 □不符合	
	3.10.47	**铰缝宜采用细石混凝土,且应采用插入式振动器振捣密实,严禁人工插捣。**(桥梁指南:6.8.4)	□符合 □不符合	
	3.10.48	湿接缝的环形钢筋应封闭焊接成环,焊接部位宜设置在顶面。(桥梁指南:6.8.4)	□符合 □不符合	
	3.10.49	浇筑端(中)横梁、湿接缝混凝土时,应严格按设计要求的浇筑顺序进行,保证后浇混凝土与既有混凝土顺接,不应出现错台。(桥梁指南:6.8.4)	□符合 □不符合	
	3.10.50	端(中)横梁、湿接缝应按设计对浇筑温度的要求选择浇筑时段,混凝土宜采用收缩补偿混凝土。(桥梁指南:6.8.4)	□符合 □不符合	

续上表

检查项目	序号	质量检查要点	检查结果	问题描述
负弯矩预应力施工	3.10.51	负弯矩预应力施工前应做好孔道封口保护。(桥梁指南:6.8.4)	□符合 □不符合	
	3.10.52	应在梁端连续段混凝土强度达到设计要求后,方可穿束进行负弯矩预应力施工。穿束前应对预留孔道采用通孔器或其他可靠方法进行检查。(桥梁指南:6.8.4)	□符合 □不符合	
	3.10.53	**张拉负弯矩钢束时严禁随意切断张拉槽口处的纵、横向钢筋。**(桥梁指南:6.8.4)	□符合 □不符合	
	3.10.54	预应力筋的张拉顺序应符合设计要求,设计未规定时,可按先张拉短束、后张拉长束的顺序进行。张拉应在混凝土的强度和弹性模量达到设计值的80%以上时方可进行。(桥梁指南:6.8.4)	□符合 □不符合	
	3.10.55	锚具和垫板接触处的混凝土残渣等应清除干净后,方可浇筑封端混凝土。(桥梁指南:6.8.4)	□符合 □不符合	
其他				

规范性引用文件如下:
《公路工程标准施工招标文件》(2018年版·第二册)(交通运输部公告2017年第51号)
《公路桥涵施工技术规范》(JTG/T 3650—2020)
《高速公路预制梁电蒸汽养生施工技术规程》(T/JSTERA 18—2020)
《江苏省高速公路施工标准化指南　第五分册　桥梁工程》(苏交建〔2011〕40号)

总体评价:本次检查_____项,符合_____项,不符合_____项,符合率为_____%。

检查单位_____检查人_____检查日期_____

3.11 悬臂浇筑

施工标段_____　　检查部位(工点)_____

检查项目	序号	质量检查要点	检查结果	问题描述
挂篮	3.11.1	挂篮与悬浇梁段混凝土的质量比宜不大于0.5,且挂篮的总重应控制在设计规定的限重之内。(JTG/T 3650:17.5.1)	□符合 □不符合	
	3.11.2	挂篮的外模板应采用大块整体钢模。(桥梁指南:6.6.4)	□符合 □不符合	
	3.11.3	挂篮模板的制作与安装应准确、牢固。后吊杆和下限位拉杆孔道应严格按设计尺寸准确预留。(JTG/T 3650:17.5.1)	□符合 □不符合	
	3.11.4	挂篮锚固系统所用的轴销、键、拉杆、垫板、螺母、分配梁等应专门设计、加工,并不得随意更换或替代。(JTG/T 3650:17.5.1)	□符合 □不符合	
	3.11.5	悬挂系统两端应能与承压面密贴配合。(JTG/T 3650:17.5.1)	□符合 □不符合	
	3.11.6	挂篮制作加工完成后应进行试拼装。挂篮在现场组拼后,应全面检查其安装质量,并应进行模拟荷载试验,符合挂篮设计要求后方可正式投入使用。(JTG/T 3650:17.5.1)	□符合 □不符合	
钢筋制作及安装	3.11.7	**施工图设计中底板及底腹板倒角位置处防崩钢筋的设置,在两节段处1m范围内应加密处理。**(桥梁指南:6.6.2)	□符合 □不符合	
	3.11.8	底板钢筋与腹板钢筋的连接应牢固,且宜采用焊接;底板上、下两层的钢筋网应采用两端带弯钩的竖向筋进行连接,使之形成整体;顶板底层的横向钢筋宜采用通长筋。(JTG/T 3650:17.5.2)	□符合 □不符合	
	3.11.9	钢筋与预应力管道、预应力施工作业相互影响时,钢筋仅可移动,不得切断。(JTG/T 3650:17.5.2)	□符合 □不符合	
	3.11.10	若挂篮的下限位器、下锚带、斜拉杆等部位影响下一步操作必须切断钢筋时,应在该工序完成后,将切断的钢筋重新连接。(JTG/T 3650:17.5.2)	□符合 □不符合	
0号、1号块施工	3.11.11	墩顶梁段宜全断面一次浇筑完成;当梁段过高一次浇筑完成难以保证质量时,可沿高度方向分两次浇筑,但首次浇筑的高度宜超过底板承托顶面以上至少500mm,且宜将两次浇筑混凝土的龄期差控制在7d以内。(JTG/T 3650:17.5.4)	□符合 □不符合	

续上表

检查项目	序号	质量检查要点	检查结果	问题描述
0号、1号块施工	3.11.12	0号块隔墙厚度≥1.5m时宜设冷却水管,防止水化热导致内外温差过大。(桥梁指南:6.6.4)	□符合 □不符合	
	3.11.13	混凝土应按由外向内的顺序(1号块向0号块)分层对称浇筑,待底板浇筑完后,将腹板、顶板一次性浇筑完成,分层厚度不应大于300mm。(桥梁指南:6.6.4)	□符合 □不符合	
悬浇段施工	3.11.14	纵坡大于或等于2%时,挂篮应设置限位装置,防止其纵向滑移。(桥梁指南:6.6.4)	□符合 □不符合	
	3.11.15	**悬臂浇筑施工应对称、平衡进行。两端悬臂上荷载的实际不平衡偏差不得超过设计规定值;设计未规定时,宜不超过梁段重的1/4**。(JTG/T 3650:17.5.5)	□符合 □不符合	
	3.11.16	悬臂梁段应全断面一次浇筑完成,并应从悬臂端开始,向已完成梁段分层浇筑。(JTG/T 3650:17.5.5)	□符合 □不符合	
	3.11.17	悬臂浇筑的施工过程控制宜遵循变形和内力双控的原则,且宜以变形控制为主。(JTG/T 3650:17.5.5)	□符合 □不符合	
	3.11.18	挂篮前移就位后,应立即将后锚固点锁定,防止倾覆。(JTG/T 3650:17.5.5)	□符合 □不符合	
	3.11.19	**应严格控制挂篮后锚点距节段端面的距离,减小节段错台的厚度,后锚点距节段端面的距离宜不大于200mm**。(桥梁指南:6.6.4)	□符合 □不符合	
	3.11.20	每一节段悬臂浇筑施工完成后,除应进行质量检验外,尚应对预应力孔道进行检查,防止杂物堵塞孔道的情况发生。(JTG/T 3650:17.5.5)	□符合 □不符合	
	3.11.21	悬臂浇筑施工时,应对桥面上的各种临时施工荷载进行控制。(JTG/T 3650:17.5.5)	□符合 □不符合	
边跨现浇段施工	3.11.22	现浇段施工时,应根据合龙段方案预留合龙段施工相关的预埋件及预留孔道。(桥梁指南:6.6.4)	□符合 □不符合	
	3.11.23	现浇段的支架应进行超载预压。(桥梁指南:6.6.4)	□符合 □不符合	
	3.11.24	**现浇段的支架应设置预应力施加及温度作用下保证水平位移的装置**。(桥梁指南:6.6.4)	□符合 □不符合	
合龙段施工	3.11.25	合龙段卸载过程应有专人指挥,应根据浇筑混凝土进展情况,逐步卸除。(桥梁指南:6.6.4)	□符合 □不符合	

续上表

检查项目	序号	质量检查要点	检查结果	问题描述
合龙段施工	3.11.26	对于连续刚构,应在设计给定的合龙温度范围内焊接完成。(桥梁指南:6.6.4)	□符合 □不符合	
	3.11.27	对连续刚构两端的悬臂梁段采用施加水平推力的方式调整梁体的内力时,千斤顶的施力应对称、均衡。(JTG/T 3650:17.5.7)	□符合 □不符合	
	3.11.28	多跨一次合龙,必须同时均衡、对称合龙。(招标文件:411.07-2)	□符合 □不符合	
	3.11.29	合龙段的混凝土宜在一天中气温最低且稳定的时段内浇筑,浇筑后应及时覆盖,洒水养护,养护时间宜不少于14d。(JTG/T 3650:17.5.7)	□符合 □不符合	
	3.11.30	合龙时在桥面上设置的全部临时施工荷载应符合施工控制的要求。对预应力混凝土连续梁,合龙后应在规定的时间内尽快拆除墩梁临时固结装置,按设计规定的程序完成体系转换和支座反力调整。(JTG/T 3650:17.5.7)	□符合 □不符合	
	3.11.31	梁墩临时锚固的解除,应均衡、对称进行。(桥梁指南:6.6.4)	□符合 □不符合	
预应力施工	3.11.32	预应力管道的安装定位应准确,备用管道和长束的管道应采取措施,保证其在使用时的有效性。(JTG/T 3650:17.5.6)	□符合 □不符合	
	3.11.33	对纵向预应力长钢束的张拉,宜通过必要的试验确定其张拉程序和各项参数,张拉持荷时间宜增加1倍。(JTG/T 3650:17.5.6)	□符合 □不符合	
	3.11.34	对钢束施加预应力时,不得随意将锚具附近的普通钢筋切断。(JTG/T 3650:17.5.6)	□符合 □不符合	
	3.11.35	对竖向预应力孔道,压浆时应从下端的压浆孔压入,压力宜为0.3~0.4MPa,且压入的速度不宜过快。(JTG/T 3650:17.5.6)	□符合 □不符合	
施工监控	3.11.36	施工监控应考虑环境温度、桥上施工设备及临时荷载的影响;监控测量应考虑日照温差、季节性温差、大风等因素的影响;施工荷载应不超过规定的限值。(JTG/T 3650:17.5.8)	□符合 □不符合	
	3.11.37	每节段施工时,应在混凝土浇筑后、预应力张拉后、挂篮前移就位后等阶段,测量梁段的高程,并据此预测、确定下一梁段的立模高程。应力监测应按预定的频次实施,不得随意改变。(JTG/T 3650:17.5.8)	□符合 □不符合	

续上表

检查项目	序号	质量检查要点	检查结果	问题描述
施工监控	3.11.38	当需要改变施工顺序、进度和作业条件时，应复核施工监控的可行性，并制定措施，保证桥梁线形和应力符合设计要求。（JTG/T 3650:17.5.8）	□符合 □不符合	
外观质量	3.11.39	相邻块段的接缝应平整密实，色泽一致，棱角分明，无明显错台。（桥梁指南:6.6.5）	□符合 □不符合	
	3.11.40	线形应平顺，梁顶面应平整，无明显折变。（桥梁指南:6.6.5）	□符合 □不符合	
其他				

规范性引用文件如下：
《公路工程标准施工招标文件》(2018年版·第二册)(交通运输部公告2017年第51号)
《公路桥涵施工技术规范》(JTG/T 3650—2020)
《江苏省高速公路施工标准化指南 第五分册 桥梁工程》(苏交建〔2011〕40号)

总体评价：本次检查＿＿＿＿项，符合＿＿＿＿项，不符合＿＿＿＿项，符合率为＿＿＿＿％。

检查单位＿＿＿＿＿＿＿＿ 检查人＿＿＿＿＿＿＿＿ 检查日期＿＿＿＿＿＿＿＿

3.12 节段预制拼装

施工标段_____ 检查部位(工点)_____

检查项目	序号	质量检查要点	检查结果	问题描述
预制场建设	3.12.1	预制场地应平整坚实,并设有排水和养护系统。(T/JSTERA 13:附录 A)	□符合 □不符合	
	3.12.2	预制台座及场内道路应有足够的承载力,以承受结构自重及施工荷载。(T/JSTERA 13:附录 A)	□符合 □不符合	
	3.12.3	预制场地内的测量控制点应远离热源,避免太阳光直射、振动源并具有良好的通视条件,测量塔基础应稳固,在测量塔适宜位置应设置沉降观测点,并定期进行观测。(T/JSTERA 13:附录 A)	□符合 □不符合	
钢筋加工及安装	3.12.4	当钢筋与预埋件、预应力管道、预应力筋发生干扰必须切断时,应设置补强钢筋。(T/JSTERA 13:5.1.8)	□符合 □不符合	
	3.12.5	钢筋骨架应采用多点平衡起吊吊具吊装,吊具应进行专项设计。(T/JSTERA 13:5.1.9)	□符合 □不符合	
	3.12.6	钢筋骨架受力钢筋间距两排以上时,排距允许偏差为±5mm,同排允许偏差为±10mm。保护层厚度允许偏差为+5mm。(T/JSTERA 13:5.2.4)	□符合 □不符合	
	3.12.7	波纹管定位钢筋间距不大于设计值。预留孔位置允许偏差≤10mm,孔径允许偏差为(0mm,+3mm)。预埋件(含体外预应力埋件)中心线位置允许偏差≤3mm;外露尺寸允许偏差±10mm。(T/JSTERA 13:5.2.5)	□符合 □不符合	
	3.12.8	外露埋件应无破损、锈蚀、焊渣等。(T/JSTERA 13:5.3.3)	□符合 □不符合	
	3.12.9	预留孔道线形应顺畅,无突变。(T/JSTERA 13:5.3.4)	□符合 □不符合	
模板制作与安装	3.12.10	节段预制宜采用专门设计的钢模板,钢模板及其支撑除应满足强度、刚度和稳定性的要求外,尚应满足多次重复使用不变形,并保证节段预制精度。(JTG/T 3650:17.6.5)	□符合 □不符合	
	3.12.11	采用长线法预制节段时,同一连续匹配浇筑的梁段应在同一长线台座上制作。(JTG/T 3650:17.6.5)	□符合 □不符合	

续上表

检查项目	序号	质量检查要点	检查结果	问题描述
模板制作与安装	3.12.12	采用短线法时,应在台座上匹配预制,并应符合下列规定:①内模系统应是可调整的,且宜安装在可移动的台车支架上;②端模应垂直、牢固,外侧模与底模应能适应节段的线形变化要求;③模板与匹配节段的连接应紧密、不漏浆,其安装质量应符合规范规定。(JTG/T 3650:17.6.5)	□符合 □不符合	
	3.12.13	外侧模、内模和底模应配备液压系统,快速拆装模板。(T/JSTERA 13:6.1.3)	□符合 □不符合	
	3.12.14	模板组拼应满足下列要求:①模板表面清洁,无可见杂物、锈迹、焊渣,触摸无凹凸感;②脱模剂涂刷均匀,无明显汇集;③匹配梁端面无疏松残渣、粉尘、凸起,梁体外侧轮廓无残留杂物;④匹配测量宜采用6点测量法,固定端模在施工期间固定牢固,每次使用时进行复测;⑤匹配梁固定并复测后,混凝土浇筑及拆模前不应移动;⑥模板拼装尺寸应根据监控指令值进行调整。(T/JSTERA 13:6.1.5)	□符合 □不符合	
	3.12.15	模板组装检查项目允许偏差应符合以下要求(mm):①模内尺寸:长度(-3,+1);宽度(-2,+3);高度(-2,0)。②模板相邻两板内表面高差≤2。③模板表面平整度≤3。④垂直度小于或等于$H/1000$,≤3。⑤预埋件中心线位置≤3。⑥预留孔洞中心位置≤10。⑦预留孔洞截面内部尺寸(0,+3)。⑧剪力键位置偏差±2,尺寸偏差±2。⑨模板拼接缝隙≤2。⑩测点布置±30。⑪待浇段梁长(-2,0)。(T/JSTERA 13:6.2.2)	□符合 □不符合	
	3.12.16	外观质量:模板表面及内部干净整洁,无污垢,形状完整,无残缺或变形。(T/JSTERA 13:6.3)	□符合 □不符合	
体外预应力预埋件	3.12.17	预埋件应水平堆放,并遮盖防雨油布。(T/JSTERA 13:7.1.4)	□符合 □不符合	
	3.12.18	预埋件各类标识应齐全,标识内容应包括规格、体外束号、桥跨位置及方位等,在安装前应检查弯曲转向方向,孔位排列等是否准确。(T/JSTERA 13:7.1.5)	□符合 □不符合	
	3.12.19	在节段梁预制完成后,锚垫板、减振装置、预埋钢板和钢管外露表面涂层破损位置应采用相应油漆进行修补。(T/JSTERA 13:7.1.6)	□符合 □不符合	
	3.12.20	节段梁预制完成后,应及时检查转向器分丝管孔道,疏通堵塞孔道。(T/JSTERA 13:7.1.7)	□符合 □不符合	

续上表

检查项目	序号	质量检查要点	检查结果	问题描述
体外预应力预埋件	3.12.21	转向器安装时,应采取有效措施,防止分丝管在混凝土浇筑过程中进浆。(T/JSTERA 13:7.1.12)	□符合 □不符合	
	3.12.22	体外预应力埋件检查项目允许偏差应符合以下要求(mm):①锚垫板(钢板式)直径±1,端面壁厚±1,长度(-5,0);②锚垫板(铸造式)直径(-3,+5),端面壁厚(-3,+5),长度(-5,0);③螺旋筋外径±5;④钢管直径±1,长度(-5,0),焊缝高度≥5;⑤转向器直径±2,焊缝高度≥5,长度±5;⑥减振装置预埋钢板及锚筋长度±5,厚度≤0.5,焊缝高度≥6。(T/JSTERA 13:7.2)	□符合 □不符合	
	3.12.23	锚垫板端面应平整、无变形、无开裂,内壁涂层应均匀完好,外表涂层应均匀,宜无锈蚀。(T/JSTERA 13:7.3.1)	□符合 □不符合	
	3.12.24	螺旋筋应圆整、无变形,外表涂层应均匀,宜无锈蚀。(T/JSTERA 13:7.3.2)	□符合 □不符合	
	3.12.25	转向器和钢管应圆整、无变形,内壁涂层应均匀完好,外表涂层应均匀,宜无锈蚀,焊缝应饱满连续。(T/JSTERA 13:7.3.3)	□符合 □不符合	
	3.12.26	转向器内孔道应通畅,无堵塞。(T/JSTERA 13:7.3.4)	□符合 □不符合	
	3.12.27	减振装置预埋钢板应平整、无变形,外表涂层应均匀,宜无锈蚀,焊缝应饱满连续、无夹渣。(T/JSTERA 13:7.3.5)	□符合 □不符合	
节段梁预制	3.12.28	混凝土浇筑分层厚度应≤300mm,顶面平整度≤3mm,顶面拉毛深度2~5mm。(T/JSTERA 13:8.2.1)	□符合 □不符合	
	3.12.29	节段预制混凝土的总体养护时间宜不少于14d,对节段的外立面混凝土宜采用喷湿或其他适宜的方式进行养护。(JTG/T 3650:17.6.7)	□符合 □不符合	
	3.12.30	节段的脱模时间应符合设计规定;设计未规定时,应在混凝土强度达到设计强度的75%后方可脱模并拆除。(JTG/T 3650:17.6.8)	□符合 □不符合	
	3.12.31	在脱模、拆除或移动节段时,应采取措施,防止损伤节段混凝土的棱角和剪力键。(JTG/T 3650:17.6.8)	□符合 □不符合	
	3.12.32	模板拆除后应及时对节段进行检查验收,测量其外形尺寸,并标出梁高及纵横轴线。(JTG/T 3650:17.6.9)	□符合 □不符合	

续上表

检查项目	序号	质量检查要点	检查结果	问题描述
节段梁预制	3.12.33	梁段出厂验收实测项目规定值或允许偏差应符合以下要求（mm）：①横坡±0.15%；②梁顶宽±5；③梁底宽、腹板、顶板、底板厚度(0, +5)；④梁高±5；⑤侧面/顶面平整度≤3/5；⑥保护层厚度0.9d~1.3d(d为设计值)；⑦预制节段长度(-5, +3)；⑧预埋件位置偏差≤5；⑨预应力孔道应通畅。(T/JSTERA 13:8.2.2)	□符合 □不符合	
	3.12.34	预制节段梁混凝土应振捣密实，外形尺寸准确，表面光滑，匹配拼接面吻合度好，剪力齿分明、完整。（桥梁指南:6.6.4）	□符合 □不符合	
	3.12.35	应无露筋、孔洞、疏松、夹渣等缺陷。(T/JSTERA 13:8.3.2)	□符合 □不符合	
	3.12.36	蜂窝、麻面等缺陷面积应不超过所在面面积的0.5%，深度不超过10mm，掉皮、起砂和污染等缺陷面积应不超过所在面面积的1%。(T/JSTERA 13:8.3.3)	□符合 □不符合	
起吊、移运、存放	3.12.37	节段从预制台座起吊时，混凝土的强度应符合设计规定。(JTG/T 3650:17.6.10)	□符合 □不符合	
	3.12.38	节段在移运时，应采取措施，防止对节段产生冲击或碰撞。(JTG/T 3650:17.6.10)	□符合 □不符合	
	3.12.39	节段在存放台座的叠放层数宜不超过两层，并应对存放台座及其地基的承载力进行验算。节段支点的位置应符合设计要求，且宜采用垫木或橡胶板等弹性支撑物进行支承。(JTG/T 3650:17.6.10)	□符合 □不符合	
	3.12.40	节段的存放时间应符合设计要求；设计未要求时，宜不少于90d。对未达到养护时间的节段，应在存放时继续养护。(JTG/T 3650:17.6.10)	□符合 □不符合	
节段梁拼装	3.12.41	墩顶及相邻梁段采用现浇方式施工时，应使其与预制梁段匹配良好。(JTG/T 3650:17.6.11)	□符合 □不符合	
	3.12.42	对连续梁，墩顶的梁段与墩之间应按设计要求进行临时固结。(JTG/T 3650:17.6.12)	□符合 □不符合	
	3.12.43	**在拼装施工过程中，应跟踪监测各节段梁体的挠度变化情况，控制其中轴线及高程。**(JTG/T 3650:17.6.13)	□符合 □不符合	
	3.12.44	节段悬臂拼装时，桥墩两侧的节段应对称起吊，且应保证桥墩两侧平衡受力，最大不平衡力应符合设计规定。(JTG/T 3650:17.6.13)	□符合 □不符合	

续上表

检查项目	序号	质量检查要点	检查结果	问题描述
节段梁拼装	3.12.45	节段正式拼装前宜进行试拼装。(JTG/T 3650:17.6.14)	□符合 □不符合	
	3.12.46	采用上行式架桥机拼装节段时,各节段应错层悬挂,且节段之间应设置防止碰撞的垫块,错层的节段数量和节段之间的纵向间距应能满足拼装工艺的要求。(JTG/T 3650:17.6.14)	□符合 □不符合	
	3.12.47	采用下行式架桥机拼装节段时,应采取有效措施,抵抗支承面倾斜时节段重力对装载车产生的水平分力。(JTG/T 3650:17.6.14)	□符合 □不符合	
	3.12.48	各节段与匹配节段的预应力孔道应连接顺畅,在节段拼装后的匹配面接缝处,孔道位置不应有超过2mm的错台现象,且应保证其密封性。(JTG/T 3650:17.6.14)	□符合 □不符合	
	3.12.49	拼装后整跨梁体的三维位置不符合设计要求时,应对其进行调整,直至满足设计规定的精度要求。(JTG/T 3650:17.6.14)	□符合 □不符合	
	3.12.50	采用上行式架桥机拼装时,应在支承转换全部完成后,方可拆除在架桥机上的固定装置。(JTG/T 3650:17.6.14)	□符合 □不符合	
接缝的处理	3.12.51	采用胶接缝拼装的节段,涂胶前应就位试拼。节段的匹配面应平整,尘土、油脂等污染物及松散混凝土和浮浆应清除干净。涂胶前的匹配面应进行干燥处理。(JTG/T 3650:17.6.15)	□符合 □不符合	
	3.12.52	环氧胶黏剂的涂抹厚度不宜超过3mm,其有效工作时间应按成孔拼装要求确定,宜不小于1h。环氧胶黏剂应采用机械拌和。在冬季低温条件下使用环氧胶黏剂时应采取保温措施。(T/JSTERA 13:10.1.4)	□符合 □不符合	
	3.12.53	施加临时预应力时,环氧胶黏剂应在梁体的全断面挤出。应对孔道口做好防护,环氧胶黏剂不应进入预应力孔道。每个节段拼装完成之后应适时通孔。(T/JSTERA 13:10.1.5)	□符合 □不符合	
	3.12.54	梁段接缝胶结材料应平整密实,无脱落和开裂。(T/JSTERA 13:10.3.2)	□符合 □不符合	
	3.12.55	湿接缝两端端面应进行凿毛处理。(T/JSTERA 13:11.1.1)	□符合 □不符合	
	3.12.56	湿接缝混凝土强度应不低于节段混凝土强度,宜采用微膨胀混凝土。(T/JSTERA 13:11.1.5)	□符合 □不符合	

续上表

检查项目	序号	质量检查要点	检查结果	问题描述
接缝的处理	3.12.57	湿接缝应在合龙当天温度较低时浇筑,浇筑前应对两侧混凝土面进行湿润。(T/JSTERA 13:11.1.7)	□符合 □不符合	
	3.12.58	混凝土表面错台≤3mm。(T/JSTERA 13:11.2)	□符合 □不符合	
	3.12.59	混凝土应密实,无空洞。新老混凝土接缝处应严密,无漏浆。(T/JSTERA 13:11.3)	□符合 □不符合	
梁段安装质量检验	3.12.60	节段梁安装检验实测项目规定值或允许偏差应符合以下要求(mm):支撑中心偏位≤5;相邻节段顶面错台≤5;相邻节段底、侧面错台≤3;拼缝宽度≤3;湿接缝两端对应孔道偏差≤10;梁长(-20,+10)。(T/JSTERA 13:10.2)	□符合 □不符合	
	3.12.61	混凝土应边角完整,无缺边、掉角现象。(T/JSTERA 13:10.3.1)	□符合 □不符合	
	3.12.62	梁段拼装完成后,拼缝处无突变,整体线形应流畅。(T/JSTERA 13:10.3.3)	□符合 □不符合	
预应力施工	3.12.63	对采用胶接缝的节段,在拼装工作结束并经检查符合要求后,应立即施加预应力对接缝进行挤压。(JTG/T 3650:17.6.16)	□符合 □不符合	
	3.12.64	对采用湿接缝的节段,应在接缝混凝土强度达到设计强度的80%以上时,方可对其施加预应力。(JTG/T 3650:17.6.16)	□符合 □不符合	
	3.12.65	临时预应力钢束的布置和张拉控制应力应符合设计规定,并应满足多次重复张拉的作业要求;临时预应力钢束在结构永久预应力施工完成后方可拆除。(JTG/T 3650:17.6.16)	□符合 □不符合	
	3.12.66	填充型环氧涂层钢绞线应满足以下要求:涂层无孔洞、裂纹、空隙等可见缺陷;涂层伸长1%后,涂层无可见裂纹;涂层1m范围内受损总面积小于0.5%。(T/JSTERA 13:12.1.7)	□符合 □不符合	
	3.12.67	体外预应力筋保护层应完整、无破损。(T/JSTERA 13:12.3.3)	□符合 □不符合	
	3.12.68	体外预应力锚头预留钢绞线长度应符合设计要求,且应采用油脂或其他防腐材料包裹,与空气隔绝。(T/JSTERA 13:13.1.9)	□符合 □不符合	
	3.12.69	节段拼装完成并施加预应力后,方可放松起吊吊钩,并应立即对预应力孔道进行压浆和封锚。(JTG/T 3650:17.6.16)	□符合 □不符合	

续上表

检查项目	序号	质量检查要点	检查结果	问题描述
预应力施工	3.12.70	对梁顶面明槽内已张拉的预应力钢束应加以保护,严禁在其上堆放物体或抛物撞击。(JTG/T 3650:17.6.16)	□符合 □不符合	
	3.12.71	封锚混凝土与相邻混凝土表面错台应不大于5mm。封锚混凝土应无裂缝、孔洞、蜂窝、麻面等缺陷。体外束封锚油脂应无渗漏。(T/JSTERA 13:13.3)	□符合 □不符合	
监控	3.12.72	节段预制拼装的施工监控,应根据其结构特点和施工方法的不同进行有针对性的控制。(JTG/T 3650:17.6.17)	□符合 □不符合	
合龙及体系转换	3.12.73	合龙及体系转换的程序应符合设计要求。(JTG/T 3650:17.6.18)	□符合 □不符合	
其他				

规范性引用文件如下：
《公路桥涵施工技术规范》(JTG/T 3650—2020)
《短线法节段梁预制及安装质量检验标准》(T/JSTERA 13—2020)
《江苏省高速公路施工标准化指南 第五分册 桥梁工程》(苏交建〔2011〕40号)

总体评价:本次检查_____项,符合_____项,不符合_____项,符合率为_____%。

检查单位_____ 检查人_____ 检查日期_____

3.13 顶推施工

施工标段_____　　检查部位(工点)_____

检查项目	序号	质量检查要点	检查结果	问题描述
台座	3.13.1	在桥头路基或引桥上设置预制或拼装台座时,应设置台座地基的防水、排水设施,防止沉陷。(JTG/T 3650:17.7.3)	□符合 □不符合	
	3.13.2	台座的轴线应与桥梁轴线的延长线重合,纵坡应一致。(JTG/T 3650:17.7.3)	□符合 □不符合	
	3.13.3	混凝土梁体在支座位置处的横隔板,宜在整联梁顶推到位并完成解联后进行浇筑,振捣时应避免振动器碰撞预应力管道和预埋件等。(JTG/T 3650:17.7.4)	□符合 □不符合	
	3.13.4	梁段的工作缝表面应凿毛并清洗干净。若工作缝为多联连续梁的解联断面,宜设为干接缝,并采用临时预应力束张拉,使之连接紧密。干接缝的断面尺寸应准确,表面应平整,解联时应分开方便。(JTG/T 3650:17.7.4)	□符合 □不符合	
	3.13.5	对与顶推导梁连接的梁体端部的混凝土,应保证其振捣密实,不得出现空洞等缺陷。(JTG/T 3650:17.7.4)	□符合 □不符合	
梁体预应力施工	3.13.6	预应力钢束的布置、张拉顺序、临时束的拆除次序等应符合设计规定。(JTG/T 3650:17.7.5)	□符合 □不符合	
	3.13.7	各种因顶推施工需要所设置的临时预应力束,在顶推施工过程中应予以妥善保护。(JTG/T 3650:17.7.5)	□符合 □不符合	
导梁、临时墩设置	3.13.8	导梁全部节间的拼装应平整。(JTG/T 3650:17.7.6)	□符合 □不符合	
	3.13.9	桥跨中间设有临时墩时,梁体顶推施工完成并落位到永久支座上后,应及时将其拆除。(JTG/T 3650:17.7.6)	□符合 □不符合	
梁体顶推	3.13.10	采用单点或多点拉杆方式顶拉时,拉杆的截面面积和根数应满足顶拉力的要求。(JTG/T 3650:17.7.7)	□符合 □不符合	
	3.13.11	**多点顶推(拉)时,各点的水平千斤顶应同步运行。**(JTG/T 3650:17.7.7)	□符合 □不符合	
	3.13.12	宜在墩台上设置导向装置,防止梁体在顶推过程中产生偏移。(JTG/T 3650:17.7.7)	□符合 □不符合	

续上表

检查项目	序号	质量检查要点	检查结果	问题描述
梁体顶推	3.13.13	顶推过程中,宜对梁体的轴线位置、墩台的变形、主梁及导梁控制截面的挠度和应力变化等进行施工监测。(JTG/T 3650:17.7.7)	□符合 □不符合	
	3.13.14	顶推时至少应在2个墩上设置保险千斤顶。(JTG/T 3650:17.7.7)	□符合 □不符合	
	3.13.15	平曲线连续梁顶推施工时,预制台座的平面及梁体均应按设计线形设置成圆弧形。顶推应使梁体沿圆弧曲线前进。(JTG/T 3650:17.7.7)	□符合 □不符合	
	3.13.16	采用步履式顶推时,垫梁应有足够的长度和刚度,且应与梁体底部完全接触(垫50mm厚橡胶垫),保证梁体腹板可靠受力。顶推过程中竖向顶升和水平顶推各墩的同步精度应控制在5mm以内,同墩两侧的同步精度应控制在4mm以内。(JTG/T 3650:17.7.7)	□符合 □不符合	
	3.13.17	导梁与钢梁之间宜采用焊接连接或采用螺栓连接。钢梁结构的支点和顶推施力点处宜适当加固,并应采取措施,防止结构在顶推过程中产生变形。(JTG/T 3650:17.7.9)	□符合 □不符合	
落梁	3.13.18	落梁前应按设计规定的顺序,对预应力钢束进行张拉、锚固和压浆,拆除全部临时预应力钢束。(JTG/T 3650:17.7.8)	□符合 □不符合	
	3.13.19	拆除墩、台上的滑动装置时,梁体的各支点应均匀顶起,其顶力应按设计支点反力的大小进行控制。(JTG/T 3650:17.7.8)	□符合 □不符合	
	3.13.20	落梁时应按设计规定的顺序和每次的下落量分步进行,同一墩、台的千斤顶应同步运行;落梁反力的允许偏差应为±10%设计反力。(JTG/T 3650:17.7.8)	□符合 □不符合	
	3.13.21	永久支座应在落梁前进行安装。(JTG/T 3650:17.7.8)	□符合 □不符合	
其他				

规范性引用文件如下:
《公路桥涵施工技术规范》(JTG/T 3650—2020)

总体评价:本次检查_____项,符合_____项,不符合_____项,符合率为_____%。

检查单位_____ 检查人_____ 检查日期_____

3.14 钢 梁

施工标段_____ 检查部位(工点)_____

检查项目	序号	质量检查要点	检查结果	问题描述
材料	3.14.1	钢材表面有锈蚀、麻点或划痕等缺陷时,其深度不得大于该钢材厚度允许偏差值的1/2。钢材端边或断口处不应有分层、夹渣等缺陷。(JTG/T 3650:8.2.4)	□符合 □不符合	
	3.14.2	涂装材料应存放在专用仓库内,涂装时不得使用超出保质期的涂料。(JTG/T 3650:8.2.9)	□符合 □不符合	
	3.14.3	高强度螺栓连接副进场后应按包装箱上注明的批号、规格分类存放保管,不得混淆;在室内应架空存放,不得直接置于地面上,并应采取措施,防止受潮生锈。(JTG/T 3650:8.2.9)	□符合 □不符合	
组装	3.14.4	对采用埋弧焊、CO_2气体保护焊及低氢型焊条手工焊等方法焊接的接头,在组装前应将待焊区域的铁锈、氧化皮、污垢、水分等有害物质清除干净,使其表面露出金属光泽。(JTG/T 3650:8.4.2)	□符合 □不符合	
	3.14.5	采用埋弧焊焊接的焊缝,应在焊缝的端部连接引出板,引出板的材质、厚度、坡口应与所焊件相同,引出板长度应不小于100mm。(JTG/T 3650:8.4.3)	□符合 □不符合	
	3.14.6	需做产品试板检验时,应在焊缝端部连接试板,试板的材质、厚度、轧制方向及坡口应与所焊对接板材相同。(JTG/T 3650:8.4.4)	□符合 □不符合	
	3.14.7	钢构件的组装应在胎架或平台上完成,每次组装前均应对胎架或平台进行检查,确认合格后方可组装。组装时应将相邻焊缝错开。(JTG/T 3650:8.4.5)	□符合 □不符合	
	3.14.8	采用先孔法的钢构件,组装时必须以孔定位。采用胎型组装时,每一孔群应打入的定位冲钉不得少于2个,冲钉直径应不小于设计孔径0.1mm。(JTG/T 3650:8.4.6)	□符合 □不符合	
	3.14.9	大型钢箱梁的梁段应在胎架上组装,胎架应具有足够的刚度和几何尺寸精度,且在横向应预设上拱度,组装前应按工艺文件要求检测胎架的几何尺寸,监控测量应避开日照的影响。(JTG/T 3650:8.4.7)	□符合 □不符合	
焊接	3.14.10	焊接工作宜在室内进行,焊接环境的相对湿度应小于80%。焊接环境的温度,对低合金高强度结构钢应不低于5℃,普通碳素结构钢应不低于0℃。主要钢构件应在组装后24h内焊接。(JTG/T 3650:8.5.1)	□符合 □不符合	

续上表

检查项目	序号	质量检查要点	检查结果	问题描述
焊接	3.14.11	钢构件在露天焊接时,必须采取防风和防雨措施;主要钢构件应在组装后12h内焊接,当钢构件的待焊部位结露或被雨淋后,应采取相应措施去除水分和浮锈。(JTG/T 3650:8.5.1)	□符合 □不符合	
	3.14.12	施焊前应清除焊接区的有害物。施焊时母材的非焊接部位严禁焊接引弧,焊接后应及时清除熔渣及飞溅物。(JTG/T 3650:8.5.1)	□符合 □不符合	
	3.14.13	多层焊接时宜连续施焊,且应控制层间温度,每一层焊缝焊完后应清理检查,应在清除药皮、熔渣、溢流和其他缺陷后,再焊接下一层。(JTG/T 3650:8.5.1)	□符合 □不符合	
	3.14.14	所采用焊接材料的型号应与焊接材质相匹配。施焊前应按施工图及工艺文件检查坡口尺寸、根部间隙等,如不符合要求应处理改正。(JTG/T 3650:8.5.2)	□符合 □不符合	
	3.14.15	定位焊焊缝应距设计焊缝端部30mm以上,焊缝长度应为50~100mm,间距应为400~600mm,焊缝的焊脚尺寸不得大于设计焊脚的1/2。(JTG/T 3650:8.5.2)	□符合 □不符合	
	3.14.16	定位焊缝不得有裂纹、气孔、夹渣、焊瘤等缺陷。(JTG/T 3650:8.5.2)	□符合 □不符合	
	3.14.17	埋弧自动焊应在距设计焊缝端部80mm以外引出板上起、熄弧。(JTG/T 3650:8.5.3)	□符合 □不符合	
	3.14.18	焊接前应清除圆柱头焊钉头部及钢板待焊部位的铁锈、氧化皮、油污、水分等有害物,使钢板表面显露出金属光泽。受潮的瓷环在使用前应在150℃的烘箱中烘干2h。(JTG/T 3650:8.5.4)	□符合 □不符合	
	3.14.19	焊件上的引出板、产品试板或临时连接件应采用气割切除,并磨平切口,且不应损伤母材。(JTG/T 3650:8.5.5)	□符合 □不符合	
	3.14.20	焊缝咬边超差或焊脚尺寸不足时,可采用手工电弧焊或CO_2气体保护焊进行返修焊。返修焊缝应按原焊缝质量要求检验,同一部位的返修焊不宜超过2次。(JTG/T 3650:8.5.5)	□符合 □不符合	
	3.14.21	焊接裂纹的清除范围除应包括裂纹全长外,尚应由裂纹端外延50mm。(JTG/T 3650:8.5.5)	□符合 □不符合	
	3.14.22	缺焊焊缝长度超过周长的1/4或因其他项点不合格的圆柱头焊钉应予更换重新焊接。(JTG/T 3650:8.5.5)	□符合 □不符合	

续上表

检查项目	序号	质量检查要点	检查结果	问题描述
焊接检验	3.14.23	焊接完毕且待焊缝冷却至室温后,应对所有焊缝进行外观检查,焊缝不应有裂纹、未熔合、夹渣、未填满弧坑、漏焊等缺陷。(JTG/T 3650:8.6.1)	□符合 □不符合	
	3.14.24	横向对接焊缝不允许出现气孔。直径小于1.0mm的纵向对接焊缝、主要角焊缝和直径小于1.5mm的其他焊缝,气孔数量每米不多于3个,间距不小于20mm,但焊缝端部10mm之内不允许出现。(JTG/T 3650:表8.6.1)	□符合 □不符合	
	3.14.25	受拉构件横向对接焊缝、桥面板与U形肋脚焊缝及竖加劲肋角焊缝(腹板侧受拉区)不允许出现咬边;受压构件横向对接焊缝及竖加劲肋角焊缝(腹板侧受拉区)咬边$\Delta \leqslant 0.3$mm;纵向对接及主要角焊缝咬边$\Delta \leqslant 0.5$mm;其他焊缝$\Delta \leqslant 1.0$mm。(JTG/T 3650:表8.6.1)	□符合 □不符合	
	3.14.26	角焊缝焊波任意25mm范围内高低差$\Delta \leqslant 2.0$mm。(JTG/T 3650:表8.6.1)	□符合 □不符合	
	3.14.27	不铲磨余高的对接焊缝余高,当焊缝宽$b > 20$mm时,$\Delta \leqslant 3.0$mm;当焊缝宽$b \leqslant 20$mm时,$\Delta \leqslant 2.0$mm。(JTG/T 3650:表8.6.1)	□符合 □不符合	
	3.14.28	横向对接焊缝余高铲磨后表面应不高于母材0.5mm,不低于母材0.3mm。(JTG/T 3650:表8.6.1)	□符合 □不符合	
	3.14.29	圆柱头焊钉焊接后应保证焊钉底角在360°范围内焊缝饱满,焊缝无气孔、夹渣、裂纹等缺陷,咬边深度应不大于0.5mm,且最大长度应不大于1倍的焊钉直径。(JTG/T 3650:8.6.6)	□符合 □不符合	
钢构件矫正	3.14.30	冷矫的环境温度宜不低于5℃,矫正时应缓慢加力,冷矫的总变形量应不大于变形部位原始长度的2%。时效冲击值不满足要求的拉力钢构件,不得矫正。(JTG/T 3650:8.7.1)	□符合 □不符合	
	3.14.31	热矫时加热温度应控制在600~800℃,严禁过烧,且不宜在同一部位多次重复加热。(JTG/T 3650:8.7.1)	□符合 □不符合	
	3.14.32	矫正后的钢构件表面不应有凹痕和其他损伤。(JTG/T 3650:8.7.2)	□符合 □不符合	
高强度螺栓连接副与摩擦面处理	3.14.33	高强度螺栓、螺母、垫圈的表面宜进行表面防锈处理;垫圈两面应平直,不得翘曲。(JTG/T 3650:8.8.1)	□符合 □不符合	
	3.14.34	高强度螺栓连接副运输和搬运时应轻装轻卸,防止损伤螺纹。(JTG/T 3650:8.8.2)	□符合 □不符合	
	3.14.35	螺栓、螺钉、螺柱和螺母任何深度、任何长度或任何部位的淬火裂缝都不允许存在。(GB/T 5779.1:3.1.1;GB/T 5779.2:3.1.1)	□符合 □不符合	

续上表

检查项目	序号	质量检查要点	检查结果	问题描述
高强度螺栓连接副与摩擦面处理	3.14.36	螺栓、螺钉和螺柱锻造裂缝的长度 $l \leqslant 1d$,锻造裂缝的深度或宽度 $b \leqslant 0.04d$（d 为螺纹公称直径）。(GB/T 5779.1:3.1.2)	□符合 □不符合	
	3.14.37	螺栓和螺钉凹穴头部隆起部分的锻造爆裂和剪切爆裂,其宽度不应超过 $0.06d$（d 为螺纹公称直径）,或深度低于凹穴部分。(GB/T 5779.1:3.1.3/3.1.4)	□符合 □不符合	
	3.14.38	螺栓、螺钉、螺柱裂纹或条痕的深度应 $\leqslant 0.03d$（d 为螺纹公称直径）;如果裂纹或条痕延伸到头部,则不应超出对锻造爆裂规定的宽度和深度的允许极限。(GB/T 5779.1:3.2)	□符合 □不符合	
	3.14.39	螺栓、螺钉、螺柱凹痕的深度 $h \leqslant 0.02d$（最大值为 0.25mm）。支承面上凹痕的面积之和,不应超过支承面总面积的 10%。(GB/T 5779.1:3.3)	□符合 □不符合	
	3.14.40	位于或低于支承面的内拐角上不允许有皱纹,允许存在外拐角上的皱纹。(GB/T 5779.1:3.4)	□符合 □不符合	
	3.14.41	位于螺纹最初 3 扣的凹陷、擦伤、缺口和凿槽,不得影响螺纹通规通过。(GB/T 5779.1:3.6)	□符合 □不符合	
	3.14.42	位于螺母支撑面或底面和顶面上的裂缝,应分别符合以下要求:①贯穿支撑面的锻造裂缝不应多于两条,其深度也不得超过 $0.05D$（D 为螺纹公称直径）;②延伸到螺孔内的裂缝不应超出第一扣完整螺纹;③在第一扣完整螺纹上的裂缝深度不应超过 $0.5H_1$（$H_1 = 0.541P$,H_1 为螺纹实际牙高;P 为螺距）。(GB/T 5779.2:3.1.2)	□符合 □不符合	
	3.14.43	螺母对边上的剪切爆裂,不应延伸到六角螺母的支承面。(GB/T 5779.2:3.2)	□符合 □不符合	
	3.14.44	螺母裂纹的深度对所有的螺纹规格均不得超过 $0.05D$。(GB/T 5779.2:3.4)	□符合 □不符合	
	3.14.45	螺母凹痕的深度 $h \leqslant 0.02D$ 或最大值为 0.25mm。支承面上凹痕的面积之和,对螺纹公称直径 $D \leqslant 24$mm 的螺母,不应超过支承面总面积的 5%;对螺纹公称直径 $D > 24$mm 的螺母,不应超过支承面总面积的 10%。(GB/T 5779.2:3.6)	□符合 □不符合	
	3.14.46	摩擦面应保持干燥、整洁。(JTG F80/1:8.9.1)	□符合 □不符合	

续上表

检查项目	序号	质量检查要点	检查结果	问题描述
试拼装	3.14.47	钢结构桥梁应按试装图进行厂内试拼装,未经试拼装检验合格,不得成批生产。(JTG/T 3650:8.9.1)	□符合 □不符合	
	3.14.48	试拼装应在胎架上进行,胎架应有足够的刚度,其基础应有足够的承载力。(JTG/T 3650:8.9.2)	□符合 □不符合	
	3.14.49	每批试拼装的梁段数量应不少于3段,试拼装检查合格后,应留下最后一个梁段并前移参与下一批次试拼装。(JTG/T 3650:8.9.3)	□符合 □不符合	
	3.14.50	试拼装检验应在无日照影响的条件下进行,并应有详细的检查记录。(JTG/T 3650:8.9.5)	□符合 □不符合	
	3.14.51	试拼装时应使板层密贴,冲钉宜不少于螺栓孔总数的10%,螺栓宜不少于螺栓孔总数的20%;有磨光顶紧要求的构件,应有75%以上面积密贴,采用0.2mm的塞尺检查时,其塞入面积应不超过25%。(JTG/T 3650:8.9.5)	□符合 □不符合	
	3.14.52	试拼装时,应采用试孔器检查所有螺栓孔,桁梁主桁的螺栓孔应能100%自由通过较设计孔径小0.75mm的试孔器。桥面系和联结系的螺栓孔应100%自由通过比设计孔径小1.0mm的试孔器,板梁和箱梁的螺栓孔应100%自由通过比设计孔径小1.5mm的试孔器,方可认为合格。(JTG/T 3650:8.9.6)	□符合 □不符合	
表面处理	3.14.53	构件在喷砂除锈前应进行必要的结构预处理,包括:①粗糙焊缝打磨光顺,焊接飞溅物用刮刀或砂轮机除去。焊缝上深为0.8mm以上或宽度小于深度的咬边应补焊处理,并打磨光顺。②锐边用砂轮打磨成曲率半径为2mm的圆角。③切割边的峰谷差超过1mm时,打磨到1mm以下。④表面层叠、裂缝、夹杂物,须打磨处理,必要时补焊。(JT/T 722:4.3.1.1)	□符合 □不符合	
	3.14.54	表面油污应采用专用清洁剂进行低压喷洗或软刷刷洗,并用淡水枪冲洗掉所有残余物;或采用域液、火焰等处理,并用淡水冲洗至中性。小面积油污可采用溶剂擦洗。(JT/T 722:4.3.1.2)	□符合 □不符合	
	3.14.55	喷砂完工后,除去喷砂残渣,使用真空吸尘器或无油、无水的压缩空气,清理表面灰尘。(JT/T 722:4.3.1.4.4)	□符合 □不符合	
	3.14.56	一般情况下,涂料或锌、铝涂层最好在表面处理完成后4h内施工在准备涂装的表面上,最长不应超过12h;不管停留多长时间,只要表面出现返锈现象,应重新除锈。(JT/T 722:4.3.1.4.5)	□符合 □不符合	

续上表

检查项目	序号	质量检查要点	检查结果	问题描述
除锈	3.14.57	桥梁的钢构件在涂装前,应对其表面进行除锈处理。(JTG/T 3650:8.10.1)	□符合 □不符合	
	3.14.58	除锈应采用喷丸或抛丸的方法进行,除锈等级应符合设计规定;设计未规定时,应达到Sa2.5级(在不放大的情况下观察时,表面应无可见的油、脂和污物,并且没有氧化皮、铁锈、涂层和外来杂质。任何污染物的残留痕迹应仅呈现点状或条纹状的轻微色斑。)(JTG/T 3650:8.10.1;GB/T 8923.1:3.2 表1)	□符合 □不符合	
	3.14.59	对高强度螺栓连接面,除锈等级应达到Sa3级(在不放大的情况下观察时,表面应无可见的油、脂和污物,并且应无氧化皮、铁锈、涂层和外来杂质。该表面应具有均匀的金属色泽。)(JTG/T 3650:8.10.1;GB/T 8923.1:3.2 表1)	□符合 □不符合	
涂装	3.14.60	涂装施工时,钢构件表面不应有雨水或结露,相对湿度应不高于80%。(JTG/T 3650:8.10.1)	□符合 □不符合	
	3.14.61	环境温度:对环氧类漆不得低于10℃,对水性无机富锌防锈底漆、聚氨酯漆和氟碳面漆不得低于5℃。(JTG/T 3650:8.10.1)	□符合 □不符合	
	3.14.62	在风沙天、雨天和雾天不应进行涂装施工;涂装后4h内应采取保护措施,避免遭受雨淋。(JTG/T 3650:8.10.1)	□符合 □不符合	
	3.14.63	涂料应充分搅拌均匀后方可施工。(JT/T 722:4.3.2)	□符合 □不符合	
	3.14.64	混合好的涂料按照产品说明书的规定熟化。(JT/T 722:4.3.2)	□符合 □不符合	
	3.14.65	涂料的使用时间按产品说明书规定的适用期执行。(JT/T 722:4.3.2)	□符合 □不符合	
	3.14.66	-5~5℃施工时,涂料本身的温度需符合产品说明书的规定。(JT/T 722:4.3.2)	□符合 □不符合	
	3.14.67	底漆、中间漆涂层的最长暴露时间宜不超过7d,两道面漆的涂装间隔时间亦宜不超过7d。若超过,应将涂层表面打磨成细微毛面,再涂装后一道面漆。(JTG/T 3650:8.10.4)	□符合 □不符合	
	3.14.68	涂装后,应在规定的位置涂刷钢构件标记。(JTG/T 3650:8.10.5)	□符合 □不符合	
	3.14.69	钢构件码放必须在涂层干燥后进行,对局部损伤的涂层,按原设计涂层补涂各层涂料。(JTG/T 3650:8.10.5)	□符合 □不符合	

续上表

检查项目	序号	质量检查要点	检查结果	问题描述
涂装	3.14.70	面漆的工地涂装宜在桥梁钢结构安装施工完成后进行。(JTG/T 3650:8.10.7)	□符合 □不符合	
	3.14.71	对在施工过程中将厂内涂装层损伤的部位,应进行表面清理,并按设计涂装方案规定的涂料、层数和漆膜厚度重新补涂。(JTG/T 3650:8.10.7)	□符合 □不符合	
涂层质量要求	3.14.72	涂料涂层的表面应平整均匀,不应有漏涂、剥落、起泡、裂纹和气孔等缺陷,颜色应与比色卡一致;金属涂层的表面应均匀一致,不应有起皮、鼓包、大熔滴、松散粒子、裂纹和掉块等缺陷。(JTG/T 3650:8.10.6)	□符合 □不符合	
	3.14.73	每涂完一道涂层应检查干膜厚度,出厂前应检查漆膜总厚度。(JTG/T 3650:8.10.6)	□符合 □不符合	
工地连接	3.14.74	在工地临时存放的构件或梁段应支离地面一定高度,基础应具有足够的强度,并应防止地基的不均匀沉降。同时应采取必要的防护措施,防止钢梁积水锈蚀和栓接板面损坏、污染。(JTG/T 3650:20.3.4)	□符合 □不符合	
	3.14.75	高强度螺栓、螺母和垫圈应按制造厂提供的批号配套使用。安装时钢构件的摩擦面应保持清洁、干燥,不得在雨中进行安装作业。(JTG/T 3650:8.12.1)	□符合 □不符合	
	3.14.76	高强度螺栓连接副组装时,应在板束外侧各设置一个垫圈,有内倒角的一侧应分别朝向螺栓头和螺母支承面。(JTG/T 3650:8.12.1)	□符合 □不符合	
	3.14.77	**高强度螺栓安装时,其穿入方向应全桥一致,且应自由穿入孔内,不得强行敲入。严禁采用气割方法扩孔。**(JTG/T 3650:8.12.1)	□符合 □不符合	
	3.14.78	安装施工时,高强度螺栓不得作为临时安装螺栓使用,亦不得采用塞焊对螺栓孔进行焊接。(JTG/T 3650:8.12.1)	□符合 □不符合	
	3.14.79	高强度螺栓施拧采用的扭矩扳手,在作业前后均应进行校正,其扭矩误差不得超过使用扭矩值的±5%。(JTG/T 3650:8.12.1)	□符合 □不符合	
	3.14.80	高强度螺栓终拧完成后,应进行扭矩抽查。扭矩检查应在螺栓终拧1h以后、24h之前完成。(JTG/T 3650:8.12.1)	□符合 □不符合	
	3.14.81	高强度螺栓拧紧检查验收合格后,连接处的板缝应及时采用腻子封闭,并应按设计要求涂漆防锈。(JTG/T 3650:8.12.1)	□符合 □不符合	

续上表

检查项目	序号	质量检查要点	检查结果	问题描述
工地连接	3.14.82	箱形梁梁段间的焊接连接，应按顶板、底板、纵隔板的顺序对称进行；按先对接后角接的顺序焊接U形肋嵌补件。（JTG/T 3650：8.12.2）	□符合 □不符合	
	3.14.83	焊接前应对接头坡口、焊缝间隙和焊接板面高低差等进行检查，并对焊缝区域进行除锈，且工地焊接应在除锈后的12h内进行。（JTG/T 3650：8.12.2）	□符合 □不符合	
	3.14.84	当桥梁钢结构为焊接与高强度螺栓合用连接时，栓接结构应在焊缝检验合格后再终拧高强度螺栓连接副。（JTG/T 3650：8.12.2）	□符合 □不符合	
	3.14.85	工地焊接时应设立防风、防雨设施，遮盖全部焊接处。工地焊接的环境要求为：风力应小于5级；温度应大于5℃；相对湿度应小于80%；在箱梁内焊接时应有通风防护安全措施。（JTG/T 3650：8.12.2）	□符合 □不符合	
	3.14.86	全焊钢主梁在合龙时，应按设计要求设置临时刚性连接，控制合龙口长度及主梁轴线与高程的变化。（JTG/T 3650：20.3.9）	□符合 □不符合	
	3.14.87	栓接钢主梁合龙时，应提前调整合龙口两侧钢主梁的姿态，并应对两侧钢主梁螺栓孔之间的间距进行控制。（JTG/T 3650：20.3.9）	□符合 □不符合	
	3.14.88	主梁合龙施工期间，应对桥面上的临时施工荷载进行严格控制，不得随意施加除合龙施工需要的其他附加荷载。（JTG/T 3650：20.3.9）	□符合 □不符合	
	3.14.89	应采取必要措施，减少钢箱梁安装时的接缝偏差，在内、外腹板位置，高度方向和宽度方向的拼接错口宜不大于2mm。（JTG/T 3650：20.3.4）	□符合 □不符合	
其他				

规范性引用文件如下：
《紧固件表面缺陷　螺栓、螺钉和螺柱　一般要求》（GB/T 5779.1—2000）
《紧固件表面缺陷　螺母》（GB/T 5779.2—2000）
《涂覆涂料前钢材表面处理　表面清洁度的目视评定　第1部分：未涂覆过的钢材表面和全面清除原有涂层后的钢材表面的锈蚀等级和处理等级》（GB/T 8923.1—2011）
《公路桥梁钢结构防腐涂装技术条件》（JT/T 722—2008）
《公路桥涵施工技术规范》（JTG/T 3650—2020）
《公路工程质量检验评定标准　第一册　土建工程》（JTG F80/1—2017）

总体评价：本次检查_____项，符合_____项，不符合_____项，符合率为_____%。

检查单位_____ 检查人_____ 检查日期_____

3.15 索　　塔

施工标段_____　　　　检查部位(工点)_____

检查项目	序号	质量检查要点	检查结果	问题描述
混凝土索塔	3.15.1	索塔在施工过程中应对其施工状况进行监测和控制。(JTG/T 3650：21.3.2)	□符合 □不符合	
	3.15.2	**索塔的索孔道、锚箱位置及锚固平面与水平面的交角均应控制准确,锚垫板与孔道应垂直。**(JTG F80/1：8.10.1)	□符合 □不符合	
	3.15.3	塔座、塔柱的实心段混凝土施工时需要采取降低水化热和温度控制的措施,以防止混凝土产生温度应力裂缝。(JTG/T 3650：20.2.2)	□符合 □不符合	
	3.15.4	体积过大的横梁分次浇筑的时间间隔宜不超过15d,应防止施工接缝处产生收缩裂缝。(JTG/T 3650：20.2.2)	□符合 □不符合	
	3.15.5	拉索预埋导管不宜有接头。(JTG/T 3650：20.2.2)	□符合 □不符合	
	3.15.6	对支承钢锚梁的牛腿,应采取有效措施,控制其顶面高程。(JTG/T 3650：20.2.2)	□符合 □不符合	
	3.15.7	钢锚梁、钢锚箱内外表面不得有凹陷、划痕、焊疤,边缘应无毛刺。(JTG F80/1：8.10.2)	□符合 □不符合	
	3.15.8	钢锚梁、钢锚箱的栓钉围焊焊缝不得出现缺漏。(JTG F80/1：8.10.2)	□符合 □不符合	
	3.15.9	施工完成后,应测定裸塔的倾斜度、塔顶高程及塔的中心线里程,并做好沉降、变位观测点标记。(JTG/T 3650：21.3.2)	□符合 □不符合	
钢索塔	3.15.10	漆膜的外观要求平整、均匀,无气泡、裂纹,无严重流挂、脱落、漏涂等缺陷,面漆颜色与比色卡一致。(DB32/T 2330：13.3.1)	□符合 □不符合	
	3.15.11	索塔与基础的连接采用螺栓锚固时,混凝土表面应抛光磨平并对承压板进行机械加工切削。(JTG/T 3650：20.2.5)	□符合 □不符合	
	3.15.12	索塔与基础的连接采用埋入式锚固时,应保证底座的安装精度符合设计要求。(JTG/T 3650：20.2.5)	□符合 □不符合	
	3.15.13	倾斜索塔架设时,应分阶段对已完成的索塔采取必要的抑振措施。(JTG/T 3650：20.2.5)	□符合 □不符合	

续上表

检查项目	序号	质量检查要点	检查结果	问题描述
钢索塔	3.15.14	对索塔节段安装的精确定位控制测量,宜选择在日落后 4h 至日出前 2h 且温度场较为稳定的时段进行。(JTG/T 3650:20.2.5)	□符合 □不符合	
	3.15.15	节段连接前,应仔细检查各构件是否存在锈蚀、缺损等现象。(DB32/T 2330:15.1.4)	□符合 □不符合	
	3.15.16	**安装高强度螺栓时,螺栓应能自由穿入孔内,如遇螺栓不能自由穿入栓孔时,不得强行将螺栓打入。不得用气割扩孔。**(DB32/T 2330:15.2.6)	□符合 □不符合	
	3.15.17	高强度螺栓拧紧后应在终拧 4h 以后、24h 之前完成扭矩检查。(DB32/T 2330:15.2.16)	□符合 □不符合	
	3.15.18	终拧检查合格的螺栓,应做出规定的标记,并立即在螺栓、螺母、垫圈的外露部分涂上油漆。(DB32/T 2330:15.2.18)	□符合 □不符合	
	3.15.19	**施拧扭矩扳手和检查扭矩扳手必须标定。**(DB32/T 2330:15.2.19)	□符合 □不符合	
	3.15.20	节段间的相互错位不超过 2mm。(DB32/T 2330:15.4.8)	□符合 □不符合	
其他				

规范性引用文件如下:
《公路工程质量检验评定标准 第一册 土建工程》(JTG F80/1—2017)
《公路桥涵施工技术规范》(JTG/T 3650—2020)
《公路桥梁钢塔制造与安装指南》(DB32/T 2330—2013)

总体评价:本次检查_____项,符合_____项,不符合_____项,符合率为_____%。

检查单位_____ 检查人_____ 检查日期_____

3.16 斜拉桥拉索

施工标段_____　　　检查部位(工点)_____

检查项目	序号	质量检查要点	检查结果	问题描述
一般要求	3.16.1	拉索及其附件应符合设计规定,进场后应进行质量验收。(JTG/T 3650:20.4.1)	□符合 □不符合	
	3.16.2	成品拉索和钢绞线应缠绕成盘进行运输。在起吊、运输和存放时应采取措施,防止其产生破损、变形或腐蚀。(JTG/T 3650:20.4.1)	□符合 □不符合	
	3.16.3	对大跨度的斜拉桥,宜采用无应力索长和索力双控的方法,且宜以索长控制为主,以索力作为校核。(JTG/T 3650:20.4.4)	□符合 □不符合	
	3.16.4	超长索安装施工时,如遇6级以上大风、下雨、下雪天气,应停止施工操作。(DB32/T 1366:5.9)	□符合 □不符合	
	3.16.5	超长索展索、塔端挂设、梁端牵引工序施工时,应在起吊夹具末端设置弯曲半径≥25D(D为斜拉索直径)弧形剖口,应在夹具吊耳处设置一个铰。(DB32/T 1366:5.10)	□符合 □不符合	
上索	3.16.6	斜拉索整个运输过程中,应注意保护斜拉索不受损伤。(DB32/T 1366:7.4)	□符合 □不符合	
	3.16.7	斜拉索索盘起吊之前应对整个吊索桁架进行系统检查后,方可进行起吊。(DB32/T 1366:7.4)	□符合 □不符合	
	3.16.8	应对吊点进行合理布置,避免出现偏心的情况。(DB32/T 1366:7.4)	□符合 □不符合	
展索	3.16.9	使用前应检查立式放索机各部件是否运转正常,制动装置是否有效。(DB32/T 1366:8.3)	□符合 □不符合	
	3.16.10	施工前,应检查卷扬机牵引装置、放索机轨道等是否正常。(DB32/T 1366:8.3)	□符合 □不符合	
	3.16.11	托索小车的放置间距不宜大于3m,放索过程中应严格控制斜拉索的位置,避免斜拉索接触桥面或护栏装置。(DB32/T 1366:8.3)	□符合 □不符合	
	3.16.12	应在斜拉索安装夹具中加垫优质的橡胶板,以免夹具损伤斜拉索。(DB32/T 1366:8.3)	□符合 □不符合	

续上表

检查项目	序号	质量检查要点	检查结果	问题描述
塔端挂设	3.16.13	塔端挂设之前,应先检查塔顶门吊起吊设施是否正常,索夹安装螺栓是否达到设计预紧力。(DB32/T 1366:9.4)	□符合 □不符合	
	3.16.14	塔端挂设过程中,塔顶门吊和塔内牵引绳,应互相配合,避免在挂设过程中,由于索的旋转出现两根牵引绳打绞的情况。(DB32/T 1366:9.4)	□符合 □不符合	
	3.16.15	安装索夹过程中应控制好索夹的安装位置。(DB32/T 1366:9.4)	□符合 □不符合	
	3.16.16	在锚头进入塔端索导管时,注意调整角度,避免损伤锚头丝口,应在索导管处加垫橡胶垫,用以保护斜拉索。(DB32/T 1366:9.4)	□符合 □不符合	
	3.16.17	在斜拉索挂设夹具中加垫优质的橡胶垫,以免夹具损伤斜拉索。(DB32/T 1366:9.4)	□符合 □不符合	
梁端牵引锚固	3.16.18	卷扬机牵引时,应注意随时加减托索小车,避免斜拉索直接接触硬性物质。(DB32/T 1366:10.4)	□符合 □不符合	
	3.16.19	软牵引过程中钢绞线不应打绞。(DB32/T 1366:10.4)	□符合 □不符合	
	3.16.20	牵引过程中,应注意调整斜拉索角度,钢绞线、张拉杆不得与索导管口发生摩擦。(DB32/T 1366:10.4)	□符合 □不符合	
	3.16.21	软牵引过程中,应控制软牵引力的大小,不得超过钢绞线的允许拉力。(DB32/T 1366:10.4)	□符合 □不符合	
	3.16.22	硬牵引过程中,应注意斜拉索角度的调整,张拉杆不得与索导管口发生摩擦。(DB32/T 1366:10.4)	□符合 □不符合	
	3.16.23	整个硬牵引过程中应边牵引边旋紧锚固螺母。(DB32/T 1366:10.4)	□符合 □不符合	
	3.16.24	在斜拉索梁端牵引夹具中加垫优质的橡胶垫,以免夹具损伤斜拉索。(DB32/T 1366:10.4)	□符合 □不符合	
	3.16.25	斜拉索桥面移动过程中应对拉索横向角度进行调整,避免斜拉索同桥面或桥面吊机直接接触损伤斜拉索聚乙烯(PE)护套。(DB32/T 1366:10.4)	□符合 □不符合	
	3.16.26	梁端斜拉索牵引夹具的长度应大于50cm,应增加夹具同斜拉索的接触面积,减小斜拉索单位面积的受力。夹具安装应尽量保持水平,确保斜拉索两侧受力均匀,不得出现局部应力集中,损坏斜拉索 PE 护套。(DB32/T 1366:10.4)	□符合 □不符合	

续上表

检查项目	序号	质量检查要点	检查结果	问题描述
张拉及索力调整	3.16.27	张拉过程中,同号索应同步对称张拉。(DB32/T 1366:11.3)	□符合 □不符合	
	3.16.28	张拉过程中应边张拉边旋紧锚固螺母。(DB32/T 1366:11.3)	□符合 □不符合	
平行钢丝拉索	3.16.29	安装施工时不得挤压、弯折索体,不得损伤索体的保护层和索端的锚头及螺纹。(JTG/T 3650:20.4.5)	□符合 □不符合	
	3.16.30	拉索的内置式减震圈和外置式抑振器未安装前,应采取有效措施,保证塔、梁两端的索管和锚头不受到水或其他介质的污染和腐蚀。(JTG/T 3650:20.4.5)	□符合 □不符合	
钢绞线拉索	3.16.31	对拉索外套管进行移动时,不得将其在未加支垫保护的桥面上拖拽。(JTG/T 3650:20.4.6)	□符合 □不符合	
	3.16.32	与拉索外套管有连接关系或承套关系的所有部件均应与其临时固定,临时固定时宜在塔、梁两端各留出1m左右的空间。(JTG/T 3650:20.4.6)	□符合 □不符合	
	3.16.33	牵引安装钢绞线时,钢绞线不得产生弯折,转向时应通过导向轮实现。(JTG/T 3650:20.4.6)	□符合 □不符合	
	3.16.34	拉索的张拉工作全部完成后,应及时对塔、梁两端的锚固区进行最后的组装,以及抗震防护与防腐处理。(JTG/T 3650:20.4.7)	□符合 □不符合	
其他				

规范性引用文件如下:
《公路桥涵施工技术规范》(JTG/T 3650—2020)
《斜拉桥超长索安装技术规程》(DB32/T 1366—2009)

总体评价:本次检查_____项,符合_____项,不符合_____项,符合率为_____%。

检查单位_____ 检查人_____ 检查日期_____

3.17 悬索桥锚碇

施工标段_____ 检查部位(工点)_____

检查项目	序号	质量检查要点	检查结果	问题描述
基坑开挖	3.17.1	基坑应沿等高线自上而下分层进行开挖,在坑外和坑底应分别设置截水沟和排水沟。(JTG/T 3650:21.2.1)	□符合 □不符合	
	3.17.2	采用机械开挖时,应在基底高程以上预留150~300mm土层采用人工清理,且不得破坏基底岩土的原状结构。(JTG/T 3650:21.2.1)	□符合 □不符合	
	3.17.3	采用爆破方法施工时,宜使用预裂爆破法,避免对边坡造成破坏。(JTG/T 3650:21.2.1)	□符合 □不符合	
锚固体系	3.17.4	型钢锚固体系出厂前应对构件连接进行试拼装,试拼装应包括锚杆拼装、锚杆与锚梁连接、锚支架及其连接系平面试装。(JTG/T 3650:21.2.3)	□符合 □不符合	
	3.17.5	预应力锚固体系的施工中,锚具应安装防护套,无黏结预应力系统应注入保护性油脂。(JTG/T 3650:21.2.3)	□符合 □不符合	
	3.17.6	钢架锚固系统应安装牢固,在浇筑混凝土时不产生扰动、变位。(JTG F80/1:8.11.3)	□符合 □不符合	
	3.17.7	预应力锚固系统锚垫板与孔道轴线垂直。(JTG F80/1:8.11.3)	□符合 □不符合	
	3.17.8	连接器、锚杆等构件表面防护应无破损。(JTG F80/1:8.11.3)	□符合 □不符合	
	3.17.9	锚杆线形不得出现弯折。(JTG F80/1:8.11.3)	□符合 □不符合	
锚碇混凝土	3.17.10	锚碇的基础和锚体应按大体积混凝土的要求组织施工。(JTG/T 3650:21.2.4)	□符合 □不符合	
	3.17.11	锚碇混凝土施工时应保证上部结构施工预埋件的安装质量。(JTG/T 3650:21.2.4)	□符合 □不符合	
	3.17.12	锚室不得出现渗水、积水。(JTG F80/1:8.11.4)	□符合 □不符合	
其他				

规范性引用文件如下:
《公路工程质量检验评定标准 第一册 土建工程》(JTG F80/1—2017)
《公路桥涵施工技术规范》(JTG/T 3650—2020)

总体评价:本次检查_____项,符合_____项,不符合_____项,符合率为_____%。

检查单位_____ 检查人_____ 检查日期_____

3.18 悬索桥索鞍

施工标段_____ 检查部位(工点)_____

检查项目	序号	质量检查要点	检查结果	问题描述
索鞍制作	3.18.1	应由专业单位加工制造。(JTG/T 3650:21.4.1)	□符合 □不符合	
	3.18.2	制造完成后应在厂内进行试装配和防腐涂装。(JTG/T 3650:21.4.1)	□符合 □不符合	
	3.18.3	应对各部件的相对位置做出永久性定位标记,经检验合格后方可运至工地现场安装。(JTG/T 3650:21.4.1)	□符合 □不符合	
索鞍安装	3.18.4	吊点和吊具的设置应满足各点均匀受力的要求。(JTG/T 3650:21.4.4)	□符合 □不符合	
	3.18.5	应避免索鞍在起吊安装过程中发生扭转、侧倾或碰撞。(JTG/T 3650:21.4.4)	□符合 □不符合	
	3.18.6	应采取有效措施,保证索鞍的涂装不受到损伤。(JTG/T 3650:21.4.4)	□符合 □不符合	
	3.18.7	散索鞍起吊安装时,应使其始终保持平稳状态,且在导向装置的引导下能顺利就位,就位后应尽快将其临时固定。(JTG/T 3650:21.4.5)	□符合 □不符合	
	3.18.8	主索鞍底座钢格栅和散索鞍底座安装调整完成后,应进行全桥联测检查,确认无误后方可灌注底座下的混凝土。(JTG/T 3650:21.4.6)	□符合 □不符合	
	3.18.9	索鞍在安装时,应根据设计规定的预偏量进行就位和固定。(JTG/T 3650:21.4.7)	□符合 □不符合	
	3.18.10	索鞍应在主缆加载过程中根据监控数据分次顶推到设计位置。(JTG/T 3650:21.4.7)	□符合 □不符合	
	3.18.11	索鞍顶推前应确认滑动面的摩阻系数,严格控制顶推量。(JTG/T 3650:21.4.7)	□符合 □不符合	
其他				

规范性引用文件如下:
《公路桥涵施工技术规范》(JTG/T 3650—2020)

总体评价:本次检查_____项,符合_____项,不符合_____项,符合率为_____%。

检查单位_____检查人_____检查日期_____

3.19 悬索桥主缆

施工标段_____　　　　检查部位(工点)_____

检查项目	序号	质量检查要点	检查结果	问题描述
预制平行钢丝索股架设	3.19.1	宜在工厂内将对应索鞍位置的索股六角形截面调整为四边形截面,并做出相应标记。(JTG/T 3650:21.6.2)	□符合 □不符合	
	3.19.2	索股滚筒的间距宜为8m左右,在索鞍或坡度变化较大的位置应适当加密。(JTG/T 3650:21.6.3)	□符合 □不符合	
	3.19.3	索股的放索工艺应与索股的包装工艺相匹配,并应采取适当措施,防止索股在索盘上突然释放。(JTG/T 3650:21.6.3)	□符合 □不符合	
	3.19.4	放索牵引过程中应有专人跟踪牵引锚头,且宜在沿线设观测点,监测索股的运行状况。(JTG/T 3650:21.6.3)	□符合 □不符合	
	3.19.5	架设时前3根索股宜低速牵引,对牵引系统进行试运转,在保证运转正常后方可进行正式的索股架设工作。(JTG/T 3650:21.6.3)	□符合 □不符合	
	3.19.6	索股在牵引架设时,应在其后端施加反拉力。(JTG/T 3650:21.6.3)	□符合 □不符合	
	3.19.7	牵引过程中,如绑扎带有连续两处被绷断,应停机进行修补。(JTG/T 3650:21.6.3)	□符合 □不符合	
	3.19.8	索股锚头牵引到位后,在卸下锚头前应将索股临时固定,防止滑移。(JTG/T 3650:21.6.3)	□符合 □不符合	
	3.19.9	索股在架设过程中如出现鼓丝现象,在入锚前应进行梳理,不得将其留在锚跨内。(JTG/T 3650:21.6.3)	□符合 □不符合	
	3.19.10	索股在现场整形入鞍时,应在该段索股处于无应力状态下采用整形器完成,整形时应保持钢丝平顺,不得交叉、扭转或损伤钢丝。(JTG/T 3650:21.6.3)	□符合 □不符合	
	3.19.11	索股横移时,应将索股从猫道滚筒上提起,确认全跨径的索股已脱离滚筒后,方可移至索鞍的正上方。(JTG/T 3650:21.6.3)	□符合 □不符合	
	3.19.12	索股锚头入锚后应进行临时锚固。(JTG/T 3650:21.6.3)	□符合 □不符合	
	3.19.13	在跨中位置应对索股设定200~300mm的抬高量,并做好编号标志。(JTG/T 3650:21.6.3)	□符合 □不符合	

续上表

检查项目	序号	质量检查要点	检查结果	问题描述
索股线形调整	3.19.14	对索股线形的垂度调整,应在夜间温度稳定时进行。(JTG/T 3650:21.6.5)	□符合 □不符合	
	3.19.15	对基准索股的线形应采用绝对垂度进行调整。(JTG/T 3650:21.6.5)	□符合 □不符合	
	3.19.16	其他索股的线形应以基准索股为准,进行相对垂度调整。(JTG/T 3650:21.6.5)	□符合 □不符合	
	3.19.17	调整好的索股在索鞍位置应临时压紧固定,不得使其在鞍槽内滑移。(JTG/T 3650:21.6.5)	□符合 □不符合	
	3.19.18	对索鞍线形进行垂度调整时,其精度宜以索股高程的允许误差控制。(JTG/T 3650:21.6.5)	□符合 □不符合	
主缆索力调整	3.19.19	调整量应根据调整装置中测力计的读数和锚头移动量"双控"确定。(JTG/T 3650:21.6.6)	□符合 □不符合	
	3.19.20	实际拉力与设计值之间的允许误差为设计锚固力的3%。(JTG/T 3650:21.6.6)	□符合 □不符合	
主缆紧缆	3.19.21	预紧缆应在温度稳定的夜间且应将主缆全长分为若干区段分别进行。(JTG/T 3650:21.6.7)	□符合 □不符合	
	3.19.22	预紧缆完成处应采用不锈钢钢带捆紧,并应保持主缆的形状,不锈钢钢带的间距可为5~6m,外缘索股上的绑扎带宜边紧缆边拆除。(JTG/T 3650:21.6.7)	□符合 □不符合	
	3.19.23	预紧缆的目标空隙率宜为26%~28%。(JTG/T 3650:21.6.7)	□符合 □不符合	
	3.19.24	正式紧缆时,应采用紧缆机将主缆挤压整形成圆形,其作业可在白天进行。(JTG/T 3650:21.6.7)	□符合 □不符合	
	3.19.25	紧缆的顺序宜从跨中向两侧方向进行,紧缆挤压点的间距宜为1m。(JTG/T 3650:21.6.7)	□符合 □不符合	
	3.19.26	紧缆的空隙率应符合设计规定,其允许误差为(0,+3%),不圆度宜不超过主缆设计直径的5%。(JTG/T 3650:21.6.7)	□符合 □不符合	
	3.19.27	紧缆点空隙率达到要求后,应在靠近紧缆机的压蹄(紧固压块)两侧打上两道钢带,带扣宜设在主缆的侧下方,其间距宜为100mm。(JTG/T 3650:21.6.7)	□符合 □不符合	
主缆缠丝	3.19.28	主缆的缠丝工作宜在二期恒载完成后进行。(JTG/T 3650:21.6.8)	□符合 □不符合	

续上表

检查项目	序号	质量检查要点	检查结果	问题描述
主缆缠丝	3.19.29	缠丝的总体方向宜由高处向低处进行,两个索夹之间则应自低到高进行。(JTG/T 3650:21.6.8)	□符合 □不符合	
	3.19.30	缠丝始端应嵌入索夹内不少于2圈或符合设计规定,并宜施加固结焊。(JTG/T 3650:21.6.8)	□符合 □不符合	
	3.19.31	钢丝的缠绕应密贴,缠绕钢丝的接头宜采用碰接焊工艺。(JTG/T 3650:21.6.8)	□符合 □不符合	
	3.19.32	节间缠丝每间隔1~1.5m宜进行一次并接焊,并焊部位应在主缆上表面30°圆心角所对应的圆弧范围内。(JTG/T 3650:21.6.8)	□符合 □不符合	
	3.19.33	缠绕钢丝应嵌进索夹端部留出的凹槽内不少于3圈及设计要求,绕丝端部应嵌入索夹端部槽内并应焊接固定,不得松动。(JTG F80/1:8.11.14)	□符合 □不符合	
主缆防护涂装	3.19.34	主缆的防护涂装宜在桥面铺装完成后进行。(JTG/T 3650:21.6.9)	□符合 □不符合	
	3.19.35	防护前应清理主缆表面的灰尘、油和水分等污物并临时覆盖,进行防护涂装等作业时方可将覆盖物分段揭开。(JTG/T 3650:21.6.9)	□符合 □不符合	
	3.19.36	索夹缝隙、螺杆孔、端部应采用满足设计要求的密封材料填充密实。(JTG F80/1:8.11.14)	□符合 □不符合	
	3.19.37	防护层表面涂装应无针孔、裂纹、脱落、漏涂。(JTG F80/1:8.11.14)	□符合 □不符合	
	3.19.38	防护层表面应平整。(JTG F80/1:8.11.14)	□符合 □不符合	
其他				

规范性引用文件如下:
《公路工程质量检验评定标准 第一册 土建工程》(JTG F80/1—2017)
《公路桥涵施工技术规范》(JTG/T 3650—2020)

总体评价:本次检查_____项,符合_____项,不符合_____项,符合率为_____%。

检查单位_____ 检查人_____ 检查日期_____

3.20 悬索桥索夹与吊索

施工标段_____ 检查部位(工点)_____

检查项目	序号	质量检查要点	检查结果	问题描述
索夹	3.20.1	安装前,应测定主缆的空缆线形,并对设计规定的索夹位置进行确认后,方可在温度稳定时在空缆上放样定出各索夹的具体位置并编号。(JTG/T 3650:21.7.2)	□符合 □不符合	
	3.20.2	安装前应清除索夹内表面及索夹位置处主缆表面的油污及灰尘,涂上防锈漆。(JTG/T 3650:21.7.2)	□符合 □不符合	
	3.20.3	索夹在场内运输和安装过程中应注意保护,防止损坏其表面。(JTG/T 3650:21.7.2)	□符合 □不符合	
	3.20.4	索夹在主缆上精确定位后,应立即紧固螺栓,且在紧固同一索夹的螺栓时,应保证各螺栓的受力均匀。(JTG/T 3650:21.7.2)	□符合 □不符合	
	3.20.5	索夹安装位置的纵向误差应不大于10mm。(JTG/T 3650:21.7.2)	□符合 □不符合	
	3.20.6	索夹螺栓的紧固应按安装时、加劲梁吊装后、全部二期恒载完成后3个荷载阶段分步进行,应对每次紧固的数据进行记录并存档。(JTG/T 3650:21.7.2)	□符合 □不符合	
吊索	3.20.7	在运输和安装过程中应保证吊索不受到任何损伤。(JTG/T 3650:21.7.3)	□符合 □不符合	
	3.20.8	吊索不得出现弯折,护套应无气泡、划痕、开裂、畸形。(JTG F80/1:8.11.12)	□符合 □不符合	
其他				

规范性引用文件如下:
《公路工程质量检验评定标准 第一册 土建工程》(JTG F80/1—2017)
《公路桥涵施工技术规范》(JTG/T 3650—2020)

总体评价:本次检查_____项,符合_____项,不符合_____项,符合率为_____%。

检查单位_____ 检查人_____ 检查日期_____

3.21 桥梁支座

施工标段_____ 检查部位(工点)_____

检查项目	序号	质量检查要点	检查结果	问题描述
一般要求	3.21.1	支座到场后,应全面检查支座的包装与产品标牌(包含容许荷载、规格、型号、位移量、外观、容许最大温差、支座高度、安装方向标志、上下钢板的厚度、钢支座孔距等)是否相符。包装上应注明工程项目名称、产品名称、出厂日期,附有产品合格证、使用说明书及装箱单,如有不符合设计要求的,不应使用。(T/JSJTQX 06:4.1.2)	□符合 □不符合	
	3.21.2	支座应存放在干燥通风的库房内,不得直接置于地面,应垫高堆放整齐,保持清洁。(JTG/T 3650:23.2.4)	□符合 □不符合	
	3.21.3	支座不得与酸、碱、油类和有机溶剂等相接触,且应距热源1m以上。(JTG/T 3650:23.2.4)	□符合 □不符合	
	3.21.4	支座在场内运输和装卸时,应采取有效措施,防止对其产生碰撞或其他机械损伤。(JTG/T 3650:23.2.4)	□符合 □不符合	
	3.21.5	支座上钢板与调平楔形钢板、调平楔形钢板与梁底预埋钢板应先采用间断焊连接,然后进行满焊,并做防锈处理;焊接时,应采取措施,保护支座和周边混凝土。(T/JSJTQX 06:8.1.6)	□符合 □不符合	
支座垫石	3.21.6	支座在安装前,应对支座垫石的混凝土强度、平面位置、断面尺寸、顶面高程、预留地脚螺栓孔和预埋钢垫板等进行复核检查,确认符合设计要求后方可进行安装。(JTG/T 3650:23.2.5)	□符合 □不符合	
	3.21.7	支座垫石的顶面高程应准确,表面应平整、清洁;对先安装后填灌浆料的支座,其垫石的顶面应预留出足够的灌浆料层的厚度。(JTG/T 3650:23.2.5)	□符合 □不符合	
临时支座	3.21.8	硫黄砂浆与永久支座之间应设置隔热保护层。(T/JSJTQX 06:7.3.5)	□符合 □不符合	
	3.21.9	施工中应确保砂筒临时支座不进水,砂筒内的砂应选用经过筛分和烘干的优质石英砂。(T/JSJTQX 06:7.4.1)	□符合 □不符合	
	3.21.10	临时支座安装前应经过压力机预压,预压荷载应满足现场施工要求。(T/JSJTQX 06:7.4.2)	□符合 □不符合	
	3.21.11	临时支座使用前应分别对其进行编号,确定每个临时支座安放的具体位置。(T/JSJTQX 06:7.4.3)	□符合 □不符合	

续上表

检查项目	序号	质量检查要点	检查结果	问题描述
临时支座	3.21.12	临时支座安装时应位置准确、底部平整、顶面水平,确保安装稳定。(T/JSJTQX 06;7.4.4)	□符合 □不符合	
	3.21.13	同一墩台上的临时支座应同步拆除,并实时做好测量观测记录。(T/JSJTQX 06;7.4.8)	□符合 □不符合	
板式橡胶支座的安装	3.21.14	桥墩和桥台上放置支座部位的混凝土表面应平整清洁,以保证整个面积上的压力均匀。(招标文件;416.05.1)	□符合 □不符合	
	3.21.15	橡胶支座与上下部结构之间必须接触紧密,不得出现空隙。(招标文件;416.05.1)	□符合 □不符合	
	3.21.16	支座在安装时,应对其顶面和底面进行检查核对,避免反置。(JTG/T 3650;23.2.10)	□符合 □不符合	
	3.21.17	梁、板的就位应准确且其底面应与支座顶面密贴,否则将梁、板吊起,对支座进行重新调整安装;梁、板在安装时不得采用撬棍移动梁、板的方式进行就位。(JTG/T 3650;23.2.10)	□符合 □不符合	
	3.21.18	安装滑板橡胶支座时应将滑板面朝上放置,并确保滑板橡胶支座顶面清洁。(T/JSJTQX 06;8.2.2.4)	□符合 □不符合	
盆式支座的安装	3.21.19	梁、板底面和垫石顶面的钢垫板应埋置稳固。垫板与支座之间应平整密贴,支座四周不得有0.3mm以上的缝隙,并应保持清洁。(JTG/T 3650;23.2.11)	□符合 □不符合	
	3.21.20	活动支座的改性聚四氟乙烯板和不锈钢冷轧钢板不得有刮伤、撞伤。(JTG/T 3650;23.2.11)	□符合 □不符合	
	3.21.21	活动支座安装前应采用适宜的清洁剂擦洗各相对滑移面,擦净后应在聚四氟乙烯滑板的储油槽内注满硅脂类润滑剂。(JTG/T 3650;23.2.11)	□符合 □不符合	
	3.21.22	安装双向活动支座或单向活动支座时,应保证支座滑板的主要滑移方向符合设计要求。(JTG/T 3650;23.2.7)	□符合 □不符合	
	3.21.23	灌浆法盆式支座预留螺栓孔应一次性完成,灌注密实。灌注完成后若模板四周漏浆,应及时清理,待浆液达到设计强度后拧紧锚固螺栓。(T/JSJTQX 06;8.3.2.3)	□符合 □不符合	
	3.21.24	坐浆法盆式支座垫石顶面应进行凿毛处理,并采用洁净水湿润。(T/JSJTQX 06;8.3.2.4)	□符合 □不符合	
	3.21.25	支座底面应与坐浆料全部贴合,坐浆料强度达到设计要求前,不应碰撞支座。(T/JSJTQX 06;8.3.2.4)	□符合 □不符合	
	3.21.26	待坐浆料强度达到设计要求后拆除钢垫块,同时采用同强度等级的坐浆料填补钢垫块抽出留下的空洞。(T/JSJTQX 06;8.3.2.4)	□符合 □不符合	

续上表

检查项目	序号	质量检查要点	检查结果	问题描述
球型支座的安装	3.21.27	应保持支座的水平和连接螺栓的紧固。其余施工工艺见盆式支座。(T/JSJTQX 06:8.4)	□符合 □不符合	
支座安装外观质量	3.21.28	**支座不得发生偏歪、不均匀受力和脱空现象。**(JTG F80/1:8.12.6)	□符合 □不符合	
	3.21.29	支座表面应无污损及灰尘,支座附近无建筑垃圾和其他杂物。(JTG F80/1:8.12.6)	□符合 □不符合	
	3.21.30	支座防护层应无划伤、剥落。防尘罩应无缺失、无损坏。(JTG F80/1:8.12.6)	□符合 □不符合	
其他				

规范性引用文件如下:
《公路工程标准施工招标文件》(2018年版·第二册)(交通运输部公告2017年第51号)
《公路工程质量检验评定标准 第一册 土建工程》(JTG F80/1—2017)
《公路桥涵施工技术规范》(JTG/T 3650—2020)
《高速公路桥梁支座安装施工指南》(T/JSJTQX 06—2019)

总体评价:本次检查_____项,符合_____项,不符合_____项,符合率为_____%。

检查单位_____检查人_____检查日期_____

3.22 桥梁伸缩装置

施工标段_____　　检查部位(工点)_____

检查项目	序号	质量检查要点	检查结果	问题描述
一般规定	3.22.1	当接缝处的温度低于10℃时不应浇筑热浇封缝料。(招标文件:417.03-1)	□符合 □不符合	
	3.22.2	伸缩装置的钢构件外观应光洁、平整,不得扭曲变形,且应进行有效的防腐处理。(JTG/T 3650:23.3.2)	□符合 □不符合	
	3.22.3	当气温在5℃以下时,不得进行橡胶伸缩装置施工。(招标文件:417.03-2)	□符合 □不符合	
	3.22.4	**安装前应修正、调整预埋钢筋。预埋钢筋缺失或折断时,应按规定进行植筋,补植后的钢筋应进行抗拔试验。(T/JSTERA 20:6.5)**	□符合 □不符合	
切割预留槽	3.22.5	切缝边缘应整齐、顺直,与原预留槽边缘对齐。(T/JSTERA 20:6.3.2)	□符合 □不符合	
清槽及槽口处理	3.22.6	清除槽内杂物,将槽内预埋钢筋表面的混凝土清理干净。同时对预留槽底面进行凿毛处理,并用高压水枪清除浮渣和杂物,确保槽内清洁,墩台帽无杂物。(T/JSTERA 20:6.4.1)	□符合 □不符合	
	3.22.7	预留槽应无悬空或嵌塞其他垃圾。保证槽口边缘边角完整无破损。(T/JSTERA 20:6.4.2)	□符合 □不符合	
伸缩装置安装	3.22.8	伸缩装置安装之前,应按现场的实际气温调整其安装定位值。(JTG/T 3650:23.3.5)	□符合 □不符合	
	3.22.9	使用拉线法检查伸缩装置型钢直线度,直线度公差应满足1mm/m,全长公差应满足5mm/10m的要求,使伸缩装置中心线与两端预留槽间隙中心线重合。(T/JSTERA 20:6.6.3)	□符合 □不符合	
	3.22.10	采用吊装方式将伸缩装置放入预留槽,放置时应按吊点位置起吊,避免伸缩装置变形。(T/JSTERA 20:6.6.3)	□符合 □不符合	
	3.22.11	伸缩装置顶面应比桥面沥青铺装层低1~2mm。(T/JSTERA 20:6.6.4)	□符合 □不符合	
	3.22.12	固定焊接时,应采用E50系列焊条。(T/JSTERA 20:6.6.7)	□符合 □不符合	
	3.22.13	**将每个锚环与预埋筋一一对应焊接,每处焊接的有效焊缝长度不应小于50mm。焊接完成后及时清除焊渣。(T/JSTERA 20:6.6.7)**	□符合 □不符合	
	3.22.14	对于长度超过12m的伸缩装置需要在现场接缝时,应错位接缝,错位长度应大于80mm。(T/JSTERA 20:6.6.9)	□符合 □不符合	
	3.22.15	梳齿板式伸缩装置安装,应采取措施,防止产生梳齿不平、扭曲和变形等现象,并应对梳齿间隙的偏差进行控制。在气温最高时,梳齿的横向间隙应不小于5mm,齿板的间隙应不小于15mm。(JTG/T 3650:23.3.8)	□符合 □不符合	

续上表

检查项目	序号	质量检查要点	检查结果	问题描述
浇筑混凝土	3.22.16	伸缩装置安装固定后,应在其能自由伸缩的开放状态下进行两侧过渡段混凝土的浇筑施工。(JTG/T 3650:23.3.7)	□符合 □不符合	
	3.22.17	浇筑时应采取措施,将型钢、位移控制箱等空隙填塞紧密,防止浇筑时混凝土渗入位移控制箱、型钢型腔及型钢表面。(T/JSTERA 20:6.9.3)	□符合 □不符合	
养生防护	3.22.18	混凝土在浇筑完成后应及时对其进行覆盖,洒水养护,养护时间应不少于7d。(JTG/T 3650:23.3.7)	□符合 □不符合	
	3.22.19	混凝土强度达到设计强度的80%以上后,可从一端顺坡、通长安装橡胶密封带。安装橡胶密封带前应将充当模板的泡沫板、纤维板等清除干净。橡胶密封带安装应密实、平顺、不漏水。(T/JSTERA 20:6.10.2)	□符合 □不符合	
质量控制	3.22.20	伸缩装置预埋锚固钢筋应定位准确、无缺失。(JTG F80/1:8.12.7)	□符合 □不符合	
	3.22.21	伸缩装置的锚固应牢靠、不松动,伸缩性能有效。(桥梁指南:7.4.5)	□符合 □不符合	
	3.22.22	伸缩装置两侧过渡段的混凝土应无开裂现象,梁端缝隙无混凝土、碎石等杂物堵塞。(T/JSTERA 20:7.1.2)	□符合 □不符合	
	3.22.23	焊缝应无裂纹、焊瘤、夹渣、未焊透、电弧擦伤。(T/JSTERA 20:7.1.3)	□符合 □不符合	
	3.22.24	伸缩装置应无阻塞、渗漏、变形、开裂等现象。(T/JSTERA 20:7.1.4)	□符合 □不符合	
	3.22.25	伸缩装置处应无积水。(T/JSTERA 20:7.1.5)	□符合 □不符合	
	3.22.26	长度和缝宽应符合设计要求,与桥面高差应≤2mm,横向平整度应≤3mm。(T/JSTERA 20:7.2 表1)	□符合 □不符合	
	3.22.27	伸缩装置安装完成后,护栏预留的槽口应及时修补,保证护栏平顺,颜色一致。(T/JSTERA 20:7.1.7)	□符合 □不符合	
其他				

规范性引用文件如下:
《公路工程标准施工招标文件》(2018年版·第二册)(交通运输部公告2017年第51号)
《公路工程质量检验评定标准 第一册 土建工程》(JTG F80/1—2017)
《公路桥涵施工技术规范》(JTG/T 3650—2020)
《高速公路桥梁模数式伸缩装置安装施工指南》(T/JSTERA 20—2020)
《江苏省高速公路施工标准化指南 第五分册 桥梁工程》(苏交建〔2011〕40号)

总体评价:本次检查_____项,符合_____项,不符合_____项,符合率为_____%。

检查单位_____ 检查人_____ 检查日期_____

3.23 桥面调平层

施工标段＿＿＿＿＿＿＿＿＿＿　　检查部位(工点)＿＿＿＿＿＿＿＿＿＿

检查项目	序号	质量检查要点	检查结果	问题描述
混凝土桥面铺装	3.23.1	当进行混凝土桥面铺装时,应按图纸所示位置预留伸缩缝工作槽。(招标文件:415.03.01)	□符合 □不符合	
	3.23.2	水泥混凝土桥面铺装施工前应使梁、板顶面粗糙,清洗干净,并应按设计要求铺设纵向接缝钢筋和桥面钢筋网。(JTG/T 3650:23.5.2)	□符合 □不符合	
	3.23.3	在浇筑桥面板时,应预留泄水管安装孔。桥面铺装时应避免泄水管预留孔堵塞。(招标文件:415.03-5)	□符合 □不符合	
	3.23.4	铺装面应饱满、密实、表面平整。(桥梁指南:6.2.3)	□符合 □不符合	
	3.23.5	调平层表面应无脱皮、印痕、裂纹、粗集料外露等缺陷。(桥梁指南:6.8.5)	□符合 □不符合	
	3.23.6	施工接缝应密贴、平整、无错台。(桥梁指南:6.8.5)	□符合 □不符合	
	3.23.7	与路缘石、护栏等结构构件衔接处,水泥混凝土铺装应无宽度超过 0.3mm 的裂缝。(JTG F80/1:8.12.2)	□符合 □不符合	
钢桥面铺装	3.23.8	钢梁顶面在桥面铺装施工前应喷丸或抛丸除锈,并做防锈处理。(JTG/T 3650:23.6.3)	□符合 □不符合	
	3.23.9	上一层铺装施工前,其下层应保持干燥、整洁,不得有尘土、杂物、油污或损坏。(JTG/T 3650:23.6.5)	□符合 □不符合	
	3.23.10	钢桥面铺装的每个层次均不得在雨天施工。(JTG/T 3650:23.6.6)	□符合 □不符合	
桥面排水	3.23.11	泄水管安装后其进水口应略低于桥面铺装面层。(桥梁指南:7.2.4)	□符合 □不符合	

续上表

检查项目	序号	质量检查要点	检查结果	问题描述
桥面排水	3.23.12	泄水管安装完成后,应及时安装泄水管周围的补强钢筋及灌注混凝土。应将泄水管与预留洞之间的空腔填实。(桥梁指南:7.2.4)	□符合 □不符合	
	3.23.13	疏通泄水孔时,严禁采用猛烈敲击或随意钻孔的方式清(凿)孔。(桥梁指南:7.2.4)	□符合 □不符合	
	3.23.14	钢管表面应无明显锈蚀,无裂纹,卷焊钢管无扭曲损伤,不应有焊缝根部未焊透的现象,表面不应有机械损伤,不应有超过壁厚负偏差的凹陷,卷焊钢管的周长偏差及椭圆度不应超过规定。(桥梁指南:7.2.5)	□符合 □不符合	
其他				

规范性引用文件如下:
《公路工程标准施工招标文件》(2018年版·第二册)(交通运输部公告2017年第51号)
《公路工程质量检验评定标准 第一册 土建工程》(JTG F80/1—2017)
《公路桥涵施工技术规范》(JTG/T 3650—2020)
《江苏省高速公路施工标准化指南 第五分册 桥梁工程》(苏交建〔2011〕40号)

总体评价:本次检查_____项,符合_____项,不符合_____项,符合率为_____%。

检查单位_____ 检查人_____ 检查日期_____

3.24 桥头搭板

施工标段_____　　检查部位(工点)_____

检查项目	序号	质量检查要点	检查结果	问题描述
施工要求	3.24.1	桥头搭板下台后填土应分层填筑、压实。(JTG/T 3650:23.8.1)	□符合 □不符合	
	3.24.2	台后地基如为软土,应按设计要求对地基进行处理,并对台后填土进行预压,预压应在搭板施工前完成。(JTG/T 3650:23.8.1)	□符合 □不符合	
	3.24.3	搭板钢筋与其下的垫层之间应设置垫块并交错布置。在上、下两层钢筋之间应设置支撑,保证其位置的准确。(桥梁指南:7.5.4)	□符合 □不符合	
质量控制	3.24.4	桥头搭板下的地基及垫层或路面基层压实度应满足设计要求。(JTG F80/1:8.12.13)	□符合 □不符合	
	3.24.5	搭板边缘应顺直,表面应平整,不得出现漏筋和空洞现象。(桥梁指南:7.5.5)	□符合 □不符合	
	3.24.6	搭板接缝充填应无空洞、虚填。(JTG F80/1:8.12.13)	□符合 □不符合	
其他				

规范性引用文件如下:
《公路工程质量检验评定标准　第一册　土建工程》(JTG F80/1—2017)
《公路桥涵施工技术规范》(JTG/T 3650—2020)
《江苏省高速公路施工标准化指南　第五分册　桥梁工程》(苏交建〔2011〕40号)

总体评价:本次检查_____项,符合_____项,不符合_____项,符合率为_____%。

检查单位_____　　检查人_____　　检查日期_____

3.25 混凝土冬期施工

施工标段_____   检查部位(工点)_____

检查项目	序号	质量检查要点	检查结果	问题描述
一般规定	3.25.1	当室外昼夜日平均气温连续5d稳定低于5℃时,钢筋、预应力、混凝土及砌体等工程应采取冬期施工的措施。(JTG/T 3650:25.2)	□符合 □不符合	
	3.25.2	对各项设施和材料,应提前采取防雪、防冻、防火及防煤气中毒等防护措施。(JTG/T 3650:25.2)	□符合 □不符合	
钢筋及预应力筋施工	3.25.3	焊接钢筋宜在室内进行;当必须在室外进行时,最低温度宜不低于-20℃,并应采取防雪、挡风等措施,减少焊件的温度差。(JTG/T 3650:25.2)	□符合 □不符合	
	3.25.4	焊接后的接头严禁立刻接触冰雪。(JTG/T 3650:25.2)	□符合 □不符合	
	3.25.5	冷拉钢筋时环境温度宜不低于-15℃,当采取可靠的安全措施时可不低于-20℃。(JTG/T 3650:25.2.4)	□符合 □不符合	
	3.25.6	张拉预应力筋时的环境温度应不低于-15℃。(JTG/T 3650:25.2.4)	□符合 □不符合	
	3.25.7	钢筋的弯折应在温度5℃以上时进行。(桥梁指南:8.1.2)	□符合 □不符合	
混凝土施工	3.25.8	集料宜堆放在棚房内或采用保温材料进行覆盖,防止出现冻块。(JTG/T 3650:25.2.5)	□符合 □不符合	
	3.25.9	冬期搅拌混凝土时,应严格控制混凝土的配合比和坍落度,集料不得带有冰雪和冻结团块。(JTG/T 3650:25.2.5)	□符合 □不符合	
	3.25.10	混凝土拌合物的出机温度不宜低于10℃,入模温度不应低于5℃,必要时可采取加热砂石料、热水等方法提高混凝土出机温度。(桥梁指南:8.1.3)	□符合 □不符合	
	3.25.11	水泥仅能保温,不得加热。(JTG/T 3650:25.2.5)	□符合 □不符合	
	3.25.12	孔道压浆过程及压浆后2d内气温低于5℃,应加盖暖棚,对管道采用20℃热水冲洗预加温后方可压浆。在无可靠保温措施的情况下,不应进行压浆作业。(桥梁指南:8.1.3)	□符合 □不符合	

续上表

检查项目	序号	质量检查要点	检查结果	问题描述
混凝土养护	3.25.13	浇筑完成后开始养护时的温度,采用蓄热法养护时应不低于10℃,采用蒸汽法养护时应不低于5℃,细薄结构应不低于8℃。(JTG/T 3650:25.2.6)	□符合 □不符合	
	3.25.14	混凝土的养护时间宜比常温下的养护时间延长3~5d。(JTG/T 3650:25.2.7)	□符合 □不符合	
	3.25.15	**当气温低于5℃时,应采用覆盖蓄热或搭建暖棚升温养护,严禁向混凝土表面洒水。**(桥梁指南:8.1.4)	□符合 □不符合	
	3.25.16	灌注桩浇筑完成后,若桩头在原地面以上,应对桩头采取保温措施,可采用保温材料覆盖,避免桩头受冻。(桥梁指南:8.1.4)	□符合 □不符合	
	3.25.17	当气温低于5℃时,对梁板的养护宜搭建保温棚,内设火炉烧水,以保证温度不低于10℃、湿度达90%以上。当外界温度持续在-5℃以下时,应采用蒸汽养护(采用保温材料覆盖,内设通气管道)。(桥梁指南:8.1.2)	□符合 □不符合	
	3.25.18	**蒸汽养护时应满足升温速度10~15℃/h。降温速度为5~10℃/h。蒸汽养护结束后首日降温累计不得超过22℃。**(桥梁指南:8.1.2)	□符合 □不符合	
	3.25.19	采用蒸汽养护时,应做好预应力管道的封闭工作,防止预留孔道中存水或结冰,影响预应力孔道质量。(桥梁指南:8.1.2)	□符合 □不符合	
	3.25.20	采用蒸汽加热法养护混凝土时,采用普通硅酸盐水泥,养护温度宜不超过80℃;采用矿渣硅酸盐水泥时,养护温度可提高到85℃。(JTG/T 3650:25.2.9)	□符合 □不符合	
	3.25.21	加热养护的结构模板和保温层,在混凝土表面冷却到5℃以后,方可拆除。拆除后当混凝土表面温度与环境温度相差大于20℃时,仍应对混凝土表面加以覆盖保温,使其缓慢冷却。(JTG/T 3650:25.2.11)	□符合 □不符合	
	3.25.22	对掺用防冻剂的混凝土,拆模后其表面温度与环境温度差大于15℃时,仍应对混凝土表面采取覆盖保温措施。(JTG/T 3650:25.2.12)	□符合 □不符合	
	3.25.23	砌体冬期施工时砂浆应保持正温,砂浆与石料或砌块表面的温差宜不超过20℃。(JTG/T 3650:25.2.14)	□符合 □不符合	

续上表

检查项目	序号	质量检查要点	检查结果	问题描述
混凝土养护	3.25.24	抗冻砂浆使用时的温度应不低于5℃。（JTG/T 3650：25.2.16）	□符合 □不符合	
	3.25.25	对混凝土在养护期间温度的检查，当采用蓄热法养护时，每昼夜至少应定时检查4次。（JTG/T 3650：25.2.17）	□符合 □不符合	
	3.25.26	采用加热法养护时，升温及降温期间至少每1h应检查1次，恒温期间至少每2h应检查1次。对室内外的环境温度，每昼夜应定时定点检查4次。（JTG/T 3650：25.2.17）	□符合 □不符合	
其他				

规范性引用文件如下：
《公路桥涵施工技术规范》（JTG/T 3650—2020）
《江苏省高速公路施工标准化指南　第五分册　桥梁工程》（苏交建〔2011〕40号）

总体评价：本次检查_____项，符合_____项，不符合_____项，符合率为_____%。

检查单位_____检查人_____检查日期_____

3.26 混凝土雨期施工

施工标段_____ 检查部位(工点)_____

检查项目	序号	质量检查要点	检查结果	问题描述
一般规定	3.26.1	雨期施工的工作面不宜过大,宜逐段、分片、分期施工。(JTG/T 3650:25.3.3)	□符合 □不符合	
	3.26.2	水泥的储存应防雨防潮,已受潮有结块的水泥不得用于工程中。(JTG/T 3650:25.3.5)	□符合 □不符合	
地基和基坑	3.26.3	应做好梁板台座、现浇箱梁支架基础的排水工作。(桥梁指南:8.2.2)	□符合 □不符合	
	3.26.4	基坑开挖时,应设挡水埂,防止地面水流入;基坑内应设集水井,并应配备足够的抽排水设备。同时应加强对边坡的支护,对地基不良地段的边坡应加强观测。(JTG/T 3650:25.3.4)	□符合 □不符合	
混凝土施工	3.26.5	结构外露的钢筋、钢绞线及预埋钢件等应采取覆盖或缠裹等防护措施。(JTG/T 3650:25.3.5)	□符合 □不符合	
	3.26.6	雨后模板和钢筋上的淤泥、杂物等,应在浇筑混凝土前清除干净。(JTG/T 3650:25.3.5)	□符合 □不符合	
	3.26.7	在浇筑混凝土前,应做好预防工作,避开下雨时间进行混凝土浇筑。并应提前做好各项防御措施,备足防雨材料,如遇突然降雨,应立即使用塑料布、油布等覆盖。(桥梁指南:8.2.3)	□符合 □不符合	
	3.26.8	新浇筑的混凝土在终凝前,不得被雨淋。(JTG/T 3650:25.3.5)	□符合 □不符合	
	3.26.9	桥面防水层不得在雨天进行铺设施工。(JTG/T 3650:25.3.5)	□符合 □不符合	
	3.26.10	砌体砂浆在达到终凝前,不得遭受雨水冲淋。(JTG/T 3650:25.3.5)	□符合 □不符合	
	3.26.11	砌体的砌筑块石、片石或预制混凝土块应将淤泥、杂物冲洗干净后方可砌筑。(JTG/T 3650:25.3.5)	□符合 □不符合	
其他				

规范性引用文件如下:
《公路桥涵施工技术规范》(JTG/T 3650—2020)
《江苏省高速公路施工标准化指南 第五分册 桥梁工程》(苏交建〔2011〕40号)

总体评价:本次检查_____项,符合_____项,不符合_____项,符合率为_____%。

检查单位_____ 检查人_____ 检查日期_____

3.27 混凝土热期施工

施工标段_____ 检查部位(工点)_____

检查项目	序号	质量检查要点	检查结果	问题描述
混凝土施工	3.27.1	当昼夜日平均气温高于30℃,混凝土工程和砌体工程应符合热期施工的规定。(JTG/T 3650:25.4.1)	□符合 □不符合	
	3.27.2	应采取必要措施对水泥和砂、石集料等遮阳防晒,或对砂、石料堆喷水降温,降低原材料进入搅拌机的温度。(JTG/T 3650:25.4.2)	□符合 □不符合	
	3.27.3	对拌和水宜采用冷却装置或其他适宜的方法降温;对水管及水箱应设置遮阳或隔热设施。(JTG/T 3650:25.4.2)	□符合 □不符合	
	3.27.4	搅拌站的料斗、储水器、皮带输送机及搅拌筒等应采取遮阳措施。(JTG/T 3650:25.4.3)	□符合 □不符合	
	3.27.5	混凝土的入模温度宜控制在30℃以下。(JTG/T 3650:25.4.2)	□符合 □不符合	
	3.27.6	大体积混凝土入模温度不宜高于28℃。(桥梁指南:8.3.2)	□符合 □不符合	
	3.27.7	浇筑完成后应加快表面混凝土的修整速度,修整时可采用喷雾器喷洒少量水,防止表面干缩裂纹,但不得直接在混凝土表面浇水。(JTG/T 3650:25.4.4)	□符合 □不符合	
混凝土养护	3.27.8	混凝土浇筑完成并对表面修整后应尽快开始养护,应在其表面立即覆盖清洁的塑料薄膜,使混凝土表面保持水分。(JTG/T 3650:25.4.5)	□符合 □不符合	
	3.27.9	初凝后应增加覆盖浸湿的粗麻布或土工布,继续洒水保湿养护。(JTG/T 3650:25.4.5)	□符合 □不符合	
	3.27.10	混凝土结构拆模后的洒水养护,宜采用自动喷水系统或喷雾器,保湿养护不得间断,亦不得形成干湿循环。(JTG/T 3650:25.4.5)	□符合 □不符合	
	3.27.11	混凝土浇筑与养护时,对环境温度应每日检查4次,并做好检查记录。(JTG/T 3650:25.4.7)	□符合 □不符合	
其他				

规范性引用文件如下:
《公路桥涵施工技术规范》(JTG/T 3650—2020)
《江苏省高速公路施工标准化指南 第五分册 桥梁工程》(苏交建〔2011〕40号)

总体评价:本次检查_____项,符合_____项,不符合_____项,符合率为_____%。

检查单位_____ 检查人_____ 检查日期_____

4 隧道工程（矿山法）

4.1 洞口截排水设施

施工标段_____ 检查部位(工点)_____

检查项目	序号	质量检查要点	检查结果	问题描述
洞口截排水设施	4.1.1	排水系统应不淤积、不堵塞。(JTG F80/1:10.2.2)	□符合 □不符合	
	4.1.2	不应冲刷路基坡面及桥涵锥坡设施。(JTG/T 3660:6.1.7)	□符合 □不符合	
	4.1.3	路堑两侧边沟应与排水设施连接畅通。(招标文件:202.03-2)	□符合 □不符合	
	4.1.4	**洞口仰坡上方洞身范围内禁止修建施工用水池。**(隧道指南:3.3.1-9;招标文件:502.02-7)	□符合 □不符合	
	4.1.5	**截水沟迎水面不得高于原地面,回填应密实,不易被水掏空。**(JTG/T 3660:6.1.7)	□符合 □不符合	
	4.1.6	开挖断面应按设计尺寸、坡比开挖。(暗挖隧道指南:6.3.4)	□符合 □不符合	
	4.1.7	缝面平整、密实,严禁勾假缝。(暗挖隧道指南:6.3.4)	□符合 □不符合	
	4.1.8	截水沟完工后沟背应及时回填密实,确保坡面不积水。(隧道指南:3.3.2-2;招标文件:502.03-2)	□符合 □不符合	
其他				

规范性引用文件如下:
《公路工程标准施工招标文件》(2018年版·第二册)(交通运输部公告2017年第51号)
《公路隧道施工技术规范》(JTG/T 3660—2020)
《公路工程质量检验评定标准 第一册 土建工程》(JTG F80/1—2017)
《高速公路施工标准化技术指南:隧道工程》,人民交通出版社,2012
《暗挖隧道标准化施工指南》(中交股路发[2018]283号)

总体评价:本次检查_____项,符合_____项,不符合_____项,符合率为_____%。

检查单位_____ 检查人_____ 检查日期_____

4.2 洞口开挖及防护

施工标段_____   检查部位(工点)_____

检查项目	序号	质量检查要点	检查结果	问题描述
边仰坡开挖及防护	4.2.1	洞口段存在偏压时,洞口永久性挡护工程应紧跟土石方开挖及早完成。(JTG/T 3660:6.1.10)	□符合 □不符合	
	4.2.2	洞门墙宜在洞口衬砌施工完成后及时施作。(JTG/T 3660:6.1.12)	□符合 □不符合	
	4.2.3	洞口衬砌两侧端墙砌筑和背墙回填应对称进行。(JTG/T 3660:6.1.12)	□符合 □不符合	
	4.2.4	应随时检查监测边坡和仰坡的变形状态。(JTG/T 3660:6.1.5)	□符合 □不符合	
	4.2.5	洞口边仰坡开挖应减少扰动,严禁采用大爆破。(隧道指南3.3.1-3)	□符合 □不符合	
	4.2.6	洞口边坡及仰坡应自上而下开挖,不得掏底开挖或上下重叠开挖。(招标文件:502.3-1;隧道指南:3.3.1)	□符合 □不符合	
	4.2.7	开挖至设计临时成洞面时,结合暗洞开挖方法预留进洞台阶。(隧道指南:3.3.1)	□符合 □不符合	
	4.2.8	边仰坡上方不得堆置弃土、弃石。(隧道指南:3.3.1)	□符合 □不符合	
	4.2.9	钢筋网片及锚杆间距、数量、长度应满足设计要求。(JTG F80/1:6.6.1)	□符合 □不符合	
	4.2.10	坡面混凝土喷射前应对坡面的渗漏水、流水等进行处理,按设计要求预埋泄水管。(JTG F80/1:6.6.1)	□符合 □不符合	
	4.2.11	钢筋网、土工格栅及锚杆、锚索不得外露,洞口边坡、仰坡无落石。(JTG F80/1:6.6.3)	□符合 □不符合	

续上表

检查项目	序号	质量检查要点	检查结果	问题描述
边仰坡开挖及防护	4.2.12	喷射混凝土严格控制厚度和表面平整度。(暗挖隧道指南:6.3.4)	□符合 □不符合	
	4.2.13	锚杆插入孔内深度满足设计要求。(暗挖隧道指南:6.3.4)	□符合 □不符合	
	4.2.14	钢筋网与锚固装置连接牢固。(暗挖隧道指南:6.3.4)	□符合 □不符合	
	4.2.15	不应出现锚喷混凝土掉块现象。(暗挖隧道指南:6.3.4)	□符合 □不符合	
其他				

规范性引用文件如下:
《公路工程标准施工招标文件》(2018年版·第二册)(交通运输部公告2017年第51号)
《公路隧道施工技术规范》(JTG/T 3660—2020)
《公路工程质量检验评定标准 第一册 土建工程》(JTG F80/1—2017)
《高速公路施工标准化技术指南:隧道工程》,人民交通出版社,2012
《暗挖隧道标准化施工指南》(中交股路发〔2018〕283号)

总体评价:本次检查_____项,符合_____项,不符合_____项,符合率为_____%。

检查单位_____ 检查人_____ 检查日期_____

4.3 洞口超前支护

施工标段_____   检查部位(工点)_____

检查项目	序号	质量检查要点	检查结果	问题描述
超前管棚支护	4.3.1	超前管棚支护的长度和钢管外径应满足设计要求。(隧道指南:6.8.1)	□符合 □不符合	
	4.3.2	钻孔过程中应严格按照设计控制上抬量和角度。(隧道指南:3.3.4)	□符合 □不符合	
	4.3.3	孔径比管棚钢管直径大20~30mm,钻孔顺序由高孔位向低孔位进行。(隧道指南:6.8.3)	□符合 □不符合	
	4.3.4	每钻完一孔便顶进一根钢管。(隧道指南:6.8.3)	□符合 □不符合	
	4.3.5	管棚纵向搭接长度不小于3m,外插角宜为1°~5°。(暗挖隧道指南:12.4.3)	□符合 □不符合	
	4.3.6	管棚施工,应将导向管固定准确牢固后再浇筑混凝土。(暗挖隧道指南:12.4.3)	□符合 □不符合	
	4.3.7	**管棚节间用丝扣连接,单双序孔连接丝扣错开半个节长,严禁焊接连接。**(暗挖隧道指南:12.4.3)	□符合 □不符合	
	4.3.8	管棚注浆前宜用混凝土封闭工作面。(暗挖隧道指南:12.4.3)	□符合 □不符合	
	4.3.9	**管棚注浆应采用隔孔注浆。**(暗挖隧道指南:12.4.3)	□符合 □不符合	
	4.3.10	超前管棚注浆应配备止浆阀,注浆量由压力控制,初压0.5~1.0MPa,终压2.0 MPa。(隧道指南:6.8.3)	□符合 □不符合	
超前小导管	4.3.11	**应按设计要求选用材料和加工材料,纵向搭接长度应不小于1.0m。**(隧道指南:6.7.1)	□符合 □不符合	
	4.3.12	与钢架联合支护时,应从钢架腹部穿过,尾端与钢架焊接。(隧道指南:6.7.3)	□符合 □不符合	
	4.3.13	沿隧道纵向开挖轮廓线外以10°~30°的外插角钻孔,将小导管打入地层。(隧道指南:6.7.3)	□符合 □不符合	
	4.3.14	注浆前应对开挖面及周边混凝土封闭,防止注浆作业时发生孔口跑浆现象。(隧道指南:6.7.3)	□符合 □不符合	

续上表

检查项目	序号	质量检查要点	检查结果	问题描述
超前小导管	4.3.15	注浆压力应为0.5~1.0MPa,注浆按照由下至上顺序施工,注浆量先大后小。(隧道指南:6.7.3)	□符合 □不符合	
	4.3.16	当注浆压力为0.7~1.0MPa,持续15min即可终止。(隧道指南:6.7.3)	□符合 □不符合	
	4.3.17	采用水泥浆注浆,开挖时间为注浆后8h。(隧道指南:6.7.3)	□符合 □不符合	
	4.3.18	采用水泥-水玻璃注浆,开挖时间为注浆后4h。(隧道指南:6.7.3)	□符合 □不符合	
	4.3.19	开挖时应保留1.5~2.0m的止浆墙,防止下一次注浆时孔口跑浆。(隧道指南:6.7.3)	□符合 □不符合	
其他				

规范性引用文件如下:
《高速公路施工标准化技术指南:隧道工程》,人民交通出版社,2012
《暗挖隧道标准化施工指南》(中交股路发〔2018〕283号)

总体评价:本次检查_____项,符合_____项,不符合_____项,符合率为_____%。

检查单位_____ 检查人_____ 检查日期_____

4.4 洞门工程

施工标段＿＿＿＿＿＿＿＿＿＿ 检查部位(工点)＿＿＿＿＿＿＿＿＿＿

检查项目	序号	质量检查要点	检查结果	问题描述
总体要求	4.4.1	洞门几何尺寸、坡比等符合设计要求。(暗挖隧道指南:6.5.3)	□符合 □不符合	
	4.4.2	洞门墙基底虚渣、杂物、泥、水等应清除干净。(JTG/T 3660:6.1.12)	□符合 □不符合	
	4.4.3	**洞口衬砌两侧端墙砌筑和墙背回填应对称进行。**(JTG/T 3660:6.1.12)	□符合 □不符合	
	4.4.4	墙背排水设施应与洞门墙同步施工。(JTG/T 3660:6.1.12)	□符合 □不符合	
	4.4.5	洞门墙应与相邻拱墙衬砌同时施工，连成整体。(隧道指南:3.3.6;招标文件:502.03)	□符合 □不符合	
	4.4.6	洞门墙完成后，应及时修复边仰坡坡脚，确保排水系统完好。(隧道指南:3.3.6;招标文件:502.03)	□符合 □不符合	
洞门墙施工	4.4.7	防水层铺设应平顺、无褶皱，松弛度适宜。(暗挖隧道指南:6.5.4)	□符合 □不符合	
	4.4.8	防水板焊接应饱满，并进行气密性检验。(暗挖隧道指南:6.5.4)	□符合 □不符合	
	4.4.9	回填过程中要保护防水层，防止被锐物破坏。(暗挖隧道指南:6.5.4)	□符合 □不符合	
	4.4.10	**洞门墙回填应两侧分层、对称回填，防止产生偏压，两侧回填高差不得大于 0.5m。**(隧道指南:3.3.6;招标文件:502.3)	□符合 □不符合	
其他				

规范性引用文件如下：
《公路工程标准施工招标文件》(2018年版·第二册)(交通运输部公告2017年第51号)
《公路隧道施工技术规范》(JTG/T 3660—2020)
《高速公路施工标准化技术指南:隧道工程》，人民交通出版社，2012
《暗挖隧道标准化施工指南》(中交股路发〔2018〕283号)

总体评价:本次检查＿＿＿＿项,符合＿＿＿＿项,不符合＿＿＿＿项,符合率为＿＿＿＿%。

检查单位＿＿＿＿＿＿ 检查人＿＿＿＿＿＿ 检查日期＿＿＿＿＿＿

4.5 明洞工程

施工标段_____　　　检查部位(工点)_____

检查项目	序号	质量检查要点	检查结果	问题描述
基槽开挖	4.5.1	**严禁超挖,挖至设计基底应预留20cm,采用人工开挖、修整。**(暗挖隧道指南:6.4.4)	□符合 □不符合	
	4.5.2	基础处理完成后应及时浇筑混凝土,防止雨水浸泡。(暗挖隧道指南:6.4.4)	□符合 □不符合	
钢筋模板安装	4.5.3	台车钢模应进行打磨处理,并涂刷脱模剂。(暗挖隧道指南:6.4.4)	□符合 □不符合	
	4.5.4	钢筋搭接位置应错开,搭接长度满足设计及规范要求。(暗挖隧道指南:6.4.4)	□符合 □不符合	
	4.5.5	严格控制钢筋位置、间距、保护层厚度。(暗挖隧道指南:6.4.4)	□符合 □不符合	
	4.5.6	检查预埋件位置及数量,预埋件应固定牢固。(暗挖隧道指南:6.4.4)	□符合 □不符合	
	4.5.7	钢筋焊接长度、焊缝饱满度、打弯角度应满足规范要求。(暗挖隧道指南:6.4.4)	□符合 □不符合	
	4.5.8	钢筋骨架应采取安装垫块、支撑筋等措施,确保钢筋保护层厚度。(暗挖隧道指南:6.4.4)	□符合 □不符合	
	4.5.9	端模支撑应牢固,拼缝严密,无错台。(暗挖隧道指南:6.4.4)	□符合 □不符合	
混凝土浇筑	4.5.10	输送软管管口至浇筑面垂直距离控制在2m以内,防止混凝土离析。(暗挖隧道指南:6.4.4)	□符合 □不符合	
	4.5.11	**混凝土浇筑宜连续进行,左右侧混凝土浇筑高差控制在0.5m以内。**(暗挖隧道指南:6.4.4)	□符合 □不符合	
防水层铺设	4.5.12	铺设前应检查并清除拱墙背面露出的尖锐突出物,混凝土表面应平整圆顺,必要时可用砂浆抹平。(JTG/T 3660:6.2.3)	□符合 □不符合	
	4.5.13	**防水板搭接宽度不应小于100mm,应采用自动爬焊机双缝焊接,每条焊缝宽度不应小于10mm。**(JTG/T 3660:11.3.7)	□符合 □不符合	
	4.5.14	焊缝接头应平整,不应有皱褶和空隙,焊接面应擦拭干净。(JTG/T 3660:11.3.7)	□符合 □不符合	
	4.5.15	防水板焊接前应进行焊接试验,确定适宜的焊接温度和速度,不得出现烧焦和熔穿现象。(JTG/T 3660:11.3.7)	□符合 □不符合	
	4.5.16	**防水材料应无破损、无褶皱。焊接应无脱焊、漏焊、假焊、焊焦、焊穿,粘接应无脱粘、漏粘。**(JTG F80/1:10.4.3)	□符合 □不符合	

续上表

检查项目	序号	质量检查要点	检查结果	问题描述
防水层铺设	4.5.17	**无纺布应采用射钉加热熔垫固定,防水板应采用无钉铺挂,采用热熔垫固定。**(JTG/T 3660:11.3.6)	□符合 □不符合	
明洞回填	4.5.18	明洞拱背回填应在外模拆除、防水层和排水盲管施工完成后进行。(JTG/T 3660:6.2.4)	□符合 □不符合	
	4.5.19	人工回填时,拱圈混凝土强度应不小于设计强度的75%。机械回填时,拱圈混凝土强度应不小于设计强度。(JTG/T 3660:6.2.4)	□符合 □不符合	
	4.5.20	**明洞两侧回填水平宽度小于1.2m的范围应采用浆砌片石或同强度等级混凝土回填。**(JTG/T 3660:6.2.4)	□符合 □不符合	
	4.5.21	回填料不宜采用膨胀岩土。回填顶面0.2m可用耕植土回填。(JTG/T 3660:6.2.4)	□符合 □不符合	
	4.5.22	明洞土石回填应对称分层夯实,分层厚度不宜大于0.3m,两侧回填高差不应大于0.5m,回填时不得进行倾填作业。(JTG/T 3660:6.2.4)	□符合 □不符合	
	4.5.23	回填到拱顶以上1.0m后,方可采用机械碾压。回填土压实度应符合设计规定。(JTG/T 3660:6.2.4)	□符合 □不符合	
	4.5.24	明洞回填时,应采取防止损伤防水层的措施。(JTG/T 3660:6.2.4)	□符合 □不符合	
	4.5.25	**单侧设有反压墙的明洞回填,应在反压墙施工完成后进行。**(JTG/T 3660:6.2.4)	□符合 □不符合	
	4.5.26	回填坡面不应积水。(JTG F80/1:10.5.3)	□符合 □不符合	
	4.5.27	顶层回填材料宜采用黏土,并与边坡、仰坡搭接,封闭紧密,确保隔水效果。(暗挖隧道指南:6.4.4)	□符合 □不符合	
其他				

规范性引用文件如下:
《公路隧道施工技术规范》(JTG/T 3660—2020)
《公路工程质量检验评定标准 第一册 土建工程》(JTG F80/1—2017)
《暗挖隧道标准化施工指南》(中交股路发〔2018〕283号)

总体评价:本次检查_____项,符合_____项,不符合_____项,符合率为_____%。

检查单位_____ 检查人_____ 检查日期_____

4.6 洞身开挖

施工标段_____ 检查部位(工点)_____

检查项目	序号	质量检查要点	检查结果	问题描述
总体要求	4.6.1	开挖断面尺寸应符合设计规定。(JTG/T 3660:7.1.4)	□符合 □不符合	
	4.6.2	隧道对向开挖两工作面不得同时起爆。(JTG/T 3660:7.1.8)	□符合 □不符合	
	4.6.3	土质和软弱破碎围岩对向开挖时,两开挖面间距达到3.5倍隧道跨度时,应改为单向开挖。(JTG/T 3660:7.1.8)	□符合 □不符合	
	4.6.4	围岩条件较好地段对向开挖时,两开挖面间距达到2.5倍隧道跨度时,应改为单向开挖。(JTG/T 3660:7.1.8)	□符合 □不符合	
	4.6.5	双向开挖隧道出洞前应反向开挖不小于30m且不小于洞口超前管棚长度。(隧道指南:5.1.5)	□符合 □不符合	
	4.6.6	双向开挖隧道严禁在隧道洞口处贯通。(隧道指南:5.1.5)	□符合 □不符合	
	4.6.7	隧道进、出洞前,应按设计完成超前支护等辅助工程措施。(JTG/T 3660:7.1.9)	□符合 □不符合	
	4.6.8	初期支护应及时施作并封闭成环,Ⅳ、Ⅴ、Ⅵ级围岩封闭位置距离掌子面不得大于35m;仰拱不得分幅施作。(暗挖隧道指南:7.1.5)	□符合 □不符合	
	4.6.9	两座平行隧道同向开挖工作面的纵向距离应根据两隧道间距、围岩情况确定,不宜小于2倍隧道跨度。(暗挖隧道指南:7.1.5)	□符合 □不符合	
	4.6.10	应保持隧道均衡连续作业,暂停掘进期间应对掌子面进行封闭处理。(暗挖隧道指南:7.1.8)	□符合 □不符合	
超前地质预报	4.6.11	应针对不同类型地质问题,分段、分级进行超前地质预测预报。(JTG/T 3660:19.1.6)	□符合 □不符合	
	4.6.12	施工过程中应将开挖揭露的地质情况与多方法超前地质预测预报对比印证,提高预报准确率和精度,动态调整超前地质预测预报分级、方法、手段。(JTG/T 3660:19.1.7)	□符合 □不符合	
	4.6.13	超前地质预报结果有异常情况时应及时通知相关单位,并采取多种超前探测手段,详细查明。(JTG/T 3660:19.1.11)	□符合 □不符合	

续上表

检查项目	序号	质量检查要点	检查结果	问题描述
超前地质预报	4.6.14	超前地质预报应进行实际地质状况与设计的对比分析,总结经验教训,不断提高隧道工程地质勘察质量。(JTG/T 3660：19.1.12)	□符合 □不符合	
超欠挖控制	4.6.15	隧道开挖预留变形量,可根据设计预测值及监控量测信息进行调整。(JTG/T 3660：7.3.1)	□符合 □不符合	
	4.6.16	**拱脚、墙脚以上1m范围内及净空图折角对应位置严禁欠挖。**(JTG/T 3660：7.3.3)	□符合 □不符合	
	4.6.17	有钢架时,沿设计轮廓线的均匀超挖,可采用喷射混凝土回填或增大钢架支护断面尺寸,在施工二次衬砌时,以二次衬砌混凝土回填。(JTG/T 3660：7.3.5)	□符合 □不符合	
	4.6.18	无钢架时,沿设计轮廓线的均匀超挖,可在施工二次衬砌时,以二次衬砌混凝土回填。(JTG/T 3660：7.3.5)	□符合 □不符合	
	4.6.19	局部超挖:超挖量不超过200mm时,宜采用喷射混凝土回填密实。边墙部位超挖:可采用混凝土或片石混凝土回填。(JTG/T 3660：7.3.5)	□符合 □不符合	
	4.6.20	超挖部分当采用浆砌片石或片石混凝土回填时,片石不得侵入二次衬砌内。(JTG/T 3660：9.6.18)	□符合 □不符合	
钻爆作业	4.6.21	炮眼放样位置误差不超过5cm。(隧道指南：5.3.4)	□符合 □不符合	
	4.6.22	硬岩开眼位置在开挖轮廓线上,软岩可向内偏5～10cm。(隧道指南：5.3.3)	□符合 □不符合	
	4.6.23	装药前,采用小直径高压风管输入高压风,将炮眼内石屑刮出和吹净。(隧道指南：5.3.4)	□符合 □不符合	
	4.6.24	为提高爆破效果,周边眼的堵塞长度不宜小于400mm。(隧道指南：5.3.4)	□符合 □不符合	
	4.6.25	清孔后应检查钻孔是否畅通、深度是否满足要求。(隧道指南：5.3.4)	□符合 □不符合	
	4.6.26	两个掏槽孔间距不宜大于200mm。(JTG/T 3660：7.4.5)	□符合 □不符合	
	4.6.27	掏槽孔宜比辅助孔深100～200mm。(JTG/T 3660：7.4.5)	□符合 □不符合	
	4.6.28	爆破效果应达到围岩稳定、无大剥落或坍塌、块度适用于出渣的要求。(JTG/T 3660：7.4.14)	□符合 □不符合	

续上表

检查项目	序号	质量检查要点	检查结果	问题描述
全断面法	4.6.29	单循环进尺宜控制在 3～4m。（隧道指南：5.4.1）	□符合 □不符合	
台阶法	4.6.30	台阶分界线不得超过起拱线。（隧道指南：5.4.2）	□符合 □不符合	
	4.6.31	上台阶长度应不大于30m,应尽量采用短台阶,以便及时成环封闭。（隧道指南：5.4.2）	□符合 □不符合	
	4.6.32	下台阶马口落底长度不大于2榀钢拱架间距,应一次落底,尽快封闭成环。（隧道指南：5.4.2）	□符合 □不符合	
	4.6.33	台阶开挖高度宜为 2.5～3.5m,台阶数量不宜大于3个。（JTG/T 3660：7.2.3）	□符合 □不符合	
	4.6.34	上台阶开挖每循环进尺：Ⅲ级围岩宜不大于3m；Ⅳ级围岩宜不大于2榀钢架间距；Ⅴ级围岩宜不大于1榀钢架间距。（JTG/T 3660：7.2.3）	□符合 □不符合	
	4.6.35	Ⅳ、Ⅴ级围岩下台阶每循环进尺宜不大于2榀钢架间距。下台阶单侧拉槽长度宜不超过15m。（JTG/T 3660：7.2.3）	□符合 □不符合	
	4.6.36	下台阶左、右侧开挖宜前后错开3～5m,同一榀钢架两侧不得同时悬空。（JTG/T 3660：7.2.3）	□符合 □不符合	
	4.6.37	施工应先护后挖,采用超前锚杆或超前小钢管辅助施工措施。（隧道指南：5.4.2）	□符合 □不符合	
环形开挖留核心土法	4.6.38	核心土面积宜不小于断面面积的50%。（隧道指南：5.4.3）	□符合 □不符合	
	4.6.39	拱部超前支护完成后,方可开挖上台阶环形导坑。（隧道指南：5.4.3）	□符合 □不符合	
	4.6.40	上部应超前中部3～5m,中部超前下部3～5m,下部超前底部10m左右。（隧道指南：5.4.3）	□符合 □不符合	
	4.6.41	各台阶留核心土开挖每循环进尺宜与其他分部循环进尺一致。（JTG/T 3660：7.2.4）	□符合 □不符合	
	4.6.42	上台阶每循环进尺：Ⅴ级围岩宜不大于1榀钢架间距,Ⅳ级围岩宜不大于2榀钢架间距。（JTG/T 3660：7.2.4）	□符合 □不符合	
	4.6.43	中下台阶每循环进尺,不得大于2榀钢架间距。（JTG/T 3660：7.2.4）	□符合 □不符合	
	4.6.44	台阶宽度宜为隧道开挖宽度的1/3～1/2。（隧道指南：5.4.3）	□符合 □不符合	

续上表

检查项目	序号	质量检查要点	检查结果	问题描述
环形开挖留核心土法	4.6.45	台阶开挖高度宜为 2.5~3.5m。(隧道指南:5.4.3)	□符合 □不符合	
	4.6.46	下台阶左、右侧开挖应错开 3~5m,同一榀钢架两侧不得同时悬空。(隧道指南:5.4.3)	□符合 □不符合	
	4.6.47	核心土与下台阶开挖应在上台阶支护完成、喷射混凝土强度达到70%以后进行。(隧道指南:5.4.3)	□符合 □不符合	
	4.6.48	对土质隧道应以核心土为基础立 3 根临时钢筋竖撑,以支撑拱顶。(隧道指南:5.4.3)	□符合 □不符合	
	4.6.49	**应加强钢拱架锁脚,减少下沉。**(隧道指南:5.4.3)	□符合 □不符合	
中隔壁法	4.6.50	初期支护完成、强度达到设计规定后方可进行下一分部开挖。(JTG/T 3660:7.2.5)	□符合 □不符合	
	4.6.51	各分部开挖时,周边轮廓应圆顺。开挖进尺不得大于 1 榀钢架间距。(JTG/T 3660:7.2.5)	□符合 □不符合	
	4.6.52	左右两侧导坑开挖工作面的纵向间距不宜小于 15m。(隧道指南:5.4.4)	□符合 □不符合	
	4.6.53	**当开挖形成全断面时,应及时完成全断面初期支护闭合。**(JTG/T 3660:7.2.5)	□符合 □不符合	
	4.6.54	应根据监控量测数据确定拆除侧壁临时支护的时间。(隧道指南:5.4.4)	□符合 □不符合	
	4.6.55	中隔壁的拆除应滞后于仰拱,一次拆除长度应根据量测数据慎重确定,拆除后应立即施作二次衬砌。(隧道指南:5.4.4)	□符合 □不符合	
	4.6.56	临时支护拆除宜在仰拱施工前进行,一次拆除长度应与仰拱浇筑长度相适应。(JTG/T 3660:第 7.2.5)	□符合 □不符合	
	4.6.57	临时支护拆除后,应及时浇筑仰拱和仰拱填充、施作拱墙二次衬砌。(JTG/T 3660:7.2.5)	□符合 □不符合	
	4.6.58	一般在拱顶下沉 7d 内增量在 2mm 以下作为拆除中壁的基准。(隧道指南:5.4.4)	□符合 □不符合	
	4.6.59	临时支护拆除前后,应进行变形量测。(JTG/T 3660:7.2.5)	□符合 □不符合	

续上表

检查项目	序号	质量检查要点	检查结果	问题描述
双侧壁导坑法	4.6.60	开挖时要保证排水畅通,对两侧临时排水沟铺砌抹面,防止钢支撑基底软化。(隧道指南:5.4.6)	□符合 □不符合	
	4.6.61	侧壁导坑开挖时,周边轮廓应圆顺。导坑跨度宜为整个隧道开挖跨径的1/3。(JTG/T 3660:7.2.7)	□符合 □不符合	
	4.6.62	左右导坑前后距离不宜小于15m。(隧道指南:5.4.6)	□符合 □不符合	
	4.6.63	导坑与中间土体同时施工时,导坑应超前30~50m。(JTG/T 3660:7.2.7)	□符合 □不符合	
	4.6.64	侧壁导坑开挖后,应及时施工初期支护并尽早形成封闭环。(隧道指南:5.4.6)	□符合 □不符合	
	4.6.65	临时支护拆除宜在仰拱施工前进行,一次拆除长度宜与仰拱浇筑长度相适应。(JTG/T 3660:7.2.7)	□符合 □不符合	
	4.6.66	临时支护拆除后,应及时浇筑仰拱和仰拱填充,施作拱墙二次衬砌。(JTG/T 3660:7.2.7)	□符合 □不符合	
仰拱开挖	4.6.67	应做好排水设施,清除底面积水和松渣,严禁将松渣回填。(JTG/T 3660:7.2.8)	□符合 □不符合	
	4.6.68	仰拱开挖长度:土和软岩应不大于3m,硬岩应不大于5m。(JTG/T 3660:7.2.8)	□符合 □不符合	
	4.6.69	开挖后应及时施作仰拱初期支护、二次衬砌及填充。(JTG/T 3660:7.2.8)	□符合 □不符合	
其他				

规范性引用文件如下:
《公路隧道施工技术规范》(JTG/T 3660—2020)
《高速公路施工标准化技术指南:隧道工程》,人民交通出版社,2012
《暗挖隧道标准化施工指南》(中交股路发〔2018〕283号)

总体评价:本次检查_____项,符合_____项,不符合_____项,符合率为_____%。

检查单位_____ 检查人_____ 检查日期_____

4.7 锚杆加工与安装

施工标段＿＿＿＿＿＿＿＿＿＿ 检查部位(工点)＿＿＿＿＿＿＿＿＿＿

检查项目	序号	质量检查要点	检查结果	问题描述
锚杆加工	4.7.1	采用的锚杆种类应满足设计要求,锚杆杆体规格、性能应符合国家现行技术标准(JTG/T 3660:9.3.1)	□符合 □不符合	
	4.7.2	锚杆外露端应有螺纹,应逐根检查并与螺母试装配。(JTG/T 3660:9.3.4)	□符合 □不符合	
	4.7.3	锚杆杆体应调直、除锈、清除油污。(JTG/T 3660:9.3.4)	□符合 □不符合	
	4.7.4	楔缝式端头锚固型锚杆安装前,应检查杆体长度,以及楔缝、楔块、螺母尺寸和配合情况。(JTG/T 3660:9.3.13)	□符合 □不符合	
	4.7.5	**在设有系统锚杆的地段,系统锚杆应在下一循环开挖前完成。**(JTG/T 3660:9.3.2)	□符合 □不符合	
	4.7.6	无钢架地段,锚杆在初喷混凝土、挂钢筋网后施作,或在初喷混凝土、挂钢筋网、复喷后施作。(JTG/T 3660:9.3.2)	□符合 □不符合	
	4.7.7	有钢架地段,锚杆在初喷混凝土、挂钢筋网、立钢拱架、复喷混凝土后施作。(JTG/T 3660:9.3.2)	□符合 □不符合	
锚杆钻孔及安装	4.7.8	钻孔前应按设计布置要求,标出钻孔位置,钻孔数量不得少于设计数量。(JTG/T 3660:9.3.3)	□符合 □不符合	
	4.7.9	系统锚杆钻孔方向应为设计开挖轮廓法线方向,垂直偏差不宜大于20°。(JTG/T 3660:9.3.3)	□符合 □不符合	
	4.7.10	局部锚杆应与岩层层面或主要结构面成大角度相交。(JTG/T 3660:9.3.3)	□符合 □不符合	
	4.7.11	钻孔深度应满足设计要求,与设计锚杆长度允许偏差为±50mm。(JTG/T 3660:9.3.3)	□符合 □不符合	
	4.7.12	**钻孔超深长度不应大于10cm。**(暗挖隧道指南:8.4.4)	□符合 □不符合	
	4.7.13	安装前将孔内积水、岩粉应吹洗干净。(JTG/T 3660:9.3.4)	□符合 □不符合	
	4.7.14	锚杆外露端应加工120～150mm的螺纹,锚杆前端应削尖,应配有止浆塞、垫板和螺母等配件。(JTG/T 3660:9.3.5)	□符合 □不符合	

续上表

检查项目	序号	质量检查要点	检查结果	问题描述
锚杆钻孔及安装	4.7.15	锚杆砂浆应拌和均匀、随拌随用,已初凝的砂浆不得使用。(JTG/T 3660:9.3.5)	□符合 □不符合	
	4.7.16	锚杆孔灌浆时,灌浆管应插至距孔底50~100mm处,并随砂浆的灌入缓慢匀速拔出。(JTG/T 3660:9.3.5)	□符合 □不符合	
	4.7.17	灌浆后应及时插入锚杆杆体,锚杆杆体插到设计深度时,孔口应有砂浆流出。(JTG/T 3660:9.3.5)	□符合 □不符合	
	4.7.18	孔口无砂浆流出或杆体插不到设计深度时,应将杆体拔出,清孔,重新安装。(JTG/T 3660:9.3.5)	□符合 □不符合	
	4.7.19	应及时安装止浆塞,砂浆终凝后应及时安装垫板、螺母,垫板应紧贴岩面。(JTG/T 3660:9.3.5)	□符合 □不符合	
	4.7.20	应塞紧止浆塞,确保注浆压力满足要求。(暗挖隧道指南:8.4.4)	□符合 □不符合	
	4.7.21	注浆结束后应及时堵塞孔口,防止浆液外溢。(暗挖隧道指南:8.4.4)	□符合 □不符合	
药包锚杆	4.7.22	不应使用受潮结块的药包,药包应在清水中浸泡,随用随泡。(JTG/T 3660:9.3.6)	□符合 □不符合	
	4.7.23	药包砂浆的初凝时间应不小于3min,终凝时间应不大于30min。(JTG/T 3660:9.3.6)	□符合 □不符合	
	4.7.24	药包宜采用专用工具推入钻孔内,并应防止中途药包纸破裂。(JTG/T 3660:9.3.6)	□符合 □不符合	
	4.7.25	孔口无浆液流出或杆体插不到设计深度时,应将杆体拔出,清孔,重新安装。(JTG/T 3660:9.3.6)	□符合 □不符合	
中空锚杆	4.7.26	中空锚杆应有锚头、止浆塞、中空杆体、垫板、螺母等配件。(JTG/T 3660:9.3.7)	□符合 □不符合	
	4.7.27	插入中空锚杆后,应安装止浆塞。止浆塞应留有排气孔。(JTG/T 3660:9.3.7)	□符合 □不符合	
	4.7.28	施工前应保持锚杆中空通畅,应对锚杆中孔吹气或注水疏通。(JTG/T 3660:9.3.7)	□符合 □不符合	
	4.7.29	浆体终凝后应安装垫板,拧紧螺母。(JTG/T 3660:9.3.7)	□符合 □不符合	

续上表

检查项目	序号	质量检查要点	检查结果	问题描述
锁脚锚杆	4.7.30	锁脚锚杆应在钢架安装就位后立即施作。(JTG/T 3660:9.3.16)	□符合 □不符合	
	4.7.31	锁脚锚杆安装位置应在钢架连接钢板以上100~300mm。(JTG/T 3660:9.3.16)	□符合 □不符合	
	4.7.32	采用格栅钢架时设在钢架主筋之间,采用型钢钢架时设在钢架两侧。(JTG/T 3660:9.3.16)	□符合 □不符合	
	4.7.33	锁脚锚杆外露头与型钢钢架焊接时,可采用U形钢筋辅助焊接。(JTG/T 3660:9.3.16)	□符合 □不符合	
	4.7.34	锁脚锚杆杆体可采用螺纹钢或钢管,采用钢管时管内应注满砂浆。(JTG/T 3660:9.3.16)	□符合 □不符合	
其他				

规范性引用文件如下:
《公路隧道施工技术规范》(JTG/T 3660—2020)
《暗挖隧道标准化施工指南》(中交股路发〔2018〕283号)

总体评价:本次检查_____项,符合_____项,不符合_____项,符合率为_____%。

检查单位_____ 检查人_____ 检查日期_____

4.8 钢架加工与安装

施工标段＿＿＿＿＿＿＿＿＿＿　　检查部位(工点)＿＿＿＿＿＿＿＿＿＿

检查项目	序号	质量检查要点	检查结果	问题描述
钢筋网片	4.8.1	钢筋使用前应调直,清除锈蚀和油渍。(JTG/T 3660:9.4.1)	□符合 □不符合	
	4.8.2	**钢筋网每个交点和搭接段均应绑扎或焊接。**(JTG/T 3660:9.4.2)	□符合 □不符合	
	4.8.3	钢筋网钢筋每节长度不宜小于2.0m。(JTG/T 3660:9.4.2)	□符合 □不符合	
	4.8.4	应在初喷混凝土后再进行钢筋网铺设。(JTG/T 3660:9.4.2)	□符合 □不符合	
	4.8.5	钢筋搭接长度不应小于30倍钢筋直径,并不小于一个网格长边尺寸。(JTG/T 3660:9.4.2;隧道指南:6.5.2)	□符合 □不符合	
	4.8.6	**钢筋网应与锚杆或其他固定装置联结牢固,在喷射混凝土时不晃动。**(JTG/T 3660:9.4.2)	□符合 □不符合	
	4.8.7	**钢筋网应随受喷岩面起伏铺设,与初喷混凝土面最大间隙不大于50mm。**(JTG/T 3660:9.4.2)	□符合 □不符合	
	4.8.8	采用双层钢筋网时,两层钢筋网间距应满足设计要求。(JTG/T 3660:9.4.2)	□符合 □不符合	
	4.8.9	第二层钢筋网应在第一层钢筋网被喷射混凝土全部覆盖后铺挂。(JTG/T 3660:9.4.2)	□符合 □不符合	
钢架制作	4.8.10	型钢钢架应采用冷弯法制造成型,宜在工厂加工。(JTG/T 3660:9.5.3)	□符合 □不符合	
	4.8.11	钢架支护断面内轮廓尺寸可根据隧道实际开挖轮廓进行加工,但不应小于设计尺寸。(JTG/T 3660:9.5.2)	□符合 □不符合	
	4.8.12	不同规格的首榀钢架加工完成后,应在平整地面上按1:1胎膜进行试拼,合格后方可进行批量生产。(JTG/T 3660:9.5.2)	□符合 □不符合	
	4.8.13	**钢架节段两端应焊接连接钢板,连接钢板平面应与钢架轴线垂直。**(JTG/T 3660:9.5.2)	□符合 □不符合	

续上表

检查项目	序号	质量检查要点	检查结果	问题描述
钢架制作	4.8.14	连接钢板规格尺寸应满足设计要求，连接钢板上螺栓孔应不少于4个。（JTG/T 3660：9.5.2）	□符合 □不符合	
	4.8.15	连接钢板应采用冲压或铣切成孔，并应清除毛刺，不得采用氧焊烧孔。（JTG/T 3660：9.5.2）	□符合 □不符合	
	4.8.16	型钢钢架与连接钢板焊接应采用双面焊。（JTG/T 3660：9.5.3）	□符合 □不符合	
	4.8.17	格栅钢架所有钢筋连接结点必须采用双面对称焊接。（JTG/T 3660：9.5.4）	□符合 □不符合	
	4.8.18	型钢钢架每节段宜为连续整体。当节段中出现两段型钢对接焊接时，应在焊缝两侧增加钢板骑缝帮焊。（JTG/T 3660：9.5.3）	□符合 □不符合	
	4.8.19	钢板骑缝帮焊应进行抗弯和抗扭矩试验，每节段对接焊缝数不得大于**1个**。（JTG/T 3660：9.5.3）	□符合 □不符合	
	4.8.20	主筋端头与连接板焊接时，除主筋端头与钢板焊接外，应采用U形钢筋帮焊。（JTG/T 3660：9.5.4）	□符合 □不符合	
	4.8.21	每块连接钢板的U形钢筋数量应不少于2个。（JTG/T 3660：9.5.4）	□符合 □不符合	
	4.8.22	格栅U形钢筋直径应不小于主筋直径，应同时与主筋和连接钢板焊接，与主筋的焊接长度不应小于150mm。（JTG/T 3660：9.5.4）	□符合 □不符合	
钢架安装	4.8.23	钢架分节长度不宜大于**4m**，每节段应编号，注明安装位置。（JTG/T 3660：9.5.2）	□符合 □不符合	
	4.8.24	钢架底脚基础应坚实、牢固。（暗挖隧道指南：8.5.3）	□符合 □不符合	
	4.8.25	钢架应在初喷混凝土后安装。（JTG/T 3660：9.5.5）	□符合 □不符合	
	4.8.26	钢架安装不应出现拱脚悬空，不得用石块、碎石砌垫，应设置钢板或采用强度等级不小于**C20**混凝土垫块。（隧道指南：6.4.3）	□符合 □不符合	
	4.8.27	节段与节段之间应通过连接钢板用高强度螺栓连接。（JTG/T 3660：9.5.5）	□符合 □不符合	
	4.8.28	相邻两榀钢架之间纵向连接筋安装应符合设计要求。（隧道指南：6.4.3）	□符合 □不符合	

续上表

检查项目	序号	质量检查要点	检查结果	问题描述
钢架安装	4.8.29	相邻两榀钢架直接必须用纵向钢筋连接,连接钢筋直径不应小于**18mm**,连接钢筋间距不应大于**1.0m**。(隧道指南:6.4.3)	□符合 □不符合	
	4.8.30	钢架应垂直于隧道中线在竖直方向安装,竖向不倾斜,平面不错位、扭曲。(JTG/T 3660:9.5.5)	□符合 □不符合	
	4.8.31	上、下、左、右允许偏差为±50mm,钢架倾斜度允许偏差为±2°。(JTG/T 3660:9.5.5)	□符合 □不符合	
	4.8.32	钢架应贴近初喷射混凝土面安装。(JTG/T 3660:9.5.5)	□符合 □不符合	
	4.8.33	当钢架和围岩初喷射混凝土面之间有间隙时,应采用钢楔块或混凝土垫块楔紧,并用喷射混凝土充填密实。(JTG/T 3660:9.5.5)	□符合 □不符合	
	4.8.34	有多个楔块时,楔块和楔块的间距不宜大于2.0m。(JTG/T 3660:9.5.5)	□符合 □不符合	
	4.8.35	下导坑开挖时,预留洞室位置也要按设计要求进行支护,只有在施工二次衬砌时方可拆除。(隧道指南:6.4.3)	□符合 □不符合	
	4.8.36	喷射混凝土应由两侧拱脚向上对称喷射,并将钢架覆盖,临空一侧的喷射混凝土保护层厚度应不小于20mm。(隧道指南:6.4.3)	□符合 □不符合	
	4.8.37	钢筋应经常检查,如发现破裂、倾斜、弯扭、变形,以及接头松脱、填塞、漏空等异常状况,必须立即加固。(隧道指南:6.4.3)	□符合 □不符合	
	4.8.38	钢架的抽换、拆除,应本着"先顶后拆"的原则进行,防止围岩松动坍塌。(隧道指南:6.4.3)	□符合 □不符合	
其他				

规范性引用文件如下:
《公路隧道施工技术规范》(JTG/T 3660—2020)
《高速公路施工标准化技术指南:隧道工程》,人民交通出版社,2012
《暗挖隧道标准化施工指南》(中交股路发〔2018〕283号)

总体评价:本次检查_____项,符合_____项,不符合_____项,符合率为_____%。

检查单位_____检查人_____检查日期_____

4.9 喷射混凝土

施工标段_____ 检查部位(工点)_____

检查项目	序号	质量检查要点	检查结果	问题描述
总体要求	4.9.1	**隧道锚喷支护应紧随开挖及时施作。**(JTG/T 3660:7.2.2)	□符合 □不符合	
	4.9.2	初期支护完工后应及时开展背后脱空检测,若有脱空及时处置。(隧道指南:6.2.1)	□符合 □不符合	
	4.9.3	初期支护应配备湿喷机械手等机械化作业设备。(隧道指南:6.2.1)	□符合 □不符合	
	4.9.4	硬岩地段复喷作业距离掌子面不得大于60m,软岩地段应紧跟掌子面。(隧道指南:6.2.1)	□符合 □不符合	
喷射混凝土	4.9.5	喷射混凝土施工宜采用湿喷工艺。(JTG/T 3660:9.2.4)	□符合 □不符合	
	4.9.6	施工前应设置控制喷射混凝土厚度的标识。(隧道指南:6.2.1)	□符合 □不符合	
	4.9.7	未掺入速凝剂的混合料存放时间不宜大于2h。(JTG/T 3660:9.2.7)	□符合 □不符合	
	4.9.8	隧道内环境日均温度低于+5℃时不得洒水养护。(JTG/T 3660:9.2.8)	□符合 □不符合	
	4.9.9	喷射混凝土作业区的气温不宜低于+5℃。(隧道指南:6.2.1)	□符合 □不符合	
	4.9.10	普通喷射混凝土混合料应采用机械搅拌,应拌和均匀,搅拌时间不应少于2min。(JTG/T 3660:9.2.6)	□符合 □不符合	
	4.9.11	**喷射混凝土作业前,应清除被钢筋网网住的松动岩块或混凝土块。**(JTG/T 3660:9.2.13)	□符合 □不符合	
	4.9.12	初喷混凝土厚度宜控制在20~50mm,岩面有较大凹洼时,可结合初喷找平。(JTG/T 3660:9.2.7)	□符合 □不符合	
	4.9.13	复喷可采用一次作业或分层作业。拱顶每次厚度不宜大于100mm。(JTG/T 3660:9.2.7)	□符合 □不符合	
	4.9.14	边墙每次厚度不宜大于150mm。复喷最小厚度不宜小于50mm。(JTG/T 3660:9.2.7)	□符合 □不符合	

续上表

检查项目	序号	质量检查要点	检查结果	问题描述
喷射混凝土	4.9.15	后一层喷射混凝土应在前一层终凝后进行。(JTG/T 3660:9.2.7)	□符合 □不符合	
	4.9.16	**喷射顺序应自下而上,分段长度不宜大于6m。**(暗挖隧道指南:8.3.4)	□符合 □不符合	
	4.9.17	应先喷钢架与壁面之间混凝土,再喷两钢架之间混凝土。(暗挖隧道指南:8.3.4)	□符合 □不符合	
	4.9.18	**喷射混凝土不得挂模喷射。**(JTG/T 3660:9.2.7)	□符合 □不符合	
	4.9.19	喷射混凝土应分段、分片、分层由下而上顺序进行,拱部喷射混凝土应对称作业。(JTG/T 3660:9.2.7)	□符合 □不符合	
	4.9.20	**喷射混凝土作业时喷嘴宜垂直岩面,喷枪头到受喷面的距离宜为0.6~1.5m。**(JTG/T 3660:9.2.7)	□符合 □不符合	
	4.9.21	钢架部位应先喷钢架背后,确保钢架与岩体之间密实。(JTG/T 3660:9.2.7)	□符合 □不符合	
	4.9.22	喷射混凝土终凝2h后,应进行养护,养护时间不应少于7d。(JTG/T 3660:9.2.8)	□符合 □不符合	
	4.9.23	钢架安装前应进行初喷,就位后应及时复喷,钢架背后与围岩之间空隙不得填塞杂物,应喷密实。(JTG/T 3660:9.2.12)	□符合 □不符合	
	4.9.24	每次喷射混凝土作业结束后应及时清除回弹或掉落在拱脚的堆积废料。(JTG/T 3660:9.2.15)	□符合 □不符合	
	4.9.25	**喷射混凝土表面应无漏喷、离鼓、钢筋网和钢架外露。**(暗挖隧道指南:8.3.4)	□符合 □不符合	
	4.9.26	喷射混凝土分段施工时,两次施工预留斜面,斜面宽度为200~300mm。(暗挖隧道指南:8.3.4)	□符合 □不符合	
其他				

规范性引用文件如下:
《公路隧道施工技术规范》(JTG/T 3660—2020)
《高速公路施工标准化技术指南:隧道工程》,人民交通出版社,2012
《暗挖隧道标准化施工指南》(中交股路发〔2018〕283号)

总体评价:本次检查_____项,符合_____项,不符合_____项,符合率为_____%。

检查单位_____ 检查人_____ 检查日期_____

4.10 仰拱与仰拱回填

施工标段_____   检查部位(工点)_____

检查项目	序号	质量检查要点	检查结果	问题描述
仰拱	4.10.1	隧底开挖断面形状、尺寸、基底高程、基底承载力应符合设计规定。(JTG/T 3660:9.7.1)	□符合 □不符合	
	4.10.2	应凿除欠挖,清除隧底虚渣、杂物、淤泥,抽干积水。(JTG/T 3660:9.7.1)	□符合 □不符合	
	4.10.3	**超挖在允许范围内应采用与衬砌相同强度等级的混凝土进行浇筑**。(隧道指南:7.3.4)	□符合 □不符合	
	4.10.4	超挖大于规定时,应按设计及规范要求进行回填,不得用洞渣随意回填,严禁片石侵入仰拱断面。(隧道指南:7.3.4)	□符合 □不符合	
	4.10.5	隧道底两隅与侧墙连接处应平顺开挖,避免引起应力集中。(隧道指南:7.3.1)	□符合 □不符合	
	4.10.6	**仰拱初期支护应随开挖及时施作**。(JTG/T 3660:9.7.2)	□符合 □不符合	
	4.10.7	仰拱初期支护钢架应与拱墙钢架对齐,误差不应大于20mm。(JTG/T 3660:9.7.2)	□符合 □不符合	
	4.10.8	仰拱钢架节段之间的连接及相邻钢架之间的横向连接方式应与拱墙钢架连接要求相同。(JTG/T 3660:9.7.2)	□符合 □不符合	
	4.10.9	**仰拱初期支护喷射混凝土不得与仰拱混凝土衬砌一次浇筑**。(JTG/T 3660:9.7.2)	□符合 □不符合	
	4.10.10	仰拱二次衬砌两侧边墙部位的预埋钢筋弯曲度应与隧道断面设计的弧度相符,钢筋间距应均匀并满足设计要求。(隧道指南:7.3.3)	□符合 □不符合	
	4.10.11	钢筋插入深度和外露长度均不应小于250mm,连接钢筋沿衬砌内外缘两侧布置,纵向间距不应大于300mm。(JTG/T 3660:9.7.3)	□符合 □不符合	
	4.10.12	插入钢筋直径和布置间距应与拱墙受力主筋相同,并与拱墙受力主筋焊接。(JTG/T 3660:9.7.3)	□符合 □不符合	
	4.10.13	**仰拱两侧二次衬砌边墙部位的预埋钢筋伸出长度应满足和二次衬砌环向钢筋焊接要求,且将接头错开,使同一截面的钢筋接头数不大于50%**。(隧道指南:7.3.3)	□符合 □不符合	
	4.10.14	仰拱混凝土衬砌和拱墙混凝土均为素混凝土时,仰拱与拱墙连接面应插连接钢筋。(JTG/T 3660:9.7.3)	□符合 □不符合	
	4.10.15	仰拱混凝土应使用模板浇筑,模板应留振捣窗,振捣窗周边模板加强刚度,窗门应平整、严密、不漏浆。(JTG/T 3660:9.7.3)	□符合 □不符合	

续上表

检查项目	序号	质量检查要点	检查结果	问题描述
仰拱	4.10.16	**挡头模板应采用可重复使用并能同时固定止水带的定型模板。**(JTG/T 3660:9.7.3)	□符合 □不符合	
	4.10.17	仰拱衬砌混凝土应整幅一次浇筑成形,不得左右半幅分次浇筑,一次浇筑长度不宜大于5.0m。(JTG/T 3660:9.7.3)	□符合 □不符合	
	4.10.18	仰拱浇筑宜采用插入式振捣器振捣密实。(JTG/T 3660:9.7.8)	□符合 □不符合	
	4.10.19	仰拱混凝土衬砌与拱墙混凝土衬砌连接面应规整、密实。(JTG/T 3660:9.7.3)	□符合 □不符合	
仰拱填充	4.10.20	仰拱填充混凝土浇筑前表面应无积水和杂物。(JTG F80/1:10.12.1)	□符合 □不符合	
	4.10.21	**仰拱回填表面应无开裂。**(JTG F80/1:10.12.3)	□符合 □不符合	
	4.10.22	**仰拱二次衬砌混凝土施工应采用弧形模板,全幅整体浇筑。**(暗挖隧道指南:10.3.1)	□符合 □不符合	
	4.10.23	隧底回填后应再次检查断面形状、尺寸。(JTG/T 3660:9.7.1)	□符合 □不符合	
	4.10.24	**仰拱回填宜保持超前3倍以上衬砌循环作业长度,距离掌子面不超过60m。**(隧道指南:7.1.2)	□符合 □不符合	
	4.10.25	仰拱填充混凝土浇筑宜采用插入式振捣器振捣密实。(JTG/T 3660:9.7.8)	□符合 □不符合	
	4.10.26	未设变形缝位置,仰拱填充横向施工缝与衬砌混凝土横向施工缝宜错开设置,错开距离不宜小于0.5m。(JTG/T 3660:9.7.4)	□符合 □不符合	
	4.10.27	**变形缝位置:仰拱衬砌变形缝与填充混凝土变形缝应在同一断面位置。**(JTG/T 3660:9.7.4)	□符合 □不符合	
	4.10.28	仰拱填充混凝土顶面应平顺,坡度应符合设计规定。(JTG/T 3660:9.7.4)	□符合 □不符合	
其他				

规范性引用文件如下:
《公路隧道施工技术规范》(JTG/T 3660—2020)
《公路工程质量检验评定标准 第一册 土建工程》(JTG F80/1—2017)
《高速公路施工标准化技术指南:隧道工程》,人民交通出版社,2012
《暗挖隧道标准化施工指南》(中交股路发[2018]283号)

总体评价:本次检查_____项,符合_____项,不符合_____项,符合率为_____%。

检查单位_____ 检查人_____ 检查日期_____

4.11 防水施工

施工标段_____　　　　检查部位(工点)_____

检查项目	序号	质量检查要点	检查结果	问题描述
环向、纵向、横向排水(盲)管	4.11.1	排水(盲)管的材质、强度、透水性应符合相关规范的规定,尺寸规格应满足设计要求,盲管不得有凹瘪、扭曲。(JTG/T 3660:11.3.4)	□符合 □不符合	
	4.11.2	二次衬砌背后纵向盲管,不得侵占二次衬砌结构空间。(JTG/T 3660:11.1.2)	□符合 □不符合	
	4.11.3	环向排水盲管、竖向排水盲管应紧贴初期支护表面敷设,布置间距应满足设计要求。(JTG/T 3660:11.3.4)	□符合 □不符合	
	4.11.4	排水(盲)管应在有集中渗水位置敷设,地下水较大地段应适当加密。(JTG/T 3660:11.3.4)	□符合 □不符合	
	4.11.5	衬砌混凝土浇筑时应露出横向泄水管管头。(JTG/T 3660:11.3.4)	□符合 □不符合	
	4.11.6	纵向排水盲管敷设的纵向坡度应与隧道纵坡一致,不得起伏不平,不得侵占衬砌结构空间。(JTG/T 3660:11.3.4)	□符合 □不符合	
	4.11.7	铺设纵向排水管前应放样划线,确保高程准确且线形顺直。(暗挖隧道指南:9.4.3)	□符合 □不符合	
	4.11.8	环向排水盲管、竖向排水盲管与纵向排水盲管应采用三通连接,并应连接牢固。(JTG/T 3660:11.3.4)	□符合 □不符合	
	4.11.9	**横向泄水管应采用硬质不透水管,横向泄水管与纵向排水盲管应采用三通连接,并应连接牢固。**(JTG/T 3660:11.3.4)	□符合 □不符合	
	4.11.10	横向导水管宜采用切槽方式铺设,浇筑路面混凝土时,槽顶面应采取隔离措施。(JTG/T 3660:11.3.4)	□符合 □不符合	
	4.11.11	横向导水管应与泄水管管头连接牢固。(JTG/T 3660:11.3.4)	□符合 □不符合	
	4.11.12	**横向导水管安装时应内高外低,排水畅通。**(暗挖隧道指南:9.4.4)	□符合 □不符合	
	4.11.13	横向导水管管口用土工布堵塞,中心水沟出水口处做好标记,混凝土浇筑完成后及时疏通。(暗挖隧道指南:9.4.4)	□符合 □不符合	
	4.11.14	环向排水盲管、竖向排水盲管、纵向排水盲管及透水的横向导水管的管体应用土工布包裹。(JTG/T 3660:11.3.4)	□符合 □不符合	

续上表

检查项目	序号	质量检查要点	检查结果	问题描述
土工布铺设	4.11.15	土工布材料规格和性能指标应符合设计规定和相关规范规定。(JTG/T 3660:11.3.5)	□符合 □不符合	
	4.11.16	**二次衬砌施工前,应严格按设计做好衬砌背后的防排水设施,土工布不得有影响衬砌厚度的皱褶、绷弦现象。**(JTG/T 3660:11.1.2)	□符合 □不符合	
	4.11.17	土工布铺设前必须进行断面测量,检测初期支护背后密实度,发现背后脱空,应及时采取处理措施。(暗挖隧道指南:9.5.3)	□符合 □不符合	
	4.11.18	初期支护表面应平顺。应无钢筋和锚杆头外露、尖硬物凸出、错台和急速凹凸现象。(JTG/T 3660:11.3.6)	□符合 □不符合	
	4.11.19	**土工布铺设前喷射混凝土基面不得有钢筋、凸出的管件等尖锐突出物。**(JTG F80/1:10.15.1)	□符合 □不符合	
	4.11.20	隧道断面变化处或转弯处的阴角应抹成半径不小于 50mm 的圆弧。(JTG F80/1:10.15.1)	□符合 □不符合	
	4.11.21	土工布铺设时,基面不得有明水。(JTG F80/1:10.15.1)	□符合 □不符合	
	4.11.22	**土工布铺设应超前二次衬砌施工 1~2 个循环距离衬砌段。**(JTG/T 3660:11.3.6)	□符合 □不符合	
	4.11.23	**土工布应环向整幅铺设,拱部和边墙应无纵向搭接。**(JTG/T 3660:11.3.6)	□符合 □不符合	
	4.11.24	**土工布与防水板应分别铺挂,无纺土工布铺挂完成后再挂防水板。**(JTG/T 3660:11.3.6)	□符合 □不符合	
	4.11.25	铺挂固定点间距:拱部宜为 0.5~0.7m,侧墙宜 0.7~1.0m。在凹处应适当增加固定点。(JTG/T 3660:11.3.6)	□符合 □不符合	
	4.11.26	**无纺土工布应采用射钉加热熔垫固定,防水板应采用无钉铺挂。**(JTG/T 3660:11.3.6)	□符合 □不符合	
防水板铺设	4.11.27	**防水板的搭接宽度不应小于 100mm。应采用自动爬焊机双缝焊接,双缝焊每条焊缝宽度不应小于 10mm。**(JTG/T 3660:11.3.7)	□符合 □不符合	
	4.11.28	防水板铺挂时应适当松弛,松弛系数根据超挖情况确定,一般情况取 1.1~1.2。(JTG/T 3660:11.3.6)	□符合 □不符合	

续上表

检查项目	序号	质量检查要点	检查结果	问题描述
防水板铺设	4.11.29	采用手持焊枪焊接,焊缝宽度不应小于20mm。(JTG/T 3660：11.3.7)	□符合 □不符合	
	4.11.30	焊接时,焊缝接头应平整,不应有皱褶和空隙,焊接面应擦拭干净。(JTG/T 3660：11.3.7)	□符合 □不符合	
	4.11.31	防水板焊接前应进行焊接试验,确定适宜的焊接温度和速度,不得出现烧焦和熔穿现象。(JTG/T 3660：11.3.7)	□符合 □不符合	
	4.11.32	任何材料、工具应远离已铺好防水板的地段堆放。(JTG/T 3660：11.3.8)	□符合 □不符合	
	4.11.33	挡头模板与防水板接触位置应采用软质物衬垫进行封堵。(JTG/T 3660：11.3.8)	□符合 □不符合	
	4.11.34	不得将已铺好防水板的位置作为挡头模板支撑杆件的支撑点。(JTG/T 3660：11.3.8)	□符合 □不符合	
	4.11.35	钢筋铺设、绑扎及模板安装不得戳穿、损伤防水板。(JTG/T 3660：11.3.8)	□符合 □不符合	
	4.11.36	钢筋焊接作业时,防水板应采用阻燃材料进行隔离遮挡。(JTG/T 3660：11.3.8)	□符合 □不符合	
	4.11.37	钢筋不得直接接触防水板,接触位置应采用混凝土垫块隔离。(JTG/T 3660：11.3.8)	□符合 □不符合	
	4.11.38	浇筑混凝土时应避免混凝土直接冲击防水板,必要时可在混凝土输送泵出口处设置挡板。(JTG/T 3660：11.3.8)	□符合 □不符合	
	4.11.39	捣固时,应避免振捣器与防水板直接接触。(JTG/T 3660：11.3.8)	□符合 □不符合	
	4.11.40	台车就位前,应对防水板进行检查,发现破损部位,应做好标记,并及时修补。(JTG/T 3660：11.3.8)	□符合 □不符合	
	4.11.41	焊接应无脱焊、漏焊、假焊、焊焦、焊穿,粘接应无脱粘、漏粘。(JTG F80/1：10.15.3)	□符合 □不符合	
止水带安装	4.11.42	不得在止水带上穿钉、打孔,应防止止水带撕裂、刺破。(JTG/T 3660：11.3.11)	□符合 □不符合	
	4.11.43	环向止水带的长度宜根据施工要求事先向生产厂家定制,避免接头。(JTG/T 3660：11.3.12)	□符合 □不符合	
	4.11.44	纵向止水带确需接头时,宜根据止水带材质和止水构造采用产品规定的方法连接。(JTG/T 3660：11.3.12)	□符合 □不符合	
	4.11.45	应埋设在衬砌结构设计厚度中央,平面应与衬砌表面平行、与衬砌端头模板正交。(JTG/T 3660：11.3.9)	□符合 □不符合	

续上表

检查项目	序号	质量检查要点	检查结果	问题描述
止水带安装	4.11.46	止水带中间空心圆环应顺施工缝、变形缝方向并与缝重合安装。(JTG/T 3660;11.3.9)	□符合 □不符合	
	4.11.47	先浇一侧混凝土应采用定型挡头模板固定止水带,挡头模板应支撑牢固。(JTG/T 3660;11.3.9)	□符合 □不符合	
	4.11.48	后浇一侧混凝土浇筑前应清除止水带上混凝土残渣,止水带有倒转、扭曲时应采取措施扶正。(JTG/T 3660;11.3.9)	□符合 □不符合	
	4.11.49	混凝土浇筑时止水带不应移位、折曲、倒转。(JTG/T 3660;11.3.9)	□符合 □不符合	
	4.11.50	在衬砌转角位置的止水带应采用连续圆弧过渡。(JTG/T 3660;11.3.9)	□符合 □不符合	
	4.11.51	橡胶止水带的转角半径不应小于200mm。(JTG/T 3660;11.3.9)	□符合 □不符合	
	4.11.52	钢边止水带的转角半径不应小于300mm。(JTG/T 3660;11.3.9)	□符合 □不符合	
	4.11.53	止水带周边混凝土振捣应能使止水带与混凝土紧密结合,不留气泡和空隙。(JTG/T 3660;11.3.9)	□符合 □不符合	
	4.11.54	应防止混凝土振捣造成止水带偏位或破损。(JTG/T 3660;11.3.9)	□符合 □不符合	
	4.11.55	应在已铺挂的防水板上准确标出施工缝位置。(JTG/T 3660;11.3.10)	□符合 □不符合	
	4.11.56	在混凝土浇筑前,背贴式止水带应沿施工缝位置铺设,止水带中线应与施工缝重合。(JTG/T 3660;11.3.10)	□符合 □不符合	
	4.11.57	止水带两边应与防水板焊接,位置偏差应不大于10mm。(JTG/T 3660;11.3.10)	□符合 □不符合	
	4.11.58	挡头模板应将止水带顶紧、密贴,混凝土浇筑时不应漏浆。(JTG/T 3660;11.3.10)	□符合 □不符合	
	4.11.59	后浇一侧混凝土浇筑前应清除止水带残留的混凝土。(JTG/T 3660;11.3.10)	□符合 □不符合	
其他				

规范性引用文件如下:
《公路隧道施工技术规范》(JTG/T 3660—2020)
《公路工程质量检验评定标准 第一册 土建工程》(JTG F80/1—2017)
《暗挖隧道标准化施工指南》(中交股路发〔2018〕283号)

总体评价:本次检查_____项,符合_____项,不符合_____项,符合率为_____%。

检查单位_____ 检查人_____ 检查日期_____

4.12 排水设施

施工标段＿＿＿＿＿＿＿＿＿＿　　检查部位(工点)＿＿＿＿＿＿＿＿＿＿

检查项目	序号	质量检查要点	检查结果	问题描述
洞外防排水	4.12.1	隧道施工期间排水不得造成排水设施堵塞。(JTG/T 3660:11.1.7)	□符合 □不符合	
	4.12.2	边坡、仰坡坡顶的截水沟出水口应接入周边排水沟渠。(JTG/T 3660:11.2.1)	□符合 □不符合	
	4.12.3	洞外路堑向隧道内为下坡时,路堑边沟应做成反坡,不应将洞外水排入洞内。(JTG/T 3660:11.2.1)	□符合 □不符合	
	4.12.4	洞顶排水沟应与洞门结构同时完成。(JTG/T 3660:11.2.1)	□符合 □不符合	
洞内防排水	4.12.5	**隧道内施工废水、围岩渗水不应形成漫流和积水,应汇流集中引排。**(JTG/T 3660:11.2.3)	□符合 □不符合	
	4.12.6	通过暴露的膨胀围岩、土质围岩和松软围岩地段宜采用管槽排水,或对排水沟进行浆砌、硬化。(JTG/T 3660:11.2.3)	□符合 □不符合	
	4.12.7	隧道内边墙基坑、仰拱基坑积水应及时抽排。(JTG/T 3660:11.2.4)	□符合 □不符合	
	4.12.8	隧道施工为顺坡排水时,宜尽早修筑永久排水沟并保持畅通。(JTG/T 3660:11.2.5)	□符合 □不符合	
	4.12.9	**反坡排水时,集水坑位置不得造成围岩失稳和衬砌结构承载能力降低,不应影响隧道内运输。**(JTG/T 3660:11.2.6)	□符合 □不符合	
	4.12.10	反坡排水时,井下工作水泵的排水能力应不小于1.2倍正常涌水量,并应配备备用水泵。(JTG/T 3660:11.2.6)	□符合 □不符合	
	4.12.11	反坡排水时,井下备用水泵排水能力应不小于工作水泵排水能力的70%。(JTG/T 3660:11.2.6)	□符合 □不符合	
	4.12.12	围岩有股水出露时,宜直接引排。(JTG/T 3660:11.2.7)	□符合 □不符合	
	4.12.13	斜井、竖井施工时,井下工作水泵的排水能力应不小于1.2倍正常涌水量,并应配备备用水泵。(JTG/T 3660:11.2.12)	□符合 □不符合	

续上表

检查项目	序号	质量检查要点	检查结果	问题描述
路侧边沟	4.12.14	边沟沟槽开挖及预留沟槽宽度和深度,应满足边沟断面尺寸和施工安装要求。(JTG/T 3660:11.3.1)	□符合 □不符合	
	4.12.15	边沟盖板应采用预制方式生产。(JTG/T 3660:11.3.1)	□符合 □不符合	
	4.12.16	断面尺寸、沟底高程和排水纵坡应符合设计规定。(JTG/T 3660:11.3.1)	□符合 □不符合	
	4.12.17	边沟沟壁和沟底采用预制边沟时,开挖沟槽底应采用M20砂浆或C15混凝土铺底找平,沟壁外侧应回填密实。(JTG/T 3660:11.3.1)	□符合 □不符合	
	4.12.18	**盖板安放应连续、顺直、平稳,盖板顶面高程应符合设计规定。**(JTG/T 3660:11.3.1)	□符合 □不符合	
	4.12.19	盖板安放前应清除沟内杂物、泥砂。(JTG/T 3660:11.3.1)	□符合 □不符合	
中心水沟	4.12.20	开挖沟槽宽度和深度应满足中心水沟断面尺寸和施工安装要求。(JTG/T 3660:11.3.2)	□符合 □不符合	
	4.12.21	无仰拱地段中心水沟开挖宜采用切割开挖。(JTG/T 3660:11.3.2)	□符合 □不符合	
	4.12.22	**圆形中心水沟预制圆管安放应施作底座,底座应采用混凝土浇筑,应密实、平顺,不得堵塞管壁泄水孔。**(JTG/T 3660:11.3.2)	□符合 □不符合	
	4.12.23	圆形中心水沟预制圆管应安放平稳、顺直、接缝紧密。(JTG/T 3660:11.3.2)	□符合 □不符合	
	4.12.24	圆形中心水沟预留泄水孔部分应采用滤水砂、砾石回填,砂、砾石粒径应满足渗水要求。(JTG/T 3660:11.3.2)	□符合 □不符合	
	4.12.25	矩形中心水沟沟壁和沟底采用预制时,开挖沟槽底应采用M20砂浆或C15混凝土铺底找平,沟壁外侧应回填密实。(JTG/T 3660:11.3.2)	□符合 □不符合	
	4.12.26	矩形中心水沟盖板安放前应清除沟内杂物、泥砂,沟底应无积水。(JTG/T 3660:11.3.2)	□符合 □不符合	
	4.12.27	中心水沟盖板顶面、滤水砂砾石层顶面在浇筑上部混凝土时应铺设隔离层。(JTG/T 3660:11.3.2)	□符合 □不符合	
	4.12.28	**中心水沟施工期间作为施工排水通道时,进水口应设格栅遮挡,施工完成后进行冲洗、疏通。**(JTG/T 3660:11.3.2)	□符合 □不符合	

续上表

检查项目	序号	质量检查要点	检查结果	问题描述
沉砂井与检查井	4.12.29	沉砂池与检查井设置间距不应大于设计规定,并应与施工缝、变形缝错开,错开位置不宜小于 **2m**。(JTG/T 3660:11.3.3)	□符合 □不符合	
	4.12.30	检查井井壁混凝土应一次整体现浇,井壁外侧超挖部分应采用同级混凝土回填。(JTG/T 3660:11.3.3)	□符合 □不符合	
	4.12.31	盖板应安放平稳。安装前应清除沟内、沉砂池内杂物和泥砂。(JTG/T 3660:11.3.3)	□符合 □不符合	
其他				

规范性引用文件如下：
《公路隧道施工技术规范》(JTG/T 3660—2020)

总体评价:本次检查_____项,符合_____项,不符合_____项,符合率为_____%。

检查单位_____ 检查人_____ 检查日期_____

4.13 二次衬砌

施工标段＿＿＿＿＿＿＿＿＿＿　　检查部位(工点)＿＿＿＿＿＿＿＿＿＿

检查项目	序号	质量检查要点	检查结果	问题描述
总体要求	4.13.1	二次衬砌不得侵入隧道建筑界限,不得减小衬砌厚度。(暗挖隧道指南:10.1.2)	□符合 □不符合	
	4.13.2	衬砌钢筋不得在隧道内加工,如钢筋采用焊接作业时在防水板一侧应设置阻燃挡板,杜绝防水板被焊渣烧伤。(暗挖隧道指南:10.1.3)	□符合 □不符合	
	4.13.3	二次衬砌施工缝应与设计沉降缝、变形缝结合布置。(暗挖隧道指南:10.1.5)	□符合 □不符合	
	4.13.4	冬期施工混凝土,可掺加引气剂,并按冬期施工有关要求进行。(JTG/T 3660:9.6.17)	□符合 □不符合	
	4.13.5	施工缝、变形缝应避开预留洞室,预留洞室边缘距施工缝、变形缝距离不应小于1.5m。(JTG/T 3660:9.6.23)	□符合 □不符合	
	4.13.6	蜂窝麻面面积不得超过该面总面积的0.5%,深度不得超过10mm。(JTG F80/1:10.14.3)	□符合 □不符合	
	4.13.7	隧道衬砌钢筋混凝土结构裂缝宽度不得超过0.2mm,混凝土结构裂缝宽度不得超过0.4mm。(JTG F80/1:10.14.3)	□符合 □不符合	
钢筋加工与安装	4.13.8	钢筋表面的油渍、水泥浆和浮皮铁锈等均应清除干净。钢筋应集中加工后运至现场安装。(JTG/T 3660:9.8.1)	□符合 □不符合	
	4.13.9	钢筋弯钩、弯折、弯曲应采用冷加工。(JTG/T 3660:9.8.2)	□符合 □不符合	
	4.13.10	加工后的钢筋表面不应有削弱钢筋截面的伤痕。(JTG/T 3660:9.8.1)	□符合 □不符合	
	4.13.11	环向受力筋的搭接应采用焊接或机械连接。环向受力筋应与纵向分布筋每个节点进行绑扎或焊接。(JTG/T 3660:9.8.3)	□符合 □不符合	
	4.13.12	钢筋表面无颗粒状或片状老锈及焊渣、烧伤,绑扎或焊接的钢筋网和钢筋骨架不得松脱和开焊。(JTG F80/1:10.13.3)	□符合 □不符合	
	4.13.13	相邻环向受力筋搭接位置应错开,错开距离应不小于1000mm。(JTG/T 3660:9.8.3)	□符合 □不符合	
	4.13.14	同一受力钢筋的两个搭接距离应不小于1500mm。(JTG/T 3660:9.8.3)	□符合 □不符合	

续上表

检查项目	序号	质量检查要点	检查结果	问题描述
钢筋加工与安装	4.13.15	箍筋连接点应在环向受力筋与纵向分布筋的交叉连接处,并应进行绑扎或焊接。(JTG/T 3660:9.8.3)	□符合 □不符合	
	4.13.16	**内外层受力钢筋之间的限位钢筋应与环向受力筋进行焊接。**(JTG/T 3660:9.8.3)	□符合 □不符合	
	4.13.17	仰拱衬砌钢筋或预埋连接钢筋应与拱墙环向受力筋焊接或机械连接。(JTG/T 3660:9.8.3)	□符合 □不符合	
	4.13.18	钢筋长度、间距、位置、保护层厚度应满足设计要求。(JTG/T 3660:9.8.4)	□符合 □不符合	
	4.13.19	受力筋与模板之间、受力筋与防水层之间应安装满足设计厚度要求的混凝土垫块。(JTG/T 3660:9.8.5)	□符合 □不符合	
	4.13.20	垫块应按梅花形布置,垫块纵向、环向间距不宜大于1.5m。(JTG/T 3660:9.8.5)	□符合 □不符合	
	4.13.21	同一根环向受力筋应置于同一竖直面,并垂直于隧道轴线。(JTG/T 3660:9.8.6)	□符合 □不符合	
	4.13.22	环向受力筋应与纵向筋垂直。(JTG/T 3660:9.8.7)	□符合 □不符合	
	4.13.23	衬砌箍筋必须是整根钢筋,否则不允许连接。(JTG/T 3660:9.8.8)	□符合 □不符合	
二次衬砌台车安装	4.13.24	台车模板应满足边墙与边墙脚一次浇筑要求。(JTG/T 3660:9.6.3)	□符合 □不符合	
	4.13.25	台车模板应表面光滑、接缝严密,台车钢模板厚度不宜小于10mm。(JTG/T 3660:9.6.3)	□符合 □不符合	
	4.13.26	振捣窗纵向间距不应大于2.5m,与端头模板距离不应大于1.8m。(JTG/T 3660:9.6.3)	□符合 □不符合	
	4.13.27	振捣窗横向间距不应大于2.0m,振捣窗不宜小于450mm×450mm。(JTG/T 3660:9.6.3)	□符合 □不符合	
	4.13.28	**台车挡头模板应采用可重复使用并能同时固定止水带的定型模板,应便于固定。**(JTG/T 3660:9.6.3)	□符合 □不符合	
	4.13.29	挡头板应定位准确、安装牢固,其与岩壁间隙应嵌堵紧密。(隧道指南:9.4.5)	□符合 □不符合	

续上表

检查项目	序号	质量检查要点	检查结果	问题描述
二次衬砌台车安装	4.13.30	模板、拱架架设位置应准确，高程应满足设计要求。（JTG/T 3660：9.6.3）	□符合 □不符合	
	4.13.31	模板背后混凝土浇筑净空尺寸应满足设计规定。（JTG/T 3660：9.6.8）	□符合 □不符合	
	4.13.32	应及时清除钢筋上的油污。（JTG/T 3660：9.6.8）	□符合 □不符合	
	4.13.33	钢模板涂脱模剂，木模板用水湿润。涂刷模板脱模剂时，不得污染钢筋。（JTG/T 3660：9.6.8）	□符合 □不符合	
	4.13.34	清除模板底部杂物、积水。有仰拱地段，仰拱交接面用高压水冲洗干净，并涂刷界面剂。（JTG/T 3660：9.6.8）	□符合 □不符合	
衬砌混凝土浇筑	4.13.35	拱、墙混凝土应一次连续浇筑，不得采用先拱后墙浇筑，不得先浇矮边墙。（JTG/T 3660：9.6.5）	□符合 □不符合	
	4.13.36	模筑混凝土衬砌应按设计要求设置沉降缝和伸缩缝。（JTG/T 3660：9.6.6）	□符合 □不符合	
	4.13.37	**拱墙衬砌沉降缝、伸缩缝应与仰拱混凝土衬砌沉降缝、伸缩缝竖向对齐。**（JTG/T 3660：9.6.7）	□符合 □不符合	
	4.13.38	衬砌混凝土浇筑应采用混凝土输送泵送料入模、均匀布料。（JTG/T 3660：9.6.14）	□符合 □不符合	
	4.13.39	宜采用附着式和插入式振捣相结合的方式振捣。（JTG/T 3660：9.6.15）	□符合 □不符合	
	4.13.40	振捣不应使模板、钢筋和预埋件移位。（JTG/T 3660：9.6.15）	□符合 □不符合	
	4.13.41	混凝土出料口距浇筑面的垂直距离不应大于2.2m。（JTG/T 3660：9.6.16）	□符合 □不符合	
	4.13.42	**混凝土应从两侧边墙向拱顶、由下向上依次分层对称浇筑，两侧混凝土浇筑面高差不应大于1.0m。**（JTG/T 3660：9.6.16）	□符合 □不符合	
	4.13.43	同一侧混凝土浇筑面高差不应大于0.5m。（JTG/T 3660：9.6.16）	□符合 □不符合	
	4.13.44	**混凝土浇筑至振捣窗下0.2m时，应关闭振捣窗。**（JTG/T 3660：9.6.16）	□符合 □不符合	

续上表

检查项目	序号	质量检查要点	检查结果	问题描述
衬砌混凝土浇筑	4.13.45	混凝土衬砌应连续浇筑。(JTG/T 3660:9.6.16)	□符合 □不符合	
	4.13.46	混凝土混合料应备料充足,衬砌混凝土应浇筑密实,衬砌混凝土结构厚度应满足设计要求。(JTG/T 3660:9.6.16)	□符合 □不符合	
	4.13.47	在衬砌混凝土浇筑结束前应进行检查,结构厚度达到设计要求后,方可收盘。(JTG/T 3660:9.6.16)	□符合 □不符合	
混凝土养护	4.13.48	掺加引气剂或引气型减水剂时,混凝土养护时间不得少于14d。(JTG/T 3660:9.6.22)	□符合 □不符合	
其他				

规范性引用文件如下:
《公路隧道施工技术规范》(JTG/T 3660—2020)
《公路工程质量检验评定标准 第一册 土建工程》(JTG F80/1—2017)
《高速公路施工标准化技术指南:隧道工程》,人民交通出版社,2012
《暗挖隧道标准化施工指南》(中交股路发〔2018〕283 号)

总体评价:本次检查_____项,符合_____项,不符合_____项,符合率为_____%。

检查单位_____检查人_____检查日期_____

4.14 附属设施

施工标段＿＿＿＿＿＿＿＿＿＿　　　检查部位(工点)＿＿＿＿＿＿＿＿＿＿

检查项目	序号	质量检查要点	检查结果	问题描述
总体要求	4.14.1	隧道边墙内的各类洞室及横通道等与正洞连接地段的开挖,应在正洞掘进至其位置时,与主洞同步进行。(JTG/T 3660:21.1.2)	□符合 □不符合	
	4.14.2	**各类洞室及横通道的喷射混凝土、锚杆、钢架等支护应符合设计规定,开挖后及时施作。**(JTG/T 3660:21.1.3)	□符合 □不符合	
	4.14.3	地质与设计不符时,应及时变更支护参数。与正洞连接地段支护施工应加强过程控制。(JTG/T 3660:21.1.3)	□符合 □不符合	
	4.14.4	**各洞室及横通道与正洞连接处的防、排水工程应与正洞一次同时完成。**(JTG/T 3660:21.1.4)	□符合 □不符合	
各类洞室及横通道的衬砌施工	4.14.5	衬砌中各类预埋管件、预留孔、槽及边墙内的各类洞室应按设计位置定位。(JTG/T 3660:21.1.5)	□符合 □不符合	
	4.14.6	模板架设时应将经过防腐与防锈处理后的预埋管和预埋件绑扎牢固,留出各类孔、槽及边墙内的各类洞室位置。(JTG/T 3660:21.1.5)	□符合 □不符合	
	4.14.7	灌筑混凝土时应确保各类预埋管件、预留孔、槽不产生移位。(JTG/T 3660:21.1.5)	□符合 □不符合	
	4.14.8	各类洞室、横通道与正洞连接处的钢筋应互相连接可靠,绑扎牢固,使之成为整体。(JTG/T 3660:21.1.5)	□符合 □不符合	
防护门	4.14.9	**主洞与各类洞室、横通道连接处钢架和主筋的断开和处置应符合设计规定。**(JTG/T 3660:21.1.5)	□符合 □不符合	
	4.14.10	防护门框及门扇骨架应在平整的场地上先放样。(JTG/T 3660:21.1.6)	□符合 □不符合	
	4.14.11	**各种钢材应经调直、调平后下料加工成所需的形状,不得产生裂纹。**(JTG/T 3660:21.1.6)	□符合 □不符合	
	4.14.12	**所有构件应经过防锈处理,安装过程中防锈层不应破损。**(JTG/T 3660:21.1.6)	□符合 □不符合	
	4.14.13	**防护门应开启方便,严密、防火、隔热。**(JTG/T 3660:21.1.6)	□符合 □不符合	

续上表

检查项目	序号	质量检查要点	检查结果	问题描述
电缆槽	4.14.14	电缆槽开挖应与边墙基础开挖同时进行,不应在边墙灌筑后再爆破开挖。(JTG/T 3660:21.1.7)	□符合 □不符合	
	4.14.15	电缆槽壁中预埋的管、件应预埋牢固。槽壁与边墙应连接固定牢固,必要时可加设短钢筋。(JTG/T 3660:21.1.7)	□符合 □不符合	
	4.14.16	槽壁中预埋接地引线与接地预埋件的连接应牢固,符合设计规定。(JTG/T 3660:21.1.7)	□符合 □不符合	
	4.14.17	电缆槽盖板的制作应平顺、整齐、无翘曲,盖板规格应统一,可以互换。(JTG/T 3660:21.1.7)	□符合 □不符合	
	4.14.18	盖板铺设应平稳,盖板两端与沟壁的缝隙应用砂浆填平,不应晃动或吊空。(JTG/T 3660:21.1.7)	□符合 □不符合	
	4.14.19	采用多孔方管安设电缆时,其接头处应顺直连接,并做防水处理。(JTG/T 3660:21.1.7)	□符合 □不符合	
	4.14.20	不得使用有破损的多孔方管。(JTG/T 3660:21.1.7)	□符合 □不符合	
预埋件及其他施工	4.14.21	预埋接地引线与接地预埋件的连接应牢固,符合设计规定。(JTG/T 3660:21.1.8)	□符合 □不符合	
	4.14.22	隧道内电缆采用架空托架时,托架接地间距应符合设计规定。(JTG/T 3660:21.1.8)	□符合 □不符合	
	4.14.23	预埋钢板平行度应不大于1%。(JTG/T 3660:21.3.1)	□符合 □不符合	
	4.14.24	预埋钢板位置偏差应不大于10mm。(JTG/T 3660:21.3.1)	□符合 □不符合	
	4.14.25	预埋件各部分之间及其与混凝土钢筋之间的连接应牢固。(JTG/T 3660:21.3.1)	□符合 □不符合	
	4.14.26	水泵基础应稳固可靠,并按设计规定埋设预埋件或预留孔位。(JTG/T 3660:21.3.2)	□符合 □不符合	
其他				

规范性引用文件如下:
《公路隧道施工技术规范》(JTG/T 3660—2020)

总体评价:本次检查_____项,符合_____项,不符合_____项,符合率为_____%。

检查单位_____ 检查人_____ 检查日期_____

4.15 监 控 量 测

施工标段_____　　　　检查部位(工点)_____

检查项目	序号	质量检查要点	检查结果	问题描述
监控量测	4.15.1	必测项目各测点宜在靠近掌子面、不受爆破影响范围内尽快安设。(JTG/T 3660：18.1.8)	□符合 □不符合	
	4.15.2	**必测项目初读数应在每次开挖后 12h 内、下一循环开挖前取得,最迟不得超过 24h**。(JTG/T 3660：18.1.8)	□符合 □不符合	
	4.15.3	洞内必测项目各测点应埋入围岩中,深度不应小于 **0.2m**,不应焊接在钢架上,外露部分应有保护装置。(JTG/T 3660：18.1.9)	□符合 □不符合	
	4.15.4	各项量测作业均应持续到量测断面开挖支护全部结束,临时支护拆除完成,且变形基本稳定后 15～20d。(JTG/T 3660：18.1.10)	□符合 □不符合	
	4.15.5	周边位移、拱顶下沉、地表下沉宜布置在相同里程断面。(JTG/T 3660：18.2.2)	□符合 □不符合	
	4.15.6	**全断面法宜设置 1 条周边位移水平测线。台阶法每个台阶宜设置 1 条周边位移水平测线**。(JTG/T 3660：18.2.4)	□符合 □不符合	
	4.15.7	中隔壁法或交叉中隔壁法等分部开挖法,每开挖分部宜设置 1 条周边位移水平测线。(JTG/T 3660：18.2.4)	□符合 □不符合	
	4.15.8	双侧壁导洞法,每开挖分部宜设置 1 条周边位移水平测线。(JTG/T 3660：18.2.4)	□符合 □不符合	
	4.15.9	**拱顶下沉监测二车道及以下隧道每个量测断面应布置 1～2 个测点,三车道及以上隧道每个量测断面应布置 2～3 个测点**。(JTG/T 3660：18.2.5)	□符合 □不符合	
	4.15.10	用分部开挖法时,每开挖分部拱部应至少布置 1 个拱顶下沉测点。(JTG/T 3660：18.2.5)	□符合 □不符合	
	4.15.11	高水压、大变形、膨胀岩土等地段宜在仰拱设置底鼓测点,可与拱顶下沉对应设置。(JTG/T 3660：18.2.6)	□符合 □不符合	
	4.15.12	应在开挖面距离量测断面 3 倍隧道开挖宽度以前布设地表下沉测点。(JTG/T 3660：18.2.8)	□符合 □不符合	
	4.15.13	地表下沉测点横向间距宜为 2～5m。量测范围应大于隧道开挖影响范围。在隧道中线附近测点宜适当加密。(JTG/T 3660：18.2.8)	□符合 □不符合	

续上表

检查项目	序号	质量检查要点	检查结果	问题描述
监控量测	4.15.14	地表下沉的量测宜与洞内周边位移和拱顶下沉量测在同一横断面。(JTG/T 3660:18.2.8)	□符合 □不符合	
	4.15.15	有可能发生滑移的洞口段高边坡,应结合地表下沉设置地表水平位移测点。(JTG/T 3660:18.2.9)	□符合 □不符合	
	4.15.16	采用全站仪进行量测时,地表水平位移测点宜与地表下沉测点设在同一断面上。(JTG/T 3660:18.2.9)	□符合 □不符合	
	4.15.17	**对于锚杆轴力量测,一个代表性地段宜设置 1~2 个监测断面**。(JTG/T 3660:18.3.6)	□符合 □不符合	
	4.15.18	**钢架内力量测测点不宜少于 5 个,连拱隧道测点不宜少于 7 个**。(JTG/T 3660:18.3.11)	□符合 □不符合	
其他				

规范性引用文件如下:
《公路隧道施工技术规范》(JTG/T 3660—2020)

总体评价:本次检查_____项,符合_____项,不符合_____项,符合率为_____%。

检查单位_____检查人_____检查日期_____

5 交通安全设施

5.1 混凝土护栏

施工标段_____ 检查部位(工点)_____

检查项目	序号	质量检查要点	检查结果	问题描述
施工准备	5.1.1	应对防撞护栏的预埋钢筋进行复检,对缺、漏、错位的钢筋整改到位。(桥梁指南:7.3.1)	□符合 □不符合	
	5.1.2	施工缝处混凝土的光滑表面,松弱层应予凿除,新混凝土浇筑前,应采用清洁水冲洗干净。(JTG/T 3650:6.11.6)	□符合 □不符合	
	5.1.3	放样时对于直线段,宜不超过每10m测1个护栏内边缘点,曲线段应根据实际计算确定,并应根据放样点弹出护栏内边线,立模时可根据该线进行微调,保证护栏线形顺畅。护栏的高程如以桥面调平层作为控制基准面,在此之前,应对桥面调平层进行检验,在保证护栏竖直度的同时应保证其顶面高程准确。(桥梁指南:7.3.4)	□符合 □不符合	
	5.1.4	泄水管、伸缩缝等预留装置应事先加工好模具,伸缩装置预留槽口模具应考虑伸缩缝装置的安装高度,模具宜采用木模制作,严禁采用泡沫材料。护栏模板安装时应将预留槽口模具准确定位、牢固固定。(桥梁指南:7.3.4)	□符合 □不符合	
钢筋加工及安装	5.1.5	钢筋表面应清洁、无损伤,油脂、漆污和铁锈应在加工前清除干净。(GB 50666:5.3.2)	□符合 □不符合	
	5.1.6	钢筋加工宜在常温状态下进行,加工过程中不应对钢筋进行加热,钢筋应一次弯折到位。(GB 50666:5.3.3)	□符合 □不符合	
	5.1.7	护栏钢筋应与梁体预埋钢筋可靠连接。(JTG/T 3650:23.7.1)	□符合 □不符合	
	5.1.8	**应检查调整梁板预埋钢筋,缺筋处应植筋。**(桥梁指南:7.3.4)	□符合 □不符合	
	5.1.9	在结构或构件侧面和底面所布设的垫块数量应不少于4个/m^2,用于绑扎垫块和钢筋的绑丝头不得伸入混凝土保护层内。(JTG/T 3650:6.15.12)	□符合 □不符合	
混凝土施工	5.1.10	混凝土浇筑时宜采用斜向分三层浇筑的方法,第一层宜控制在250mm左右,第二层浇筑到距护栏顶350mm左右,然后浇筑到护栏顶。(桥梁指南:7.3.4)	□符合 □不符合	
	5.1.11	浇筑至顶面时,应派专人控制高程准确抹平,并做二次压平收光处理,保证护栏成形后,顶面光洁,线形顺畅。(桥梁指南:7.3.4)	□符合 □不符合	

续上表

检查项目	序号	质量检查要点	检查结果	问题描述
混凝土施工	5.1.12	若护栏模板底部采用砂浆找平,则砂浆强度在满足支模要求后,不得侵入护栏实体,在护栏施工完毕后,应予以清除。(桥梁指南:7.3.4)	□符合 □不符合	
	5.1.13	模板拆除的同时,应立即进行假缝的切割。(桥梁指南:7.3.4)	□符合 □不符合	
	5.1.14	在跨径长度范围内,按护栏模板长度的整倍数(约5m)切缝,缝深10mm,缝宽5mm。(桥梁指南:7.3.4)	□符合 □不符合	
	5.1.15	养护时间不应小于7d。(桥梁指南:7.3.4)	□符合 □不符合	
	5.1.16	混凝土护栏表面的蜂窝、麻面、裂缝、脱皮等缺陷面积不得超过该面面积的0.5%,深度不超过10mm。(JTG F80/1:11.5.3)	□符合 □不符合	
外观质量	5.1.17	混凝土护栏的损边、掉角长度每处不得超过20mm。(JTG F80/1:11.5.3)	□符合 □不符合	
	5.1.18	护栏线形应无凹凸、起伏现象。(JTG F80/1:11.5.3)	□符合 □不符合	
其他				

规范性引用文件如下:
《混凝土结构工程施工规范》(GB 50666—2011)
《公路工程质量检验评定标准 第一册 土建工程》(JTG F80/1—2017)
《公路桥涵施工技术规范》(JTG/T 3650—2020)
《江苏省高速公路施工标准化指南 第五分册 桥梁工程》(苏交建〔2011〕40号)

总体评价:本次检查_____项,符合_____项,不符合_____项,符合率为_____%。

检查单位_____ 检查人_____ 检查日期_____

5.2 波形梁钢护栏

施工标段_____ 检查部位(工点)_____

检查项目	序号	质量检查要点	检查结果	问题描述
施工准备	5.2.1	应根据图纸进行立柱放样,并以桥梁、通道、涵洞、隧道、中央分隔带开口、紧急电话开口、互通式立体交叉等控制立柱的位置,进行测距定位。[招标文件:602.03.3.(1).a]	□符合 □不符合	
	5.2.2	立柱放样可利用调节板调节间距,并利用分配法处理间距零头数。[招标文件:602.03.3.(1).b]	□符合 □不符合	
	5.2.3	对于焊接的金属护栏,在进行防腐处理前应对所有外露焊缝做好磨光或补满的清面工作。[招标文件:602.04.1.(2)]	□符合 □不符合	
	5.2.4	桥梁护栏施工前应对所有预埋件的设置位置、强度、腐蚀程度进行检查,不符合要求的必须整改。[招标文件:602.04.1.(3)]	□符合 □不符合	
	5.2.5	所有构件不应因运输、施工造成防腐层的损伤。(JTG/T 3671:5.3.8)	□符合 □不符合	
立柱安装	5.2.6	立柱安装应与设计图相符,并与道路线形相协调。[招标文件:602.03.3.(2).a]	□符合 □不符合	
	5.2.7	位于土基中的立柱,可采用打入法、挖埋法或钻孔法施工。立柱高程符合图纸要求,并不得损坏立柱端部。[招标文件:602.03.3.(2).b]	□符合 □不符合	
	5.2.8	采用打入法打入过深时,不得将立柱部分拔出加以矫正,须将其全部拔出,待基础压实后再重新打入。**立柱无法打入到要求深度时,严禁将立柱的地面以上部分焊接、钻孔,不得使用锯短的立柱。**[招标文件:602.03.3.(2).b]	□符合 □不符合	
	5.2.9	采用挖埋法施工时,回填土应分层夯实,每层回填土厚度不应超过15cm,回填土的压实度不应小于设计规定值。填石路基中的柱坑,应用粒料回填并夯实。挖埋法施工时,也可直接回填混凝土并振捣。(JTG/T 3671:5.3.4)	□符合 □不符合	
	5.2.10	在铺有路面的路段设置立柱时,柱坑从路基至面层以下50mm处应采用与路基相同的材料回填并分层夯实,余下部分应采用路面相同材料回填并夯实。[招标文件:602.03.3.(2).c]	□符合 □不符合	
	5.2.11	位于小桥、通道、明涵等混凝土基础中的立柱,可设置在预埋的套筒内,通过灌注砂浆或混凝土固定,或通过地脚螺栓与桥梁护轮带基础相连。[招标文件:602.03.3.(2).e]	□符合 □不符合	
	5.2.12	立柱安装就位后,其水平方向和竖直方向应形成平顺的线形,立柱端部不得有明显的变形、破损。(JTG/T 3671:5.3.4)	□符合 □不符合	
	5.2.13	护栏渐变段及端部的立柱,应按图纸规定的坐标进行安装。[招标文件:602.03.3.(2).g]	□符合 □不符合	

续上表

检查项目	序号	质量检查要点	检查结果	问题描述
护栏板安装	5.2.14	防阻块、托架应通过连接螺栓固定于护栏板和立柱之间,在拧紧连接螺栓前应调整防阻块、托架,使其准确就位。防撞等级SA、SAm和SS的波形护栏,在安装防阻块时,应同时安装上层立柱,线形与下层立柱相同。[招标文件:602.03.3.(3).a]	□符合 □不符合	
	5.2.15	设有横隔梁的中央分隔带护栏,应在立柱准确定位后安装横隔梁。在护栏板安装前,横隔梁与立柱之间的连接螺栓不应过早拧紧。[招标文件:602.03.3.(3).b]	□符合 □不符合	
	5.2.16	护栏板应通过拼接螺栓相互连接成纵向横梁,并由连接螺栓固定于防阻块、托架或横隔梁上,护栏板拼接方向与行车方向一致,拼接螺栓必须采用高强度螺栓。[招标文件:602.03.3.(4).a]	□符合 □不符合	
	5.2.17	横梁、立柱等构件在安装过程中应避免损坏防腐层。安装完成后,应对损坏的防腐层按规定的方法进行修复。[招标文件:602.04.2.(2).b]	□符合 □不符合	
外观质量	5.2.18	防撞等级SA、SAm和SS的波形护栏,通过螺栓将上层横梁与立柱加以连接。[招标文件:602.03.3.(4).b]	□符合 □不符合	
	5.2.19	**立柱间距不规则时,可利用调节板、梁进行调节,不得采用现场切割护栏板的方法。**[招标文件:602.03.3.(4).c]	□符合 □不符合	
	5.2.20	各类护栏端头应通过拼接螺栓与护栏板牢固连接,拼接螺栓必须采用高强度螺栓。防撞等级SA、SAm和SS的波形护栏上,横梁必须按图纸的规定进行端部处理。[招标文件:602.03.3.(5)]	□符合 □不符合	
	5.2.21	护栏各构件表面无漏镀、露铁、擦痕。[招标文件:602.06.2.(3).a]	□符合 □不符合	
	5.2.22	护栏线形应无凹凸、起伏现象。[招标文件:602.06.2.(3).b]	□符合 □不符合	
其他				

规范性引用文件如下:
《公路工程标准施工招标文件》(2018年版·第二册)(交通运输部公告2017年第51号)
《公路交通安全设施施工技术规范》(JTG/T 3671—2021)

总体评价:本次检查_____项,符合_____项,不符合_____项,符合率为_____%。

检查单位_____ 检查人_____ 检查日期_____

5.3 隔 离 栅

施工标段_____ 检查部位(工点)_____

检查项目	序号	质量检查要点	检查结果	问题描述
施工准备	5.3.1	隔离栅所在位置应进行场地清理,且基础严禁坐埋在虚土上和易于坍塌的土埂上,软基应进行处理。[招标文件:603.03.1.(1)]	□符合 □不符合	
	5.3.2	按图纸要求及实际地形地物的情况进行施工放样,定出立柱中心线,进行必要的清场后挖除树根,按规定的坡度和线形修建隔离栅。[招标文件:603.03.2.(1)]	□符合 □不符合	
	5.3.3	所有金属件均应采用镀锌处理。(招标文件:603.02.4)	□符合 □不符合	
隔离栅加工	5.3.4	整张网面平整,无断丝,网孔无明显歪斜。(GB/T 26941:14.1.1)	□符合 □不符合	
	5.3.5	螺栓、螺母和带螺纹构件在热浸镀锌后,应清理螺纹或做离心分离。(GB/T 26941:14.1.6)	□符合 □不符合	
基础施工及立柱安装	5.3.6	立柱应根据设计文件的规定设置在现浇混凝土或预制混凝土基础内。(JTG/T 3671:7.3.4)	□符合 □不符合	
	5.3.7	应根据设计文件中规定的隔离栅设置位置和实际地形条件确定控制立柱的位置和立柱中心线。在控制立柱之间按设计文件规定的柱距定出柱位。(JTG/T 3671:7.3.1)	□符合 □不符合	
	5.3.8	立柱的埋设应分段进行。可先埋设两端的立柱,然后拉线埋设中间立柱,控制立柱与中间立柱的平面投影应在一条直线上,保持基础高程的平顺过渡。(JTG/T 3671:7.3.4)	□符合 □不符合	
	5.3.9	每个柱位均应按设计文件的要求确定设置高度,并应按实际地形进行调整。(JTG/T 3671:7.3.2)	□符合 □不符合	
	5.3.10	混凝土浇筑完成,应在其收浆后尽快予以覆盖并洒水保湿养护。(JTG/T 3650:6.12.2)	□符合 □不符合	
	5.3.11	立柱混凝土基础应满足设计要求。(JTG F80/1:11.10.1)	□符合 □不符合	
隔离栅网片安装	5.3.12	混凝土基础强度达到设计强度的80%以上后安装隔离栅网片。(JTG/T 3671:7.3.5)	□符合 □不符合	
	5.3.13	安装有框架的片网时,网面应平整,框架应整体平顺、美观,框架与立柱应连接牢固。[招标文件:603.03.2.(5).b]	□符合 □不符合	

续上表

检查项目	序号	质量检查要点	检查结果	问题描述
隔离栅网片安装	5.3.14	隔离栅网片安装完毕后,应对基础周围进行夯实处理。(JTG/T 3671:7.3.6)	□符合 □不符合	
外观质量	5.3.15	混凝土基础应密实、平整,无裂缝、翘曲、蜂窝、麻面等缺陷。[招标文件:603.04.3.(3)]	□符合 □不符合	
	5.3.16	电焊网不得脱焊、虚焊。[招标文件:603.04.3.(1)]	□符合 □不符合	
	5.3.17	涂塑层应均匀光滑、连续,无肉眼可分辨的小孔、空间、孔隙、裂缝、脱皮及其他有害缺陷。[招标文件:603.04.3.(2)]	□符合 □不符合	
	5.3.18	安装的线形整体顺畅并与地形相协调,围封严实,安装牢靠。[招标文件:603.04.3.(5)]	□符合 □不符合	
其他				

规范性引用文件如下:
《公路工程标准施工招标文件》(2018年版·第二册)(交通运输部公告2017年第51号)
《隔离栅 第1部分:通则》(GB/T 26941.1—2011)
《公路工程质量检验评定标准 第一册 土建工程》(JTG F80/1—2017)
《公路交通安全设施施工技术规范》(JTG/T 3671—2021)
《公路桥涵施工技术规范》(JTG/T 3650—2020)

总体评价:本次检查_____项,符合_____项,不符合_____项,符合率为_____%。

检查单位_____检查人_____检查日期_____

5.4 防落物网

施工标段_____ 检查部位(工点)_____

检查项目	序号	质量检查要点	检查结果	问题描述
施工准备	5.4.1	施工前,应对所有预埋件的设置位置、强度、腐蚀程度进行检查,不符合要求的应整改。[招标文件:603.03.1.(4)]	□符合 □不符合	
	5.4.2	所有金属件均应采用镀锌处理。(招标文件:603.02.4)	□符合 □不符合	
防落物网安装	5.4.3	应以上跨桥梁与公路、铁路等设施的交叉点为控制点,向两侧对称进行防落物网的施工。防落物网的设置长度应符合图纸的规定。[招标文件:603.03.3.(1)]	□符合 □不符合	
	5.4.4	应根据防落物网立柱预埋基础的位置安装立柱。未设置预埋件时,应采取后固定的施工工艺固定立柱。[招标文件:603.03.3.(2)]	□符合 □不符合	
	5.4.5	桥梁防护网网片应牢固安装在立柱上,网片应平整、绷紧。[招标文件:603.03.3.(3)]	□符合 □不符合	
	5.4.6	应根据设计文件的规定对防落物网进行防雷接地处理。(JTG/T 3671:8.3.1)	□符合 □不符合	
外观质量	5.4.7	电焊网不得脱焊、虚焊。[招标文件:603.04.3.(1)]	□符合 □不符合	
	5.4.8	涂塑层应均匀、光滑、连续,无肉眼可分辨的小孔、空间、孔隙、裂缝、脱皮及其他有害缺陷。[招标文件:603.04.3.(2)]	□符合 □不符合	
	5.4.9	有框架的防落物网,网片应与框架焊牢,网片拉紧。[招标文件:603.04.3.(4)]	□符合 □不符合	
	5.4.10	防落物网的封闭应严密、牢固,不应出现缺口。(JTG/T 3671:8.4.1)	□符合 □不符合	
其他				

规范性引用文件如下:
《公路工程标准施工招标文件》(2018年版·第二册)(交通运输部公告2017年第51号)
《公路交通安全设施施工技术规范》(JTG/T 3671—2021)

总体评价:本次检查_____项,符合_____项,不符合_____项,符合率为_____%。

检查单位_____ 检查人_____ 检查日期_____

5.5 道路交通标志

施工标段_____ 检查部位(工点)_____

检查项目	序号	质量检查要点	检查结果	问题描述
施工准备	5.5.1	采用机械开挖基坑时应避免超挖,宜在挖至基底前预留一定厚度,再由人工开挖至设计高程;如超挖,则应将松动部分清除,并应对基底进行处理。(JTG/T 3650:13.3.3)	□符合 □不符合	
	5.5.2	除设计文件另行规定外,预埋在混凝土基础中的钢构件可不进行防腐处理。(JTG/T 3671:3.2.4)	□符合 □不符合	
基础施工	5.5.3	安装侧模板时,支撑应牢固,应防止模板在浇筑混凝土时产生移位。(JTG/T 3650:5.3.2)	□符合 □不符合	
	5.5.4	绑扎或焊接的钢筋骨架和钢筋网不得有变形、松脱或开焊。(JTG/T 3650:4.4.8)	□符合 □不符合	
	5.5.5	混凝土的浇筑不应影响地脚螺栓和法兰盘的位置。(JTG/T 3671:3.3.1.5)	□符合 □不符合	
	5.5.6	混凝土浇筑完成后,应在其收浆后尽快予以覆盖并洒水保湿养护。(JTG/T 3650:6.12.2)	□符合 □不符合	
	5.5.7	基础顶面平整度应控制在4mm以内,基础尺寸应控制在-50~+100mm范围内。(JTG F80/1:11.2.2)	□符合 □不符合	
标志底板加工	5.5.8	标志底板边缘应进行卷边加固,卷边形式以设计要求为准。(GB/T 23827:5.1.4.f)	□符合 □不符合	
	5.5.9	对标志底板的边缘和尖角应适当倒棱,使之呈圆滑状。(GB/T 23827:5.1.4.g)	□符合 □不符合	
	5.5.10	使用铝合金板制作标志底板时,应使用沉头铆钉连接。铆接间距均匀一致,一般应为150mm±50mm,铆钉直径不应小于4mm。(GB/T 23827:5.1.5.a)	□符合 □不符合	
标志面加工	5.5.11	面膜应尽可能减少拼接,当标志的长度或宽度、直径小于面膜产品最大宽度时,不应有拼接缝。(GB/T 23827:5.2.4.a)	□符合 □不符合	
	5.5.12	当粘贴面膜无法避免拼接时,应使用面膜产品的最大宽度进行拼接。**接缝以搭接为主,且应为上搭下,重叠部分不应小于5mm**。距标志板边缘5cm之内,不得有贯通的拼接缝。(GB/T 23827:5.2.4.b)	□符合 □不符合	
标志钢构件加工	5.5.13	螺栓、螺母、垫圈等紧固件和连接件经热浸镀锌处理后,应清理螺纹或进行离心分离处理。(JTG/T 3671:3.2.4.2)	□符合 □不符合	
	5.5.14	所有钢构件的切割、钻孔、冲孔、焊接等加工均应按现行《公路桥涵施工技术规范》(JTG/T 3650)和设计文件的要求,在防腐处理之前完成。(JTG/T 3671:3.3.2)	□符合 □不符合	

续上表

检查项目	序号	质量检查要点	检查结果	问题描述
标志钢构件加工	5.5.15	标志中与铝合金或其他金属接触的所有钢材都应加以保护,以避免发生钢材或铝合金的锈蚀。[招标文件:604.03.3.(7)]	□符合 □不符合	
包装、储存及运输	5.5.16	标志板在装箱前应逐件包装,或形状尺寸相同的标志板每两块一起包装。标志板面应有软衬垫材料加以保护,以免搬运中受到刻划或其他损伤。(GB/T 23827:8.3.a)	□符合 □不符合	
	5.5.17	标志贴膜完成后应在通风干燥的室内竖直存放24h以上,再移出室外进行储存或安装。储存时应竖直放置,不得水平堆叠,不得浸泡在积水中。(JTG/T 3671:3.3.6)	□符合 □不符合	
	5.5.18	运输时标志面应竖直放置,并采用隔离材料保护,在到达目的地后应立即去除隔离保护。(JTG/T 3671:3.3.6)	□符合 □不符合	
	5.5.19	运输时应对标志面进行固定,不得碰撞、挤压标志面,保证表面平整不变形。(JTG/T 3671:3.3.6)	□符合 □不符合	
标志安装	5.5.20	标志板安装到位后,应调整标志板面平整度。(JTG/T 3671:3.3.7.6)	□符合 □不符合	
	5.5.21	为了防止路侧标志表面产生眩光,标志应向后旋转约5°;门架标志的垂直轴应向后倾成一角度。(招标文件:604.03.1)	□符合 □不符合	
	5.5.22	路侧标志,标志板内缘距土路肩边缘不得小于250mm。(招标文件:604.03.1)	□符合 □不符合	
外观质量	5.5.23	标志板面不应存在:裂纹、起皱、边缘剥离;明显的起泡、划痕以及各种损伤;颜色不均匀;逆反射不均匀。(GB/T 23827:5.2.2)	□符合 □不符合	
	5.5.24	标志板应平整,表面无明显凹痕或变形。(GB/T 23827:5.2.3)	□符合 □不符合	
	5.5.25	支撑件应表面光洁,颜色均匀一致,不应有破损、变形、锈蚀、漏镀及各种焊缝缺陷。(GB/T 23827:5.2.5)	□符合 □不符合	
	5.5.26	标志同种材料、同一颜色、不同区域的逆反射性能不应有明显差异。(GB/T 23827:6.3.1)	□符合 □不符合	
其他				

规范性引用文件如下:
《公路工程标准施工招标文件》(2018年版·第二册)(交通运输部公告2017年第51号)
《道路交通标志板及支撑件》(GB/T 23827—2009)
《公路交通安全设施施工技术规范》(JTG/T 3671—2021)
《公路桥涵施工技术规范》(JTG/T 3650—2020)
《公路工程质量检验评定标准 第一册 土建工程》(JJG F80/1—2017)

总体评价:本次检查_____项,符合_____项,不符合_____项,符合率为_____%。

检查单位_____检查人_____检查日期_____

5.6 道路交通标线

施工标段_____　　检查部位(工点)_____

检查项目	序号	质量检查要点	检查结果	问题描述
材料包装、运输及储存	5.6.1	进场涂料、玻璃珠等原材料应为袋装,包装袋外应有清晰、耐久的标记。(GB/T 24722:8.1.1)	□符合 □不符合	
	5.6.2	热熔型涂料产品应储存在内衬密封塑料袋外加编织袋的双层包装袋中,袋口封闭要严密。(JT/T 280:8.2.2)	□符合 □不符合	
	5.6.3	路面标线用玻璃珠应使用双层口袋包装,内袋为聚乙烯薄膜(厚度不小于0.5 mm),热压封口;外袋为塑料编织袋,以防散漏和受潮。每袋净重25kg±0.2kg,每袋包装中,应有产品质量检验合格证。(GB/T 24722:8.2)	□符合 □不符合	
	5.6.4	产品在存放室存放,应保持通风、干燥,防止日光直接照射,并应隔绝火源,夏季气温过高时应设法降温。[招标文件:605.02.8.(5)]	□符合 □不符合	
	5.6.5	产品在运输过程中应防止雨淋、日晒,应采用集装箱运输,并符合运输部门有关规定。[招标文件:605.02.8.(6)]	□符合 □不符合	
	5.6.6	存储在封闭包内一年的玻璃珠不应结块。[招标文件:605.02.8.(8)]	□符合 □不符合	
施工准备	5.6.7	路面标线喷涂前应仔细清洁路面,表面干燥,无起灰现象。[汇编 苏高技〔2005〕4号:五.1.(2)]	□符合 □不符合	
	5.6.8	划线施工段落前后应放置禁止通行标志,防止其他车辆闯入施工地段。(汇编 苏高技〔2005〕4号:四.1)	□符合 □不符合	
标线施划	5.6.9	底漆喷涂宽度应比标线宽度稍宽,必须用下涂料喷涂机喷涂。底漆应根据不同的路面材料选用不同的与涂料相容的类型,宜使用热熔涂料供应厂商提供的配套底漆,不允许混用。(汇编 苏高技〔2005〕4号:四.4)	□符合 □不符合	
	5.6.10	**熔化涂料时,要投入少量涂料用小火加温,待其开始熔化时开动搅拌器加以搅拌,同时不断向釜内投入新料,再加大火力并加强搅拌,直至釜内涂料全部熔化,熔化温度一般控制在180~220℃范围内。**(汇编 苏高技〔2005〕4号:四.5;JTG/T 3671:4.3.4.6)	□符合 □不符合	
	5.6.11	施工人员必须保持均匀划线速度,不得随意快慢,以免造成漆膜厚度、玻璃珠撒布不均匀。[汇编 苏高技〔2005〕4号:四.6.(6)]	□符合 □不符合	

续上表

检查项目	序号	质量检查要点	检查结果	问题描述
标线施划	5.6.12	玻璃珠不得人工撒布。严格控制玻璃珠的撒布量,一般用量控制在0.34kg/m²以上。[汇编 苏高技〔2005〕4号:四.6.(5)]	□符合 □不符合	
	5.6.13	每天的施工用料量要按计划进度调配,当天施工结束时,釜内的残存涂料应废弃,不得重复加热使用。(汇编 苏高技〔2005〕4号:四.5)	□符合 □不符合	
	5.6.14	突起振动标线的突起部分高度为3~7mm,若有基线,基线的厚度为1~2mm。(GB/T 16311:5.4.2)	□符合 □不符合	
外观质量	5.6.15	标线线形应流畅,与道路线形相协调,曲线圆滑,不允许出现折线。[汇编 苏高技〔2005〕4号:五.2.(2)]	□符合 □不符合	
	5.6.16	反光标线玻璃珠应撒布均匀,附着牢固,反光均匀。[汇编 苏高技〔2005〕4号:五.2.(3)]	□符合 □不符合	
	5.6.17	标线表面不应出现网状裂缝、断裂裂缝、起泡现象。[汇编 苏高技〔2005〕4号:五.2.(4)]	□符合 □不符合	
其他				

规范性引用文件如下:
《公路工程标准施工招标文件》(2018年版·第二册)(交通运输部公告2017年第51号)
《路面标线用玻璃珠》(GB/T 24722—2020)
《道路交通标线质量要求和检测方法》(GB/T 16311—2009)
《公路交通安全设施施工技术规范》(JTG/T 3671—2021)
《路面标线涂料》(JT/T 280—2004)
《江苏省交通工程建设局技术文件汇编》(2019年版)

总体评价:本次检查_____项,符合_____项,不符合_____项,符合率为_____%。

检查单位_____ 检查人_____ 检查日期_____

5.7 突起路标

施工标段_____　　检查部位(工点)_____

检查项目	序号	质量检查要点	检查结果	问题描述
施工准备	5.7.1	突起路标宜在路面标线施工完成后安装,且不影响标线质量。(JTG/T 3671:4.1.3)	□符合 □不符合	
	5.7.2	突起路标施工前路面应清洁、干燥,定位准确。[招标文件:605.04.2.(1).c]	□符合 □不符合	
突起路标施工	5.7.3	应根据设计文件的要求确定突起路标的设置位置,突起路标反射体应面向行车方向。(JTG/T 3671:4.3.5)	□符合 □不符合	
	5.7.4	突起路标应按图纸要求或监理人的指示地点设置,设置时路面面层应干燥清洁,无杂屑,此时将环氧树脂均匀涂覆在突起路标的底部,涂覆厚度约为8mm,将突起路标压在路面的正确位置上,轻微转动,直到四周出现挤浆并及时清除其溢出部分,在凝固前不得扰动突起路标。[招标文件:605.03.2.(1)]	□符合 □不符合	
	5.7.5	在水泥混凝土路面设置突起路标时,先用硬刷和10%盐酸溶液洗刷混凝土表面,然后用清水冲洗干净,待路面清洁干燥后安装突起路标。[招标文件:605.03.2.(2)]	□符合 □不符合	
	5.7.6	位于路面以上的高度:车道分界线形突起路标应不大于20mm,边缘型应不大于25mm。(GB/T 24725:5.2.4)	□符合 □不符合	
	5.7.7	在降雨、风速过大或气温过高过低时,不进行设置。[招标文件:605.03.2.(6)]	□符合 □不符合	
外观质量	5.7.8	突起路标反射体应反射性能均匀,完整,无缺角、缺口。[招标文件:605.02.10.(1).b]	□符合 □不符合	
	5.7.9	突起路标壳体成型应完整,外表面不得有明显的划伤,颜色应均匀一致,无飞边。[招标文件:605.02.10.(1).b]	□符合 □不符合	
	5.7.10	突起路标表面无污损。(JTG F80/1:11.7.3)	□符合 □不符合	
其他				

规范性引用文件如下:
《公路工程标准施工招标文件》(2018年版·第二册)(交通运输部公告2017年第51号)
《突起路标》(GB/T 24725—2009)
《公路交通安全设施施工技术规范》(JTG/T 3671—2021)
《公路工程质量检验评定标准 第一册 土建工程》(JTG F80/1—2017)

总体评价:本次检查_____项,符合_____项,不符合_____项,符合率为_____%。

检查单位_____　检查人_____　检查日期_____

5.8 轮 廓 标

施工标段_____   检查部位(工点)_____

检查项目	序号	质量检查要点	检查结果	问题描述
施工准备	5.8.1	视线诱导设施所用钢构件均应进行防腐处理,螺栓、螺母等紧固件和连接件在防腐处理后,必须清理螺纹或进行离心分离处理。(JTG/T 3671:6.2.2)	□符合 □不符合	
	5.8.2	柱式轮廓标应按设计文件的规定量距定位。(JTG/T 3671:6.3.1.1)	□符合 □不符合	
	5.8.3	附着于梁柱式护栏上的轮廓标可按立柱间距定位,附着于混凝土护栏和隧道侧墙上的轮廓标应量距定位。(JTG/T 3671:6.3.2.1)	□符合 □不符合	
	5.8.4	180mm×40mm 的逆反射材料应镶嵌在轮廓标柱体的表面,使之不易脱落。[招标文件:605.02.10.(3).d]	□符合 □不符合	
	5.8.5	合成树脂类板材的实测厚度不应小于3.0mm。[招标文件:605.02.10.(3).a]	□符合 □不符合	
	5.8.6	柱式轮廓标安装时,柱体应垂直于水平面,三角形柱体的顶角平分线应垂直于公路中心线,柱体与混凝土基础之间可用螺栓连接。(JTG/T 3671:6.3.1)	□符合 □不符合	
附着式轮廓标加工及安装	5.8.7	镀锌钢板或铝合金板的尺寸、形状和螺栓孔应按图纸所示的要求进行加工制作,板表面不得有砂眼、毛刺、飞边或其他缺陷[招标文件:605.02.10.(2).c]	□符合 □不符合	
	5.8.8	附着式轮廓标应按照放样确定的位置进行安装。反射器的安装角度应符合设计文件的规定。安装高度宜保持一致,并应连接牢固。(JTG/T 3671:6.3.2.2)	□符合 □不符合	
	5.8.9	铝合金板用作支架及底板时,其最小实测厚度不应小于2.0mm。[招标文件:605.02.10.(2).b]	□符合 □不符合	
	5.8.10	钢板用作支架及底板时,其最小实测厚度不应小于1.5mm。[招标文件:605.02.10.(2).b]	□符合 □不符合	

续上表

检查项目	序号	质量检查要点	检查结果	问题描述
外观质量	5.8.11	轮廓标安装完成后应与公路线形保持一致,安装高度宜保持一致。夜间应具有良好的反光性能。(JTG/T 3671;6.4.3.1)	□符合 □不符合	
	5.8.12	柱式轮廓标应安装牢固,柱体表面不应有明显的划痕、气泡、裂纹及颜色不均等缺陷。(JTG/T 3671;6.4.3.2)	□符合 □不符合	
	5.8.13	微棱镜型反射器应颜色均匀一致,整个反光面逆反射性能均匀。[招标文件;605.02.10.(4).a]	□符合 □不符合	
	5.8.14	反光膜在柱体上应粘贴平整,无皱纹、气泡、拼接缝或其他缺陷。[招标文件;605.02.10.(4).a]	□符合 □不符合	
	5.8.15	轮廓标表面应无污损。(JTG F80/1;11.8.3)	□符合 □不符合	
其他				

规范性引用文件如下:
《公路工程标准施工招标文件》(2018年版·第二册)(交通运输部公告2017年第51号)
《公路交通安全设施施工技术规范》(JTG/T 3671—2021)
《公路工程质量检验评定标准 第一册 土建工程》(JTG F80/1—2017)

总体评价:本次检查_____项,符合_____项,不符合_____项,符合率为_____%。

检查单位_____检查人_____检查日期_____

5.9 防 眩 设 施

施工标段_____ 检查部位(工点)_____

检查项目	序号	质量检查要点	检查结果	问题描述
施工准备	5.9.1	所有钢构件均应进行防腐处理。螺栓、螺母等紧固件和连接件在防腐处理后,必须清理螺纹或进行离心分离处理。(JTG/T 3671:9.2.2)	□符合 □不符合	
	5.9.2	独立设置立柱的防眩板施工前,应清理场地,协调与其他设施的关系。(JTG/T 3671:9.3.3)	□符合 □不符合	
设置于混凝土护栏的防眩板或防眩网安装	5.9.3	混凝土护栏强度达到设计强度的80%时,方可安装防眩板。(JTG/T 3671:9.3.1)	□符合 □不符合	
	5.9.4	防眩板下缘与混凝土护栏顶部的间距应符合设计文件的规定。(JTG/T 3671:9.3.1)	□符合 □不符合	
	5.9.5	防眩板安装后,不得削弱混凝土护栏的原有功能。(JTG/T 3671:9.3.1)	□符合 □不符合	
	5.9.6	防眩板应牢固安装。(JTG/T 3671:9.4.5)	□符合 □不符合	
设置于波形梁护栏上的防眩板安装	5.9.7	防眩板下缘与波形梁护栏顶面的间距应符合设计文件的规定。(JTG/T 3671:9.3.2)	□符合 □不符合	
	5.9.8	施工过程中不应损伤波形梁护栏的防腐层,否则应在24h之内予以修补。(JTG/T 3671:9.3.2)	□符合 □不符合	
	5.9.9	防眩板安装在波形梁护栏上时,不得削弱波形梁护栏的原有功能。(JTG/T 3671:9.3.2)	□符合 □不符合	
独立设置立柱的防眩板的安装	5.9.10	设置混凝土基础时,其强度应达到设计强度的80%以上时,方能在立柱上安装防眩板。(JTG/T 3671:9.3.3)	□符合 □不符合	
	5.9.11	立柱施工时,不得破坏地下管线和排水设施。(JTG/T 3671:9.3.3)	□符合 □不符合	
外观质量	5.9.12	防眩板整体应与公路线形协调一致,不得出现高低不平或者扭曲的变形。(JTG/T 3671:9.4.3)	□符合 □不符合	
	5.9.13	防眩板安装完成后,其设置路段、防眩高度、遮光角应满足设计要求。(JTG/T 3671:9.4.2)	□符合 □不符合	
	5.9.14	防眩板外观不应有划痕、颜色不均、变色等外观缺陷。表面不得有气泡、裂纹、疤痕、断面分层、毛刺等缺陷。(JTG/T 3671:9.4.4)	□符合 □不符合	
其他				

规范性引用文件如下:
《公路交通安全设施施工技术规范》(JTG/T 3671—2021)

总体评价:本次检查_____项,符合_____项,不符合_____项,符合率为_____%。

检查单位_____ 检查人_____ 检查日期_____

5.10 通信和电力管道预埋施工

施工标段＿＿＿＿＿＿＿＿＿＿　　检查部位(工点)＿＿＿＿＿＿＿＿＿＿

检查项目	序号	质量检查要点	检查结果	问题描述
施工准备	5.10.1	硅芯管道在敷设前,应将硅芯管端口用密封堵头塞堵,防止水、土及其他杂物进入管内。(YD 5121:4.2.3)	□符合 □不符合	
通信和电力管道预埋施工	5.10.2	光(电)缆沟、硅芯管沟应按路由复测标明的位置开挖,光(电)缆沟应按路由复测后的划线开挖,不能任意改道和偏离。(YD 5121:4.1.4)	□符合 □不符合	
	5.10.3	硅芯管沟要直,沟底要平坦,不可忽高忽低,不得有蛇形弯;在坡、沟处开挖时要缓慢放坡。硅芯管在沟底不得悬空。(YD 5121:4.1.5)	□符合 □不符合	
	5.10.4	硅芯管沟坎处应保持平缓过渡,转角处的弯曲半径 φ50/42mm、φ46/38mm 硅芯管应大于 550mm;φ40/33mm 硅芯管应大于 500mm。(YD 5121:4.1.5)	□符合 □不符合	
	5.10.5	硅芯管在沟底应平整、顺直,沟坎及转角处应平缓铺设。(YD 5121:4.2.3)	□符合 □不符合	
	5.10.6	硅芯管布放完后应尽快连接密封,对引入手孔的硅芯管应及时对端口封堵。(YD 5121:4.2.3)	□符合 □不符合	
	5.10.7	多根硅芯管在同一地段同沟敷设时,排列方式、绑扎要求及硅芯管间距应符合设计规定。(YD 5121:4.2.3)	□符合 □不符合	
	5.10.8	为保证气流敷设光缆时设备与塑料管的连接,硅芯管端口在人(手)孔预留长度为 400mm。(YD 5121:4.2.3)	□符合 □不符合	
	5.10.9	硅芯管道回填土时,应先填细土,后填普通土,且不得损伤沟内光(电)缆及其他管线。(YD 5121:4.4.2)	□符合 □不符合	
	5.10.10	通信管道工程的回填土在管道两侧和顶部 300mm 范围内,应采用细砂或过筛细土回填。(GB/T 50374:4.2.3)	□符合 □不符合	
	5.10.11	管道两侧应同时进行回填并分层夯实,每层回填土厚度应为 150mm。(GB/T 50374:4.2.3)	□符合 □不符合	
	5.10.12	管道顶部 300mm 以上应分层夯实,每层回填土厚度应为 300mm。(GB/T 50374:4.2.3)	□符合 □不符合	

续上表

检查项目	序号	质量检查要点	检查结果	问题描述
外观质量	5.10.13	塑料管的切割应根据管径大小选用不同规格的裁管刀,管口断面应垂直管中心,且管口断面应平直、无毛刺。(GB/T 50374:7.5.6)	□符合 □不符合	
	5.10.14	各塑料管的接口宜错开排列,相邻两管的接头之间错开距离不宜小于300mm;弯曲管道弯曲部分的管接头应采取加固措施。(GB/T 50374:7.5.6)	□符合 □不符合	
其他				

规范性引用文件如下:
《通信管道工程施工及验收标准》(GB/T 50374—2018)
《通信线路工程验收规范》(YD 5121—2010)

总体评价:本次检查_____项,符合_____项,不符合_____项,符合率为_____%。

检查单位_____检查人_____检查日期_____

5.11 通信和电力管道人(手)孔施工

施工标段＿＿＿＿＿＿＿＿＿＿　　　　检查部位(工点)＿＿＿＿＿＿＿＿＿＿

检查项目	序号	质量检查要点	检查结果	问题描述
施工准备	5.11.1	施工前,应依据设计图纸和现场交底的控制桩点,进行通信管道及人(手)孔位置的复测,并应按施工需要钉设桩点。(GB/T 50374:3.0.2)	□符合 □不符合	
通信和电力管道人(手)孔施工	5.11.2	挖掘不需支撑护土板的人(手)孔坑,其坑的平面形状应与人(手)孔形状相同,坑的侧壁与人(手)孔外壁的外侧间距不应小于0.4m。(GB/T 50374:4.1.6)	□符合 □不符合	
	5.11.3	挖掘需支撑护土板的人(手)孔坑,宜挖矩形坑。人(手)孔坑的长边与人(手)孔壁长边的外侧(指最大宽处)间距不应小于0.3m,宽不应小于0.4m。(GB/T 50374:4.1.7)	□符合 □不符合	
	5.11.4	在完成沟(坑)挖方及地基处理后,应校测管道沟、人(手)孔坑底地基的高程是否满足设计要求。(GB/T 50374:3.0.4)	□符合 □不符合	
	5.11.5	浇筑混凝土的模板必须有足够的强度、刚度和稳定性,无缝隙和孔洞,浇筑混凝土后不得产生形变。(GB/T 50374:5.1.2)	□符合 □不符合	
	5.11.6	钢筋表面应洁净,应清除钢筋的浮皮、锈蚀、油渍、漆污等,钢筋应按设计图纸的规定尺寸下料,并按规定的形状进行加工。(GB/T 50374:5.2.2)	□符合 □不符合	
	5.11.7	浇筑混凝土构件必须进行振捣,振捣应按层依次进行,捣固应密实,不得出现跑模、漏浆等现象。(GB/T 50374:5.3.5)	□符合 □不符合	
	5.11.8	砌体必须垂直,砌体顶部四角应水平一致,砌体的形状、尺寸应符合设计图纸要求。(GB/T 50374:6.1.4)	□符合 □不符合	
	5.11.9	凡抹缝、抹角、抹面及管块接缝等处的水泥砂浆,其砂料必须过筛后使用,不得有豆石等较大粒径碎石。(GB/T 50374:5.4.2)	□符合 □不符合	
	5.11.10	设计要求抹面的砌体,应将墙面清扫干净;抹面厚度、砂浆配比应满足设计要求。(GB/T 50374:6.1.5)	□符合 □不符合	
	5.11.11	靠近人(手)孔壁四周的回填土内,不应有直径大于100mm的砾石、碎砖等坚硬物,人(手)孔坑每次回填土300mm时应夯实。(GB/T 50374:4.2.5)	□符合 □不符合	

续上表

检查项目	序号	质量检查要点	检查结果	问题描述
外观质量	5.11.12	抹面应平整、压光、不得空鼓，墙角不得歪斜；勾缝的砌体，勾缝应整齐均匀，不得空鼓，不应脱落或遗漏。(GB/T 50374：6.1.5)	□符合 □不符合	
	5.11.13	人(手)孔内砂浆抹面无裂缝，孔内平整，孔盖平稳。［招标文件：607.04.2.(1)］	□符合 □不符合	
其他				

规范性引用文件如下：
《公路工程标准施工招标文件》(2018年版·第二册)(交通运输部公告2017年第51号)
《通信管道工程施工及验收标准》(GB/T 50374—2018)

总体评价：本次检查_____项，符合_____项，不符合_____项，符合率为_____%。

检查单位_____ 检查人_____ 检查日期_____

6 房建工程

6.1 基础工程

施工标段＿＿＿＿＿＿＿＿＿＿　　　　检查部位(工点)＿＿＿＿＿＿＿＿＿＿

检查项目	序号	质量检查要点	检查结果	问题描述
混凝土预制管桩运输、存放	6.1.1	混凝土实心桩水平运输时,应做到桩身平稳放置,严禁在场地上直接拖拉桩体。(JGJ 94:7.2.1)	□符合 □不符合	
	6.1.2	预应力混凝土空心桩在吊运过程中应轻吊轻放,避免剧烈碰撞。(JGJ 94:7.2.2)	□符合 □不符合	
	6.1.3	混凝土实心桩水平运输时,应做到桩身平稳放置,严禁在场地上直接拖拉桩体。(JGJ 94:7.2.1)	□符合 □不符合	
	6.1.4	预应力混凝土空心桩堆放场地应平整坚实,最下层与地面接触的垫木应有足够的宽度和高度。堆放时桩应稳固,不得滚动。(JGJ 94:7.2.3)	□符合 □不符合	
	6.1.5	预应力混凝土空心桩应按不同规格、长度及施工流水顺序分别堆放。(JGJ 94:7.2.3)	□符合 □不符合	
	6.1.6	预应力混凝土空心桩叠层堆放桩时,应在垂直于桩长度方向的地面上设置2道垫木,垫木应分别位于距桩端0.2倍桩长处;底层最外缘的桩应在垫木处用木楔塞紧。(JGJ 94:7.2.3)	□符合 □不符合	
	6.1.7	预应力混凝土空心桩垫木宜选用耐压的长木枋或枕木,不得使用有棱角的金属构件。(JGJ 94:7.2.3)	□符合 □不符合	
	6.1.8	当桩叠层堆放超过2层时,应采用吊机取桩,严禁拖拉取桩。(JGJ 94:7.2.4)	□符合 □不符合	
	6.1.9	三点支撑自行式打桩机不应拖拉取桩。(JGJ 94:7.2.4)	□符合 □不符合	
混凝土预制管桩打设	6.1.10	桩打入时桩帽或送桩帽与桩周围的间隙应为 5～10mm。(JGJ 94:7.4.3)	□符合 □不符合	
	6.1.11	打桩顺序要求:对于密集桩群,自中间向两个方向或四周对称施打;当一侧毗邻建筑物时,由毗邻建筑物处向另一方向施打。(JGJ 94:7.4.4)	□符合 □不符合	
	6.1.12	预制桩施工过程中应进行打入(静压)深度、停锤标准、静压终止压力值及桩身(架)垂直度检查。(JGJ 94:9.3.1)	□符合 □不符合	

续上表

检查项目	序号	质量检查要点	检查结果	问题描述
土方回填	6.1.13	施工中应检查排水系统、每层填筑厚度、碾迹重叠程度、含水率控制、回填土有机质含量、压实系数等。(GB 50202:9.5.2)	□符合 □不符合	
	6.1.14	素土、灰土换填地基宜分段施工,分段的接缝不应在柱基、墙角及承重窗间墙下位置,上下相邻两层的接缝距离不应小于500mm。(GB 51004:4.2.4)	□符合 □不符合	
	6.1.15	素土地基土料可采用黏土或粉质黏土,不应含有冻土或膨胀土,严禁采用地表耕植土、淤泥及淤泥质土、杂填土等土料。(GB 51004:4.2.1)	□符合 □不符合	
	6.1.16	分段施工时应采用斜坡搭接,每层搭接位置应错开0.5~1.0m,搭接处应振压密实。(GB 51004:4.3.2)	□符合 □不符合	
	6.1.17	土方开挖、土方回填过程中应设置完善的排水系统。(GB 51004:8.1.8)	□符合 □不符合	
其他				

规范性引用文件如下:
《建筑地基基础工程施工规范》(GB 51004—2015)
《建筑地基基础工程施工质量验收标准》(GB 50202—2018)
《建筑桩基技术规范》(JGJ 94—2008)

总体评价:本次检查_____项,符合_____项,不符合_____项,符合率为_____%。

检查单位_____ 检查人_____ 检查日期_____

6.2 房建钢筋混凝土工程

施工标段_____ 检查部位(工点)_____

检查项目	序号	质量检查要点	检查结果	问题描述
模板	6.2.1	模板及支架应保证工程结构和构件各部分形状、尺寸和位置准确,且应便于钢筋安装和混凝土浇筑、养护。(GB 50666:4.1.3)	□符合 □不符合	
模板	6.2.2	模板制作与安装时,板面拼缝应严密。(GB 50666:4.4.2)	□符合 □不符合	
模板	6.2.3	有防水要求的墙体,其模板对拉螺栓中部应设置止水片,止水片应与对拉螺栓环焊。(GB 50666:4.4.2)	□符合 □不符合	
模板	6.2.4	支架立柱和竖向模板安装在土层上时应设置具有足够强度和支撑面积的垫板;土层应坚实,并应有排水措施。(GB 50666:4.4.4)	□符合 □不符合	
模板	6.2.5	安装模板时,应进行测量放线,并应采取保证模板位置准确的定位措施。(GB 50666:4.4.5)	□符合 □不符合	
模板	6.2.6	现浇空心楼板模板施工时,应采取防止混凝土浇筑时预制芯管及钢筋上浮措施。(JGJ 3:13.6.8)	□符合 □不符合	
钢筋	6.2.7	钢筋接头宜设置在受力较小处;有抗震设防要求的结构中,梁端、柱端箍筋加密区范围内不宜设置钢筋接头,且不应进行钢筋搭接。(GB 50666:5.4.1)	□符合 □不符合	
钢筋	6.2.8	同一纵向受力钢筋不宜设置2个或2个以上接头。接头末端至钢筋弯起点的距离,不应小于钢筋直径的10倍。(GB 50666:5.4.1)	□符合 □不符合	
钢筋	6.2.9	当纵向受力钢筋采用机械连接接头或焊接接头时同一构件内的接头宜分批错开。(GB 50666:5.4.4)	□符合 □不符合	
钢筋	6.2.10	梁、柱的箍筋弯钩及焊接封闭箍筋的焊点应沿纵向受力钢筋方向错开设置。(GB 50666:5.4.7)	□符合 □不符合	
现浇结构	6.2.11	混凝土运输、输送、浇筑过程中严禁加水;混凝土运输、输送、浇筑过程中散落的混凝土严禁用于结构构件的浇筑。(GB 50666:8.1.3)	□符合 □不符合	
现浇结构	6.2.12	混凝土应分层浇筑,上层混凝土应在下层混凝土初凝之前浇筑完毕。(GB 50666:8.3.3)	□符合 □不符合	

续上表

检查项目	序号	质量检查要点	检查结果	问题描述
现浇结构	6.2.13	有主次梁的楼板施工缝应留设在次梁跨度中间的1/3范围内。(GB 50666:8.6.3)	□符合 □不符合	
	6.2.14	施工缝、后浇带留设界面,应垂直于结构构件和纵向受力钢筋。(GB 50666:8.6.6)	□符合 □不符合	
	6.2.15	柱、墙混凝土设计强度比梁、板混凝土设计强度高一个等级时,柱、墙位置梁、板高度范围内的混凝土经设计单位确认,可采用与梁、板混凝土设计强度等级相同的混凝土进行浇筑。(GB 50666:8.3.8)	□符合 □不符合	
	6.2.16	柱、墙混凝土设计强度比梁、板混凝土设计强度高两个等级及以上时,应在交界区域采取分隔措施。(GB 50666:8.3.8)	□符合 □不符合	
其他				

规范性引用文件如下:
《混凝土结构工程施工规范》(GB 50666—2011)
《高层建筑混凝土结构技术规程》(JGJ 3—2010)

总体评价:本次检查_____项,符合_____项,不符合_____项,符合率为_____%。

检查单位_____ 检查人_____ 检查日期_____

6.3 砌 体 工 程

施工标段＿＿＿＿＿＿＿＿＿＿　　　检查部位(工点)＿＿＿＿＿＿＿＿＿＿

检查项目	序号	质量检查要点	检查结果	问题描述
砖砌体工程	6.3.1	宽度超过300mm的洞口上部,应设置钢筋混凝土过梁。不应在截面长边小于500mm的承重墙体、独立柱内埋设管线。(GB 50203:3.0.11)	□符合 □不符合	
	6.3.2	砖砌体的灰缝应横平竖直,厚薄均匀。(GB 50924:6.1.1)	□符合 □不符合	
	6.3.3	砖砌体的转角处和交接处应同时砌筑。在抗震设防烈度8度及以上地区,对不能同时砌筑的临时间断处应砌成斜槎。(GB 50924:6.2.4)	□符合 □不符合	
	6.3.4	水池、水箱和有冻胀环境的地面以下工程部位不得使用多孔砖。(GB 50924:6.2.9)	□符合 □不符合	
	6.3.5	当采用铺浆法砌筑时,铺浆长度不得超过750mm;当施工期间气温超过30℃时,铺浆长度不得超过500mm。(GB 50924:6.2.11)	□符合 □不符合	
	6.3.6	砌体灰缝的砂浆应密实饱满,竖缝宜采用挤浆或加浆方法,不得出现透明缝、瞎缝和假缝。(GB 50924:6.2.13)	□符合 □不符合	
	6.3.7	外叶墙在底层墙体底部、每层圈梁处的墙体底部应设置泄水口,泄水口间距宜为500mm。(GB 50924:6.2.24)	□符合 □不符合	
	6.3.8	砌筑装饰夹心复合墙时,外叶墙应随砌随划缝,深度宜为8~10mm;且应采用专门的勾缝剂勾凹圆或V形缝,灰缝应厚薄均匀、颜色一致。(GB 50924:6.2.26)	□符合 □不符合	
配筋砌体工程	6.3.9	芯柱的纵向钢筋应通过清扫口与基础圈梁、楼层圈梁、连系梁伸出的竖向钢筋绑扎搭接或焊接连接,搭接或焊接长度应符合设计要求。(GB 50924:9.3.2)	□符合 □不符合	
	6.3.10	水平钢筋搭接时应上下搭接,并应加设短筋固定。水平钢筋两端宜锚入端部灌孔混凝土中。(GB 50924:9.3.5)	□符合 □不符合	
	6.3.11	浇筑芯柱混凝土时,其连续浇筑高度不应大于1.8m。(GB 50924:9.3.6)	□符合 □不符合	
填充墙砌体工程	6.3.12	砌筑空心砖墙的水平灰缝厚度和竖向灰缝宽度宜为10mm,且不应小于8mm,也不应大于12mm。(GB 50924:10.2.5)	□符合 □不符合	

续上表

检查项目	序号	质量检查要点	检查结果	问题描述
砌体结构工程	6.3.13	框架柱间填充墙拉结筋应满足砖模数要求,不应折弯压入砖缝。(DGJ32/J 16:6.1.3)	□符合 □不符合	
	6.3.14	砌体工程施工,宽度大于300mm的预留洞口应设钢筋混凝土过梁,并且伸入每边墙体的长度不应小于250mm。(DGJ32/J 16:6.1.3)	□符合 □不符合	
其他				

规范性引用文件如下:
《砌体结构工程施工规范》(GB 50924—2014)
《砌体结构工程施工质量验收规范》(GB 50203—2011)
《住宅工程质量通病控制标准》(DGJ32/J 16—2014)

总体评价:本次检查_____项,符合_____项,不符合_____项,符合率为_____%。

检查单位_____检查人_____检查日期_____

6.4 钢结构工程

施工标段_____ 检查部位(工点)_____

检查项目	序号	质量检查要点	检查结果	问题描述
钢结构焊接	6.4.1	当焊接作业环境温度低于0℃且不低于-10℃时,应采取加热或防护措施。(GB 50755:6.3.7)	□符合 □不符合	
	6.4.2	塞焊和槽焊的两块钢板接触面的装配间隙不得超过1.5mm。塞焊和槽焊焊接时严禁使用填充板材。(GB 50755:6.4.9)	□符合 □不符合	
	6.4.3	焊缝缺陷返修应采用低氢焊接方法和焊接材料进行焊接。(GB 50755:6.6.2)	□符合 □不符合	
钢构件组装	6.4.4	普通螺栓可采用普通扳手紧固,螺栓紧固应使被连接件接触面、螺栓头和螺母与构件表面密贴。(GB 50755:7.3.1)	□符合 □不符合	
	6.4.5	普通螺栓紧固应从中间开始,对称向两边进行,大型接头宜采用复拧。(GB 50755:7.3.1)	□符合 □不符合	
	6.4.6	螺栓头侧放置的垫圈不应多于2个,螺母侧放置的垫圈不应多于1个。(GB 50755:7.3.2)	□符合 □不符合	
	6.4.7	承受动力荷载或重要部位的螺栓连接,设计有防松动要求时,应采取有防松动装置的螺母或弹簧垫圈,弹簧垫圈应放置在螺母侧。(GB 50755:7.3.2)	□符合 □不符合	
	6.4.8	高强度螺栓安装时应先使用安装螺栓和冲钉,不得用高强度螺栓兼作安装螺栓。(GB 50755:7.4.3)	□符合 □不符合	
	6.4.9	焊接H型钢的翼缘板拼接缝和腹板拼接缝的间距,不宜小于200mm。翼缘板拼接长度不应小于600mm;腹板拼接宽度不应小于300mm,长度不应小于600mm。(GB 50755:9.2.1)	□符合 □不符合	
	6.4.10	螺栓球节点网架、网壳总拼完成后,高强度螺栓与球节点应紧固连接,连接处不应出现有间隙、松动等未拧紧现象。(GB 50205:11.3.2)	□符合 □不符合	
	6.4.11	钢柱地脚螺栓紧固后,外露部分应采取防止螺母松动和锈蚀的措施。(GB 50755:11.3.4)	□符合 □不符合	

续上表

检查项目	序号	质量检查要点	检查结果	问题描述
防腐涂装	6.4.12	钢结构涂装时,被施工物体表面不得有凝露。(GB 50755:13.3.2)	□符合 □不符合	
	6.4.13	遇雨、雾、雪、强风天气时应停止露天涂装,应避免在强烈阳光照射下施工。(GB 50755:13.3.2)	□符合 □不符合	
	6.4.14	涂料调制应搅拌均匀,应随拌随用,不得随意添加稀释剂。(GB 50755:13.3.3)	□符合 □不符合	
	6.4.15	表面除锈处理与涂装的间隔时间宜在4h之内,在车间内作业或湿度较低的晴天间隔时间不应超过12h。(GB 50755:13.3.5)	□符合 □不符合	
	6.4.16	当大气温度低于5℃或钢结构表面温度低于露点温度3℃时,应停止热喷涂操作。(GB 50755:13.4.3)	□符合 □不符合	
	6.4.17	防火涂料涂装施工应分层施工,应在上层涂层干燥或固化后,再进行下道涂层施工。(GB 50755:13.6.7)	□符合 □不符合	
	6.4.18	超薄型防火涂料涂层表面不应出现裂纹。(GB 50205:13.4.4)	□符合 □不符合	
其他				

规范性引用文件如下:
《钢结构工程施工规范》(GB 50755—2012)
《钢结构工程施工质量验收标准》(GB 50205—2020)

总体评价:本次检查_____项,符合_____项,不符合_____项,符合率为_____%。

检查单位_____ 检查人_____ 检查日期_____

6.5 屋 面 工 程

施工标段_____ 检查部位(工点)_____

检查项目	序号	质量检查要点	检查结果	问题描述
找坡层和找平层	6.5.1	找平层均应做成圆弧形,且应整齐、平顺。(GB 50345:5.2.7)	□符合 □不符合	
	6.5.2	找坡层和找平层的施工环境温度不宜低于5℃。(GB 50345:5.2.8)	□符合 □不符合	
	6.5.3	找平层分格缝纵横间距不宜大于6m,分格缝的宽度宜为5~20mm。(GB 50207:4.2.4)	□符合 □不符合	
保护层与隔离层	6.5.4	水泥砂浆及细石混凝土表面应抹平压光,不得有裂纹、脱皮、麻面、起砂等缺陷。(GB 50345:5.7.6)	□符合 □不符合	
	6.5.5	干铺塑料膜、土工布、卷材时,其搭接宽度不应小于50mm;铺设应平整,不得有皱折。(GB 50345:5.7.11)	□符合 □不符合	
	6.5.6	块体材料、水泥砂浆或细石混凝土保护层与卷材、涂膜防水层之间,应设置隔离层。(GB 50207:4.4.1)	□符合 □不符合	
	6.5.7	用细石混凝土作保护层时,混凝土应振捣密实,表面应抹平压光,分格缝纵横间距不应大于6m。分格缝的宽度宜为10~20mm。(GB 50207:4.5.4)	□符合 □不符合	
烧结瓦和混凝土瓦屋面	6.5.8	防水垫层在瓦屋面构造层次中的位置应符合设计要求。(GB 50345:5.8.3)	□符合 □不符合	
	6.5.9	防水垫层宜自下而上平行屋脊铺设。(GB 50345:5.8.3)	□符合 □不符合	
	6.5.10	铺设瓦屋面时,瓦片应均匀分散堆放在两坡屋面基层上,严禁集中堆放。铺瓦时,应由两坡从下向上同时对称铺设。(GB 50345:5.8.6)	□符合 □不符合	
	6.5.11	基层应平整、干净、干燥;持钉层厚度应符合设计要求。(GB 50207:7.2.2)	□符合 □不符合	
	6.5.12	顺水条应垂直正脊方向铺钉在基层上,顺水条表面应平整,其间距不宜大于500mm。挂瓦条应铺钉平整、牢固,上棱应成一直线。(GB 50207:7.2.2)	□符合 □不符合	
	6.5.13	挂瓦应从两坡的檐口同时对称进行。(GB 50207:7.2.3)	□符合 □不符合	
	6.5.14	挂瓦条应分档均匀,铺钉应平整、牢固;瓦面应平整,行列应整齐,搭接应紧密,檐口应平直。(GB 50207:7.2.8)	□符合 □不符合	

续上表

检查项目	序号	质量检查要点	检查结果	问题描述
玻璃采光顶	6.5.15	框支承玻璃采光顶天沟、排水槽、通气槽及雨水排出口等细部构造应符合设计要求。（GB 50345：5.10.5）	□符合 □不符合	
	6.5.16	装饰压板应顺流水方向设置，表面应平整，接缝应符合设计要求。（GB 50345：5.10.5）	□符合 □不符合	
	6.5.17	明框玻璃采光顶的外露金属框或压条应横平竖直，压条安装应牢固；隐框玻璃采光顶的玻璃分格拼缝应横平竖直，均匀一致。（GB 50207：7.5.10）	□符合 □不符合	
	6.5.18	点支承玻璃采光顶的支承装置应安装牢固，配合应严密；支承装置不得与玻璃直接接触。（GB 50207：7.5.11）	□符合 □不符合	
	6.5.19	采光顶玻璃的密封胶缝应横平竖直，深浅应一致，宽窄应均匀，应光滑顺直。（GB 50207：7.5.12）	□符合 □不符合	
檐口	6.5.20	檐口800mm范围内的卷材应满粘。（GB 50207：8.2.3）	□符合 □不符合	
	6.5.21	檐口端部应抹聚合物水泥砂浆，其下端应做成鹰嘴和滴水槽。（GB 50207：8.2.6）	□符合 □不符合	
檐沟与天沟	6.5.22	檐沟、天沟的排水坡度应符合设计要求；沟内不得有渗漏和积水现象。（GB 50207：8.3.2）	□符合 □不符合	
	6.5.23	檐沟外侧顶部及侧面均应抹聚合物水泥砂浆，其下端应做成鹰嘴或滴水槽。（GB 50207：8.3.5）	□符合 □不符合	
其他				

规范性引用文件如下：
《屋面工程技术规范》（GB 50345—2012）
《屋面工程质量验收规范》（GB 50207—2012）

总体评价：本次检查_____项，符合_____项，不符合_____项，符合率为_____%。

检查单位_____ 检查人_____ 检查日期_____

6.6 初装工程

施工标段＿＿＿＿＿＿＿＿＿＿　　检查部位(工点)＿＿＿＿＿＿＿＿＿＿

检查项目	序号	质量检查要点	检查结果	问题描述
顶棚抹灰	6.6.1	混凝土基层为抹灰天棚时,应待底层抹完2～3d后,用聚合物水泥浆铺贴抗裂耐碱纤维网,再抹面层。(DGJ32/J 16:9.3.3)	□符合 □不符合	
	6.6.2	木基层上铺贴钢丝网时,应用薄金属片钉压牢固,钉距不大于400mm。(DGJ32/J 16:9.3.3)	□符合 □不符合	
装饰抹灰	6.6.3	水刷石表面应石粒清晰、分布均匀、紧密平整、色泽一致,应无掉粒和接槎痕迹。(GB 50210:4.4.5)	□符合 □不符合	
	6.6.4	阳角处应横剁并留出宽窄一致的不剁边条,棱角应无损坏。(GB 50210:4.4.5)	□符合 □不符合	
	6.6.5	干粘石表面应色泽一致、不露浆、不漏粘,石粒应粘接牢固、分布均匀,阳角处应无明显黑边。(GB 50210:4.4.5)	□符合 □不符合	
	6.6.6	假面砖表面应平整、沟纹清晰、留缝整齐、色泽一致,应无掉角、脱皮和起砂等缺陷。(GB 50210:4.4.5)	□符合 □不符合	
	6.6.7	有排水要求的部位应做滴水线(槽)。滴水线(槽)应整齐顺直,滴水线应内高外低,滴水槽的宽度和深度均不应小于10mm。(GB 50210:4.4.7)	□符合 □不符合	
门窗安装	6.6.8	木门窗的防火、防腐、防虫处理应符合设计要求。(GB 50210:6.2.3)	□符合 □不符合	
	6.6.9	木门窗框的安装应牢固。预埋木砖的防腐处理、木门窗框固定点的数量、位置和固定方法应符合设计要求。(GB 50210:6.2.4)	□符合 □不符合	
	6.6.10	木门窗配件的型号、规格和数量应符合设计要求,安装应牢固,位置应正确,功能应满足使用要求。(GB 50210:6.2.6)	□符合 □不符合	
	6.6.11	木门窗批水、盖口条、压缝条和密封条安装应顺直,与门窗结合应牢固、严密。(GB 50210:6.2.11)	□符合 □不符合	
	6.6.12	金属门窗框和附框的安装应牢固。预埋件及锚固件的数量、位置、埋设方式、与框的连接方式应符合设计要求。(GB 50210:6.3.2)	□符合 □不符合	

续上表

检查项目	序号	质量检查要点	检查结果	问题描述
门窗安装	6.6.13	金属门窗扇应安装牢固、开关灵活、关闭严密、无倒翘。推拉门窗扇应安装防止扇脱落的装置。(GB 50210:6.3.3)	□符合 □不符合	
	6.6.14	金属门窗框与墙体之间的缝隙应填嵌饱满,并应采用密封胶密封。密封胶表面应光滑、顺直、无裂纹。(GB 50210:6.3.7)	□符合 □不符合	
	6.6.15	窗框与洞口之间的伸缩缝内应采用聚氨酯发泡胶填充,发泡胶填充应均匀、密实。发泡胶成形后不宜切割。(GB 50210:6.4.4)	□符合 □不符合	
	6.6.16	塑料门窗配件的型号、规格和数量应符合设计要求,安装应牢固,位置应正确,使用应灵活,功能应满足各自使用要求。平开窗扇高度大于 900mm 时,窗扇锁闭点不应少于 2 个。(GB 50210:6.4.8)	□符合 □不符合	
门窗玻璃安装	6.6.17	密封条与玻璃、玻璃槽口的接触应紧密、平整。(GB 50210:6.6.5)	□符合 □不符合	
	6.6.18	密封胶与玻璃、玻璃槽口的边缘应粘接牢固、接缝平齐。(GB 50210:6.6.5)	□符合 □不符合	
	6.6.19	带密封条的玻璃压条,其密封条应与玻璃贴紧,压条与型材之间应无明显缝隙。(GB 50210:6.6.6)	□符合 □不符合	
	6.6.20	腻子及密封胶应填抹饱满、粘接牢固;腻子及密封胶边缘与裁口应平齐。固定玻璃的卡子不应在腻子表面显露。(GB 50210:6.6.8)	□符合 □不符合	
地面铺装	6.6.21	砖面层可采用陶瓷锦砖、缸砖、陶瓷地砖和水泥花砖,应在结合层上铺设。(GB 50209:6.2.1)	□符合 □不符合	
	6.6.22	砖面层的表面应洁净、图案清晰,色泽应一致,接缝应平整,深浅应一致,周边应顺直。板块应无裂纹、掉角和缺棱等缺陷。(GB 50209:6.2.8)	□符合 □不符合	
	6.6.23	面层表面的坡度应符合设计要求,不倒泛水,无积水;与地漏、管道结合处应严密牢固,无渗漏。(GB 50209:6.2.12)	□符合 □不符合	
	6.6.24	木、竹面层铺设在水泥类基层上,其基层表面应坚硬、平整、洁净、干燥、不起砂。(GB 50209:7.1.5)	□符合 □不符合	
	6.6.25	石材、地面砖铺贴前应浸水湿润。天然石材铺贴前应进行对色、拼花并试拼,编号。(GB 50327:14.3.1)	□符合 □不符合	
	6.6.26	铺贴前应根据设计要求确定结合层砂浆厚度,拉十字线控制其厚度和石材、地面砖表面平整度。(GB 50327:14.3.1)	□符合 □不符合	

续上表

检查项目	序号	质量检查要点	检查结果	问题描述
地面铺装	6.6.27	满粘法施工的内墙饰面砖应无裂缝,大面和阳角应无空鼓。(GB 50210:10.2.4)	□符合 □不符合	
	6.6.28	内墙饰面砖表面应平整、洁净、色泽一致,应无裂痕和缺损。(GB 50210:10.2.5)	□符合 □不符合	
	6.6.29	内墙面凸出物周围的饰面砖应整砖套割吻合,边缘应整齐。墙裙、贴脸突出墙面的厚度应一致。(GB 50210:10.2.6)	□符合 □不符合	
	6.6.30	室内饰面砖施工应符合:内墙面砖提前用清水浸泡 20min 后取出沥干表面水珠,粘贴时应面干内湿,防止面砖吸收过量的水泥浆液而影响表面色泽。(DGJ32/J 16:9.8.2)	□符合 □不符合	
栏杆和扶手制作与安装	6.6.31	**栏杆和扶手转角弧度应符合设计要求,接缝应严密,表面应光滑,色泽应一致,不得有裂缝、翘曲及损坏。(GB 50210:14.5.6)**	□符合 □不符合	
	6.6.32	金属栏杆制作安装的焊缝应进行外观质量检验,其焊缝应饱满可靠,不得点焊、虚焊连接。(DGJ32/J 16:9.5.4)	□符合 □不符合	
其他				

规范性引用文件如下:
《建筑装饰装修工程质量验收标准》(GB 50210—2018)
《建筑地面工程施工质量验收规范》(GB 50209—2010)
《住宅装饰装修工程施工规范》(GB 50327—2001)
《住宅工程质量通病控制标准》(DGJ32/J 16—2014)

总体评价:本次检查_____项,符合_____项,不符合_____项,符合率为_____%。

检查单位_____检查人_____检查日期_____

6.7 建筑防水

施工标段＿＿＿＿＿＿＿＿＿＿＿＿　　　　检查部位(工点)＿＿＿＿＿＿＿＿＿＿＿＿

检查项目	序号	质量检查要点	检查结果	问题描述
总体要求	6.7.1	墙面应做防水处理,基层应做防潮层,屋檐应有滴水线设计。(汇编　苏交建质〔2017〕128号)	□符合 □不符合	
	6.7.2	窗角处、地砖缝、外墙砖缝不得有不密实现象。(汇编　苏交建质〔2017〕128号)	□符合 □不符合	
建筑室内防水	6.7.3	室内需进行防水的区域,不应跨越变形缝、抗震缝等部位。(CECS 196:3.1.3)	□符合 □不符合	
	6.7.4	防水混凝土结构表面的裂缝宽度不应大于0.2mm,并不得贯通。(CECS 196:6.2.5)	□符合 □不符合	
	6.7.5	卫生间、浴室的楼、地面应设置防水层,墙面、顶棚应设置防潮层,门口应有阻止积水外溢的措施。(JGJ 298:5.2.1)	□符合 □不符合	
	6.7.6	地漏、大便器、排水立管等穿越楼板的管道根部应用密封材料嵌填压实。(JGJ 298:5.4.3)	□符合 □不符合	
	6.7.7	防水基层应抹平、压光,不得有疏松、起砂、裂缝。(JGJ 298:7.2.3)	□符合 □不符合	
	6.7.8	**在防水层完成后进行蓄水试验,楼、地面蓄水高度不应小于20mm,蓄水时间不应少于24h;独立水容器应满池蓄水,蓄水时间不应少于24h。**(JGJ 298:7.3.6)	□符合 □不符合	
	6.7.9	**地面和水池、泳池的蓄水试验蓄水时间应达到24h以上,墙面间歇淋水应达到30min以上不渗漏。**(CECS 196:6.1.1)	□符合 □不符合	
	6.7.10	防水保护层表面的坡度应符合设计要求,不得有倒坡或积水。(JGJ 298:7.4.3)	□符合 □不符合	
建筑外墙防水	6.7.11	外墙防水层的基层找平层应平整、坚实、牢固、干净、不得酥松、起砂、起皮。(JGJ/T 235:6.1.6)	□符合 □不符合	
	6.7.12	防水透气膜铺设宜从外墙底部一侧开始,沿建筑立面自下而上横向铺设,并应顺流水方向搭接。(JGJ/T 235:6.3.3)	□符合 □不符合	
	6.7.13	砂浆防水层与基层之间及防水层各层之间应结合牢固,不得有空鼓。(JGJ/T 235:7.2.3)	□符合 □不符合	

续上表

检查项目	序号	质量检查要点	检查结果	问题描述
屋面刚性防水	6.7.14	细石混凝土防水层不得有渗漏或积水现象。（DB32/T 946：10.3.1.1.2）	□符合 □不符合	
	6.7.15	细石混凝土防水层应表面平整、压实抹光，不得有裂缝、起壳、起砂等缺陷。（DB32/T 946：10.3.1.1.4）	□符合 □不符合	
	6.7.16	密封材料嵌填必须密实、连续、饱满，黏结牢固，无气泡、开裂、脱落等缺陷。（DB32/T 946：10.3.1.1.8）	□符合 □不符合	
卷材防水层	6.7.17	檐沟、天沟卷材施工时，宜顺檐沟、天沟方向铺贴，搭接缝应顺流水方向；卷材宜平行屋脊铺贴，上下层卷材不得相互垂直铺贴。（GB 50345：5.4.2）	□符合 □不符合	
	6.7.18	卷材搭接缝在同一层相邻两幅卷材短边搭接缝错开不应小于500mm。（GB 50345：5.4.5）	□符合 □不符合	
	6.7.19	冷粘法铺贴的卷材应平整顺直，搭接尺寸应准确，不得扭曲、皱折。（GB 50345：5.4.6）	□符合 □不符合	
	6.7.20	合成高分子卷材搭接部位采用胶粘带粘接时，粘合面应清理干净。（GB 50345：5.4.6）	□符合 □不符合	
	6.7.21	采用热熔法铺贴卷材时，火焰加热器的喷嘴距卷材面的距离应适中，幅宽内加热应均匀，应以卷材表面熔融至光亮黑色为度，不得过分加热卷材。（GB 50345：5.4.8）	□符合 □不符合	
	6.7.22	采用焊接法铺贴卷材时，对热塑性卷材的搭接缝可采用单缝焊或双缝焊，焊接应严密。（GB 50345：5.4.10）	□符合 □不符合	
	6.7.23	采用机械固定法铺贴卷材时，固定件应与结构层连接牢固。（GB 50345：5.4.11）	□符合 □不符合	
其他				

规范性引用文件如下：
《屋面工程技术规范》（GB 50345—2012）
《住宅室内防水工程技术规范》（JGJ 298—2013）
《建筑外墙防水工程技术规程》（JGJ/T 235—2011）
《公路服务区建设工程质量检验评定》（DB32/T 946—2006）
《建筑室内防水工程技术规程》（CECS 196—2006）
《江苏省交通工程建设局技术文件汇编》（2019年版）

总体评价：本次检查_____项，符合_____项，不符合_____项，符合率为_____%。

检查单位_____ 检查人_____ 检查日期_____